应用型学前教育专业系列教材 | 丛书主编 蔡迎旗

第二版

国家卓越幼儿园教师培养计划改革项目“中澳合作办学——国际性卓越幼儿园教师培养模式探索”研究成果

安徽省高等学校省级质量工程项目“提升学前教育专业学生教学能力的课程教学改革研究（2020jyxm1732）”成果之一

幼儿园玩教具与手工制作

主　编　黄胜梅

副主编　胡雪梅　郭明煜

WUHAN UNIVERSITY PRESS
武汉大学出版社

图书在版编目(CIP)数据

幼儿园玩教具与手工制作/黄胜梅主编．—2版．—武汉：武汉大学出版社，2022.4(2025.8重印)
应用型学前教育专业系列教材/蔡迎旗主编
ISBN 978-7-307-22920-4

Ⅰ.幼…　Ⅱ.黄…　Ⅲ.①幼儿园—自制玩具—高等职业教育—教材 ②幼儿园—自制教具—高等职业教育—教材　Ⅳ.G614

中国版本图书馆CIP数据核字(2022)第026940号

责任编辑：郭　静　　责任校对：李孟潇　　版式设计：韩闻锦

出版发行：**武汉大学出版社**　(430072　武昌　珞珈山)
(电子邮箱：cbs22@whu.edu.cn 网址：www.wdp.com.cn)
印刷：湖北金海印务有限公司
开本：787×1092　1/16　印张：23　字数：517千字　插页：1
版次：2016年2月第1版　2022年4月第2版
2025年8月第2版第4次印刷
ISBN 978-7-307-22920-4　定价：58.00元

编写委员会名单

（按姓名音序排列）

总　序

幼儿教师是幼儿学习与发展的支持者、促进者与引导者。幼儿教师的素质直接决定着我国幼教机构的办学水平，也是保障我国适龄儿童接受基本而有质量的学前教育的关键性因素。而高质量的幼教师资来源于高水平的学前教师教育。为顺应我国学前教育事业发展的迫切需求，2011 年至 2012 年，我国先后颁布了《教师教育课程标准（试行）》和《幼儿园教师专业标准（试行）》，幼儿园教师资格制度和聘任制度也随之进行了一系列急剧变革与转型。

我国教师职前教育倡导育人为本，要求准教师们树立正确的儿童观、学生观、教师观与教育观；奉行实践取向，引导未来教师主动建构教育知识，掌握必备的专业知识与技能，发展实践能力，学会发现和解决实际问题，形成个人的教学风格和实践智慧；要求他们终身学习，树立正确的专业理想，养成独立思考和自主学习的习惯，加深专业理解，形成终身学习和应对挑战的能力。

我国学前教师教育课程改革既具有一般教师教育所具有的共性，也具有鲜明的学前教育特色，这彰显了学前儿童的年龄特征和我国独树一帜的学前教师教育的传统与积淀。当前，我国学前教师教育课程已呈现如下五种趋势。

第一，生动多样的师德与理念教育。除必要的公共政治课程以外，国家要求各级各类幼师院校突出师德修养教育，采取多种生动活泼的教育教学方式，提升准幼儿教师的师德修养。如开设幼儿园教师专业特点与道德规范、中国名师风采录、幼儿教师生涯讲座、学前教育政策法规、现代幼儿园教师职业风范与专长成长等课程。

第二，保教相融的课程体系。依据幼儿园教师专业标准，遵循教师培养和发展规律，以加强专业理想、专业基础、实践能力、反思与研究能力为核心，构建保育与教育相融合、幼儿园与家庭和社区教育相结合、幼儿生活与游戏和学习于一体的课程体系，用以培养准幼儿教师的保教一体化的能力。

第三，全面平衡的课程结构。我国正通过幼儿园教师资格制度、聘任制度、评优评先制度等的改革，倒逼各级各类幼师院校与专业，促使其纠正以往过分偏重艺术技能而相对忽视人文科学类课程、教育素养类课程的倾向，注意课程结构中的师德理念、人文素养、科学素养、信息素养、教育素养、艺体素养、科研素养等的协调与平衡。

第四，实践取向的课程内容。为培养准幼儿教师的教育教学能力，许多幼师院校与专业开设了大量务实的实践取向课程。如幼儿园五大领域的活动设计和案例分析类课程、幼儿园环境布置与玩教具制作、动漫画设计技术、音乐、美术、戏剧等方面的课程。

第五，模块式的课程设计。我国各类幼师院校与专业正竭力打破学前教育学、学前心理学、幼儿园各科教学法“老三门”的课程结构体系，开设模块化的、开放的、专题性的学前教育课程。基于学前教育专业各类人才培养目标，合理配置各课程模块，如音乐教育模块、美术教育模块、健康教育模块、特殊教育模块等。通过开设先行课，将学生导入不同模块课程，引导学生多样化、有个性地发展。

以上学前教师教育课程改革已对我国原有的传统意义上的大中专学校的教材和教辅资料提出了严峻挑战，要求学前教育同仁务必更新教学资源观、教师教育观和学前教师观，依据我国幼儿园教师专业标准和教师教育课程标准，遴选课程并合理设计教材。

本套基于《教师教育课程标准（试行）》的应用型学前教育专业系列教材，正是应我国学前教师教育改革的时势而生，充分体现了以上提及的学前教师教育课程改革的五种发展趋势。适用于大中专学校的课程与教学，也可作为学前教育爱好者、相关工作人员的专业拓展学习。本丛书涵盖了学前教育大中专学校绝大多数专业课程；内容具有一定的理论性，更具有实践应用的特征；编写规范与设计务实活泼，知识点和案例穿插其中；丛书的编委遍及全国；作者主要来自华中和华南地区的本、专科院校，他们均具有丰富的教学经验和较好的研究基础。

在丛书的编写过程中，我们参阅、借鉴和引用了国内外许多同行的观点与成果。各位同仁的研究奠定了本丛书的学术基础，在此一并感谢。另外，受水平和时间所限，书中难免有疏漏和不当之处，敬请读者批评指正。

最后，我谨代表丛书的所有编委和作者，衷心感谢本丛书的策划者谢群英编辑和武汉大学出版社有关领导。他们对学前教育满腔热情，对丛书的未来充满信心，极度地敬业与审慎。出版丛书虽是一项浩大而艰苦的工作，但有谢群英编辑和武汉大学出版社相伴而行，相信梦想终会成真。

蔡迎旗

2015 年 5 月

武汉桂子山·华中师范大学教育学院

第二版前言

本教材第一版于2016年出版，广泛发行于全国各地，得到众多高等院校师生的认可和肯定。但随着教材广泛使用，确实发现存在一些需要改进的地方。为了与时俱进，及时跟上新的理念，必须更新教材内容，才能适应幼儿园美工教学和环境创设改革的需要。

“幼儿园玩教具与手工制作”是普通高等院校学前教育专业和幼儿师范院校学生必修的教育技能课程之一，也是幼儿教师教育的基础课程。本次修订是在《幼儿园教育指导纲要（试行）》《3—6岁儿童学习与发展指南》《幼儿园教师专业标准（试行）》等一系列国家政策和法规文件的基本精神和要求的基础上进行的，坚持理论联系实际，专业技能的训练与幼教机构的实际需要相对接，具有较强的实用性和可操作性。本次修订在指导思想上还立足普通高等院校和幼儿师范院校玩教具和手工制作的教学需要，结合幼儿园应用实际，在强调手工基础知识技能的掌握、实际操作能力和设计意识的培养的基础上，增加了玩教具手工制作的相关概念、价值和幼儿园玩教具手工制作的基本制作要求，从宏观上、理念上引领学习者不断适应时代需求和幼儿园玩教具制作实践改革需要，做到注重基础、突出理念、强化应用、指导具体。

本次修订对学习者的期望是在对玩教具手工制作的相关概念、价值和幼儿园玩教具手工制作的基本制作要求等理论知识理解、把握的基础上，运用它们来思考、分析、解决幼儿园手工和玩教具制作实践中的现象和问题，做一个会思考的制作者，而不仅仅是制作工匠。

本次修订，由黄胜梅提出总体思路和修订要求，与编辑商讨教材框架，并负责修订工作的组织及统稿。各章节编写分工如下：

绪论由郭明煜编写；第一章由黄胜梅编写；第二章由石林、刘欣茹编写；第三章由黄胜梅、胡雪梅、朱小泉编写；第四章由黄胜梅、胡雪梅、廖小吉编写；第五章由胡传荣、郭明煜、朱小泉编写；第六章由黄胜梅、胡雪梅、郭明煜编写；第七章由黄胜梅、胡雪梅、刘欣茹编写；第八章由黄胜梅、候贝贝、刘欣茹编写。全书文字图片由黄胜梅和胡雪梅统稿编排并定稿。原教材编著者魏红、李彩、牛怀杰、徐堃、高洁、邱雨、张亚莉、刘丽娜等表示不再参与修订工作。几位老师在原教材中所贡献的内容在本次修订中仍有许多被保留和沿用，在此谨向几位老师表示感谢！

本书教学内容通过修订不断丰富，可成为各级各类学校学前教育专业的教材。各地学校可根据手工教学和玩教具制作教学的实际情况，有选择、有侧重地进行教学；另外，本书在编写时图文并茂，尽量展现丰富的制作图例和作品欣赏图片，学习者可自行使用参照制作，也适合自学。

本书的图例作品，绝大部分由编者和相关师范院校的学生制作拍摄，做出特别贡献的有巢湖学院的朱小泉老师、淮南师范学院的廖小吉老师，田家庵区三幼的胡雪梅园长、市直机关幼儿园的刘欣茹老师等。另外，还有一部分图例作品是编者到淮南市直机关幼儿园、田家庵区二幼、五幼、六幼、合肥市七彩珠光幼儿园、上海市虹口区实验幼儿园、上海市荷花池幼儿园等实地拍摄。少部分图例选自相关网站和书籍。由于篇幅有限，不能将图例作品作者一一列出。在此，对本书中所有的图例作品作者表示诚挚的谢意！本书在修订过程中还广泛吸取了国内外相关的研究成果，参考和引用了许多专家学者的有关著述，在此表示衷心的感谢！引用材料在书中一一标注，如有遗漏，请给予谅解！同时，武汉大学出版社的编辑为本书的出版付出了辛勤的劳动，在这里一并表示感谢！

尽管各位编者在编写修订过程中付出了许多精力，但由于时间仓促、水平有限，本版教材中仍会有很多疏漏和不妥之处，敬请各位同仁批评指正！

编者

2022年1月8日

目　　录

绪　论

本章导读

本章教学内容主要涉及幼儿园手工玩教具的概念、分类，手工制作玩教具的价值、特点、原则及制作方法。通过本章的学习，需掌握幼儿园玩教具手工制作的基本环节和制作方法，利用幼儿园玩教具促进幼儿学习与发展的积极性和创造性。

精讲分析

玩教具是承载着教育教学目标的工具，是幼儿学习的重要资源，同时又是好玩的、可操作的玩具。玩教具作为幼儿游戏和学习的重要媒介，在学前儿童成长中起着至关重要的作用。手工制作玩教具，是幼儿园教育教学的具体需要。玩教具手工制作技能是幼儿园教师必备的重要技能之一，它能更贴切地为教育教学服务。幼儿教师要根据教学目的需要，就地取材、因地制宜，利用各种无毒无害、安全卫生的自然材料和废旧材料自己动手或带领幼儿动手制作符合幼儿学习兴趣和需要的玩教具，从而实现玩教具的“教育性”。幼儿教师需要正确理解玩具、教具和玩教具之间的关系，了解手工制作玩教具的重要意义，在此基础上掌握手工制作玩教具的重要技能，从而更好地为幼儿发展服务。

第一节　玩教具手工制作的相关概念与价值

一、认识幼儿园玩教具与手工制作玩教具

（一）玩具、教具与玩教具的概念

1. 玩具的概念

从广义上讲，玩具泛指一切可以用来“玩”的物品。著名教育家陈鹤琴指出，对玩具应作广义理解，它不只限于街上卖的供儿童玩的东西，凡是儿童可以玩的、看的、听的和触摸的东西，都可以叫“玩具”。玩具适合儿童，也适合青年和中老年人。它是打开智慧天窗的工具，让人们机智聪明。

从狭义上说，玩具特指供人们玩耍、游戏的物品，即用于“玩”的器具。① 顾明远在《教育大辞典》中指出，“玩具（toy）是供幼儿游戏使用的物品，是游戏的主要物质基础。一般有：形象玩具（如按照人物、动物、家具、炊具、日用品等形象制作的玩具）、技术玩具（如借助于发条、电力、惯性、动力和遥控装置进行活动的交通工具、电话电视玩具）、智力玩具（如进行分类、比较、推理、找关系的图片和材料，各种棋类、魔方、镶嵌装套玩具）、音乐玩具（如铃鼓、摇铃、木鱼及会发出乐音的玩具）、体育器械和玩具（如哑铃、高跷、大刀、短剑）、娱乐玩具（如造型滑稽、动作有趣的母鸡生蛋、摇头娃娃）、民间玩具（如七巧板、不倒翁、竹龙、陀螺），结构玩具（如巧木、积塑）等”。②

对于幼儿而言，玩具是幼儿在生活环境中可自行操作的把玩物，一般不出于特定教学目标的需要，是幼儿自愿主动地自主操作，与其互动，没有明确的教育目的。

2. 教具的概念

《现代汉语词典》指出，教具是教学时用来讲解说明某事某物的模型、实物、图表和幻灯等的总称。③ 顾明远在《教育大辞典》中提出，“教具（teaching aid）是教学过程中辅助教学活动的用具④。”

---

① 中国社会科学院语言研究所词典编辑室. 现代汉语词典［M］. 北京：商务印书馆，1991：1182.

② 教育大辞典编纂委员会. 教育大辞典（2）［M］. 上海：上海教育出版社，1990：225.

③ 中国社会科学院语言研究所词典编辑室. 现代汉语词典［M］. 北京：商务印书馆，1991：1182.

④ 中国社会科学院语言研究所词典编辑室. 现代汉语词典［M］. 北京：商务印书馆，1985.

教具，是教师为了达成教学目标，特别设计或使用某种实体材料来传达特定的理念和概念。这种材料是由教师在教学过程中自行操作使用，用来协助说明和传递知识的教学工具。教师是教具的主导者和使用者。

3. 玩教具的概念

玩具偏重幼儿在玩中操作，教具偏重教师的教学使用。而玩教具则将教师的教学使用和幼儿的自由把玩相结合。通常所说的玩教具是指教师在教学过程中使用引发幼儿学习和游戏的一种教学工具，是用来向幼儿讲解和说明某事物的模型、实物、图表、投影的总称。学前儿童玩教具，主要指教育者根据一定的教育目的有计划地经过选择或自行设计的，在学前儿童游戏和学习活动中使用的，专门为各年龄阶段幼儿设计和使用的教育用具和材料，既包括玩具，也包括教具和学具。幼儿园玩教具具有教育性和可玩性的特点，同时又具有相对的系统性和完整性。它借助一定的物质材料，如布、木材、石头、金属、纸张等，依据一定的设计要求，通过工业化生产或手工制作而完成的，可视的平面、立体或可活动的集游戏、娱乐、竞赛、教育功能于一身的，适合于不同年龄、层次、智力类型需要的开发智力、锻炼体魄、促进身心健康发展的游戏娱乐工具。①

（二）手工制作玩教具的概念

现阶段，幼儿园所使用的玩教具，可以分为商业化的需要购买的玩教具和教师、幼儿、家长等手工制作的玩教具。商业化的玩教具虽然种类繁多、样式各异，但是能否贴合每个教师的教学需要，能否引发幼儿的学习兴趣就难以一概而论了，且商业化的玩教具都相对比较昂贵。教育者和幼儿利用身边的材料动作制作玩教具可以弥补商业化玩教具的不足。

幼儿园手工制作玩教具是指成人或幼儿利用各种材料自己动手制作的用于幼儿园教育教学活动的辅助材料，包括供幼儿操作的玩教具以及具有教育性的环境装饰。手工制作玩教具是根据一定教育目的需要，从幼儿的实际发展水平和接受能力出发而设计的，是自觉控制下的根据教学需要而设计并制作的玩教具，是作为自觉用以进行启蒙教育的特定教育因素而存在的。

（三）玩教具与手工制作玩教具的种类

1. 玩教具的分类

（1）从不同的制作途径对玩教具进行分类，可分为自制玩教具（图 1）和工业成品玩教具（图 2）。

---

① 李金娜. 学前儿童玩教具制作［M］. 北京：科学出版社，2008.

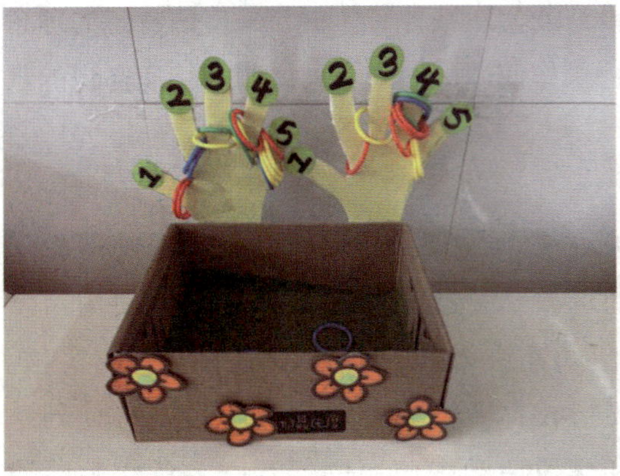

图 1 自制玩教具

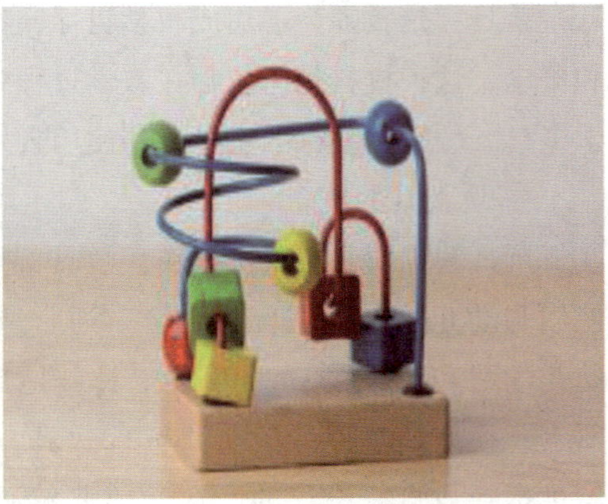

图 2 工业成品玩教具

（2）从不同的时代特征对玩教具进行分类，可分为传统玩教具和现代玩教具。

图 3 传统玩教具《水井》

（3）从不同的功能对玩教具进行分类，可分为教育性玩教具、表征性玩教具、建构性玩教具、运动型玩教具、娱乐性玩教具等。

教育性玩教具是指可以帮助学前儿童学习某种特殊的概念和技能，侧重于促进其智力的发展。如拼图、钟表、天平等。

图 4 教育性玩教具

表征性玩教具是以社会和自然环境中的真实事物为模拟对象，其形状类似于真实的物体，比如角色扮演中的头饰、过家家的家具等。

图 5 表征性玩教具

建构性玩教具是可以让幼儿自己进行建构活动的材料，如积木和橡皮泥。

图6　建构性玩教具

运动性玩教具是指幼儿在体育活动中使用的各种设备和材料，如飞盘球类、沙包、跨栏等。

图7　飞盘

图8　跨栏

综合性玩教具是指一物多用的功能全面的玩教具。

图9　综合性玩教具

2. 手工制作玩教具的分类

手工制作玩教具的分类有很多种划分，我们可以依据不同的视角对其进行分类。

（1）从不同制作者进行分类，可以分为成人手工制作的玩教具和学前儿童在教师和家长指导下制作的玩教具。

（2）按照不同的使用制作材料对其进行分类，可分为纸材料手工玩教具、布材料手工玩教具、泥材料手工玩教具、废旧材料手工玩教具、自然材料手工玩教具等，本书介绍的手工制作玩教具就是按照制作材料来进行讲解的。

（3）按照不同领域对其进行划分，可分为健康领域手工玩教具、语言领域手工玩教具、社会领域手工玩教具、科学领域手工玩教具、艺术领域手工玩教具等。

（4）按照不同物质环境设计背景进行分类，可分为幼儿园区角环境手工制作作品、墙面环境手工制作作品、幼儿园公共区域环境手工制作作品。

（5）按照特定使用用途对手工制作玩教具进行划分，可分为幼儿园节日手工饰物、幼儿园节日表演手工道具、演出手工服饰。

二、手工制作玩教具的价值

一直以来，我国幼儿园教师坚持因地制宜、就地取材手工制作玩教具，以达成教育教学目标，弥补教育资源的不足，创设幼儿园物质环境。在当前幼儿教育事业受到普遍重视、幼儿园办园条件不断改善的情况下，很多幼儿园教师依然坚持手工制作玩教具，不仅是为了减轻幼儿园购置玩教具方面的压力或达成教育教学目标，更多是为了实现多主体参与教育过程，促进教师、幼儿、家长共同成长。因此在新的时代背景和教育改革背景下，幼儿园手工制作玩教具已被赋予了新的意义与价值。

（一）手工制作玩教具有利于促进幼儿的学习与发展

自制玩教具材料的多样性，有利于幼儿认识不同材料的软硬、凉热、光滑、粗糙、大小等特性，使其认知能力获得发展；手工制作玩教具所使用的材料通常是便宜、易得的材料，在很大程度上能节约成本，有利于幼儿环保和节约好习惯的养成，使其社会性得到发展。因此，手工制作玩教具能够从多角度促进幼儿的学习与发展。

1. 发展幼儿的创造力和动手操作能力

张雪门曾指出："玩具等设备，并不仅供儿童们的消遣罢了。其最大的作用，在于能促进发明的态度和创造的能力。一件精美的玩具，在教育价值上远不如泥、沙、土等原料。竹头木屑，无一废物，这不但省钱，还可以启发儿童的创造力。"①

《纲要》指出："教师要指导幼儿利用身边的物品或废旧材料制作玩教具、手工艺品等来美化自己的生活或开展其他活动。"幼儿直观行动、具体形象的思维特点，决定了幼儿认知技能、社会情感等方面的发展离不开其实际动手过程。整个幼儿期，幼儿智力的发展与其运动和操作能力是紧密相联的。幼儿手工制作玩教具的过程练习了幼儿对常用工具的使用，还有利于发展幼儿小肌肉动作及手眼协调能力、想象力、创造力和表现力、对空间的认识和感知能力，同时也有利于使幼儿从中体验到成功的乐趣，满足幼儿自我情感的需要。自制玩教具的玩法多变，有利于幼儿想象创造力的发展。幼儿在自制玩教具的过程中，能够对制作材料有直接的感知，获得有关材料的知识；能够获得实际操作材料的机会，满足好动、好探索、好实践的需要。

因此，手工制作玩教具符合幼儿认知特点和学习方式，为游戏活动提供丰富可操作的材料，有利于发展幼儿的想象力和创造力，提高幼儿的动手操作能力。

2. 促进幼儿的个性化学习和可持续发展

程秀兰、李晓利（2012）认为教师自制的玩教具能满足教学的多样化需要及幼儿的个性化需求，经验丰富的教师往往能从幼儿的特殊需求出发，通过不同要求、水平和使用层次的玩教具，将教育应立足于幼儿身心发展特点和需求的理念落到实处。同时幼儿利用丰富的自然材料、废旧物品既可以自己制作玩教具，也可以与同伴一起制作，这个过程能够在很大程度上促进幼儿的个性化学习。②

刘焱（2007）认为，幼儿园手工制作玩教具使废旧材料得到科学合理的再利用，不仅有助于节约资源，起到保护环境的作用，也有助于从小萌发幼儿可持续发展的意识，培养可持续发展的态度和责任感，在实际行动中养成废物利用、节约资源的良好习

---

① 戴自俺. 张雪门幼儿教育文集［M］. 北京：少年儿童出版社，1994：198.

② 程秀兰，李晓利. 幼儿教师自制玩教具的价值与问题探析［J］. 兰州教育学院学报，2012，04：159-160.

惯。也即，幼儿在教师的引导下经常使用废旧材料制作玩教具，慢慢地也会受教师的影响养成节约的意识和变废为宝的行为。①

因此无论是从培养幼儿可持续发展的意识、行为，还是从教师、幼儿养成节约意识和行为的角度来看，幼儿园自制玩教具的确是对实现可持续发展战略具有积极意义。

3. 保障幼儿游戏的权利，提高幼儿游戏的水平

刘焱（2007）认为，玩具与游戏的历史及现实的联结是如此紧密，很难把儿童拥有游戏的权利和拥有玩具的权利分开。幼儿园教师有责任去因地制宜、就地取材地通过制作玩教具来弥补教育资源的不足，为幼儿的游戏和学习创造必要的条件。②

幼儿手工制作的玩教具多用于丰富教师活动区环境创设。如幼儿利用废纸盒做的拼搭图形等则可以投放在建构区中。将幼儿制作的玩教具用于日常教学活动或投放到活动区中，可满足幼儿自我认同感的需要，增强其自信心，且利于幼儿学会与人分享、增进幼儿与同伴间的交往，进而提高幼儿游戏的水平。

（二）手工制作玩教具是幼儿教师专业性的体现，是国家对幼儿教师的素质要求

手工制作玩教具是幼儿教师必备的一项基本技能。教师根据幼儿游戏和学习的兴趣特点以及教学内容的需要，选择和制作适宜的玩教具的过程体现了教师的智慧和创造，反映出教师对幼儿需求和教学内容的深思熟虑。自制玩教具的手工制作过程本身有利于教师更好地了解幼儿的发展情况；同时也发展了教师的动手能力，增进了教师之间的交流和合作。教师将手工玩教具投放于班级区角，引导幼儿自主化的选择操作，从而弥补集体教学活动中忽视个体差异的缺憾。教师可以根据幼儿的选择情况了解幼儿相应的发展情况及兴趣所在，随时调整教学活动计划，将相关玩教具运用到教学活动中，帮助完成教学目标。

（三）手工制作玩教具有利于促进师幼互动，增进亲子关系

幼儿在制作玩教具的过程中可能会出现失去耐心或者完全偏离初衷的问题，使得制作过程不能顺利完成。成人可以事先给幼儿一个明确的目标，在制作过程中适时给以鼓励、引导，这些都是制作顺利进行的条件。幼儿出现问题时，教师或家长积极地对幼儿作出反应，解决操作问题，此过程形成了积极的师幼或亲子互动，给孩子以安全感，使得幼儿顺利完成制作过程，并从制作过程中获得满足感。

在参与玩教具亲子制作的过程中，家长能更充分地了解幼儿园教育活动内容、特点，更生动直观地感受到玩具及游戏对幼儿发展的重要意义，有利于家长更新教育观

---

① 刘焱. 幼儿园自制玩教具活动的意义、指导思想和评价标准［J］. 学前教育研究，2007，09：24-30.

② 刘焱. 幼儿园自制玩教具活动的意义、指导思想和评价标准［J］. 学前教育研究，2007，09：24-30.

图 10　情境故事盒《拔萝卜》

念；亲子自制玩教具还有助于家长更直观地感受到操作性活动对于幼儿发展的重要意义，从而在家庭教育中给幼儿动手操作活动以更大的关注；手工制作玩教具还给家长提供了与孩子沟通的机会，促进亲子之间的互动和交流。在手工制作过程中，家长通过与幼儿互相探讨、研究、交流，开始了解孩子的想法，鼓励孩子积极思考，能够自己独立地解决困难。家长鼓励孩子，对他的表现给予肯定，享受和孩子一起动手的乐趣，无形中也增进了亲子关系。

图 11　亲子手工作品《花篮》

（四）手工制作玩教具具有传承社会文化的重要价值

自制玩教具的创意往往来自于节庆活动、传统习俗、民间游戏等本土文化资源，在取材上往往利用当地的自然材料，对于幼儿了解我国传统文化和本地文化和生活习俗具有独特的作用。①

手工制作玩教具有助于传承和发展我国传统的民间手工艺和民族文化特色。很多时候，成人在手工制作玩教具的这个过程中也继承和发展了中华民族宝贵的文化资源。比如中国民间折纸、捏泥人等传统手工艺，在幼儿园手工制作中有着重要的传承意义和价值。

从手工制作玩教具的意义来看，幼儿园手工制作玩教具的开发对于幼儿教育具有积极的推动作用，不仅有效地锻炼了幼儿的实际动手操作能力，而且帮助幼儿树立了正确的认知态度，对他们今后的全面发展具有重要影响。

思考与操作

1. 玩教具和手工制作玩教具的概念是什么？
2. 手工制作玩教具的分类有哪些？
3. 手工玩教具制作的价值是什么？
4. 请自制一个手工玩教具，并说明设计意图。

第二节　幼儿园玩教具手工制作的基本要求

一、幼儿园玩教具手工制作的特点和原则

玩教具手工制作适应幼儿园教育教学的需要，为教育教学服务，和工业生产玩教具相比，玩教具手工制作需要满足如下几个特点：

（一）年龄适宜性

学前各年龄段儿童在认知水平、能力、经验、学习方式上存在个体差异，因此在设计和制作手工玩教具时，要结合幼儿发展的年龄特点，针对不同年龄、不同特点的幼

① 刘焱. 幼儿园自制玩教具活动的意义、指导思想和评价标准［J］. 学前教育研究，2007，09：24-30.

儿，有层次地设计不同难易程度、不同操作规则的玩教具，以满足不同幼儿的学习需要。比如小班和大班幼儿的玩教具难度不同，所需要的操作方式不同。小班的玩具简单、色彩鲜明，容易操作，而大班的玩具则难度有所提高，应适宜大班幼儿动手操作。

图 12　小班玩教具《甜品屋》

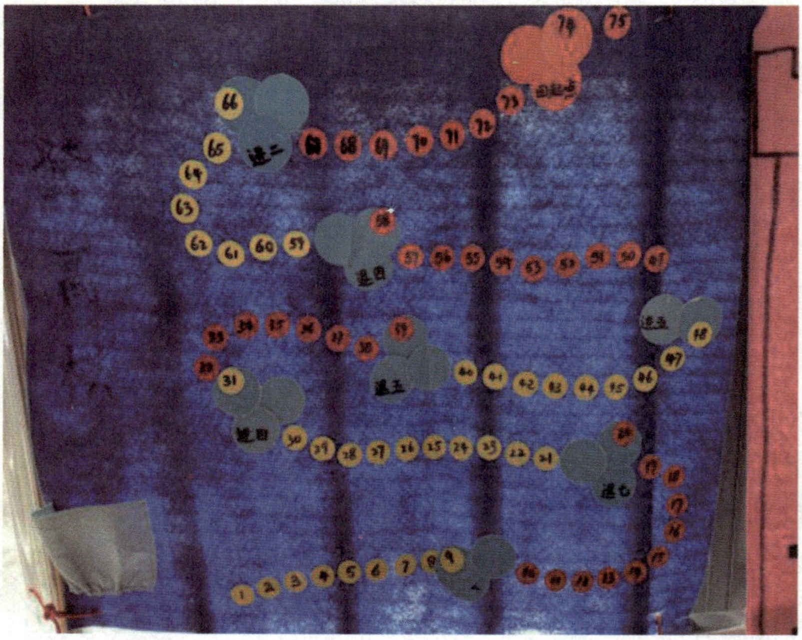

图 13　大班玩教具《登高楼》

（二）材料选择多样性

幼儿园玩教具手工制作，选取材料丰富多样，以身边触手可及的材料为主，可以购买各类纸材料、布材料、泥材料，也可以利用废弃的或廉价的材料，如废旧纸箱、塑料瓶、木块等，还可以利用自然界中存在的天然材料，如树枝、种子、石头等。材料来源广泛，教师要根据自己制作的意图，注意观察身边各种材料的特性，充分利用身边材料和自然资源，通过手工制作使材料呈现丰富的表现力。

图 14　纸材料制作玩教具

图 15　用不织布制作绘本

（三）技能方法综合性

设计制作幼儿园手工玩教具时，需要将多种技能方法结合。制作前，需理清每件手工作品的制作流程和基本技法。例如，制作一件废旧材料手工作品，需要准备适合的废旧材料，积累相关的制作方法如剪切、黏贴、塑型、折叠、推拉等技法。制作一件纸工玩教具作品时，则需要掌握相关的形象色彩知识和剪、黏贴、折、卷、围合、推拉等技法。不难看出，每种制作技法既可以独立使用，又可以相互结合、分解综合地加以运用。因此，玩教具的手工制作需要多种技能方法的综合。

图 16　自制投球器

（四）寓教于乐的趣味性

幼儿园手工玩教具作品，通常是幼儿喜爱的夸张有趣的形象，符合幼儿的欣赏水平和审美能力。成人在制作手工玩教具时，关注幼儿的心理和使用价值，在指导幼儿亲自动手加工原材料时，帮助幼儿从中体验手工制作的乐趣，提升幼儿的自信心和成就感。手工玩教具作品，不仅可以用于装饰环境，使幼儿获得视觉上的审美感受，也可放在区角环境中或作为教育教学活动的道具，营造轻松快乐的学习氛围，增加幼儿参与游戏和教学活动的乐趣，从而体现寓教于乐的特点。

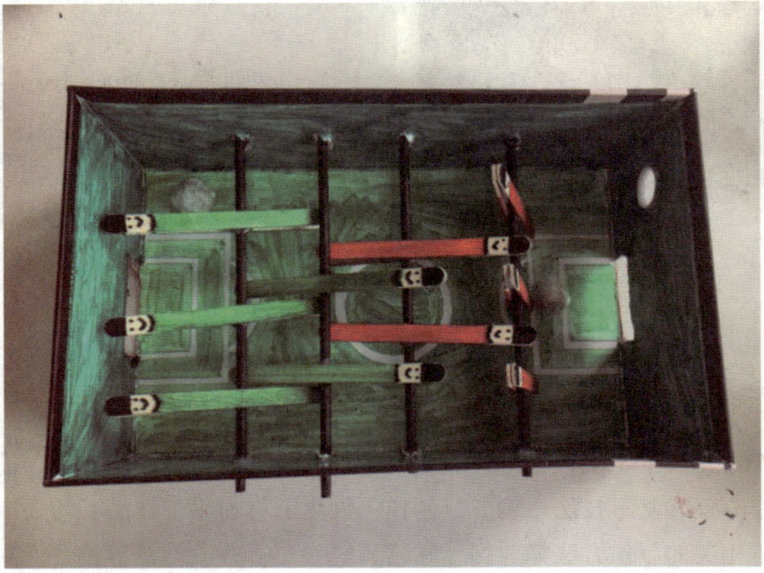

图 17　手工桌球

幼儿园玩教具手工制作要遵循一定的原则，以保证玩教具的价值得到充分利用。在手工制作玩教具时要遵循以下原则：

（一）教育性原则

教师在手工制作玩教具时，将教育意图融入玩教具中，引导幼儿“在学中玩，在玩中学”，发挥幼儿认知的主观能动性。在设计和制作教育活动玩教具时，要充分考虑到玩教具的教育功能，使之为教育教学服务，为幼儿的身心发展服务。因此玩教具手工制作最关键的是要充分思考其教育价值所在，发挥其本身的价值，将“玩”和“用”充分结合起来，给幼儿一定的教育意义。同时，教师应鼓励幼儿参与制作过程，一起动手制作相关的玩教具，充分锻炼幼儿的实际动手操作能力。

图 18　认识时间玩教具

图 19　幼儿制作的家

（二）安全性原则

《幼儿园教育指导纲要（试行）》（下文简称《纲要》）指出，幼儿园必须把保护幼儿的生命和促进幼儿的健康放在工作的首位。因此，在设计与制作手工玩教具时必须遵循安全性这一基础原则。

在制作玩教具时首先要考虑玩教具不会对幼儿的健康造成威胁，应选择无毒、卫生、易清洗、能消毒的材料。特别是废旧物品再利用，应避免细菌给幼儿带来的危害。其次，玩教具在选择和制作时对于自然材料的利用也要经过加工处理，不能出现划手、掉色、带尖角的危险小零件等，防止使用伤害幼儿的不安全物品。

图 20　母鸡下蛋

（三）操作性原则

制作玩教具的目的是用于幼儿日常的教学活动中。它有别于普通装饰品的存在，要切切实实符合日常教育教学和环境创设需求。如果作为教具学具，幼儿应该能对其进行操作，在动一动玩一玩中不断体现玩教具的教育价值。

图 21　扣子练习包

（四）审美性原则

成人和幼儿在设计和制作玩教具手工作品时，都需要具备一定的审美能力，造型和色彩必须满足幼儿的审美需要，色彩鲜艳的、形象逼真的、造型可爱的玩教具更能吸引幼儿的注意力，激发幼儿的操作兴趣。如利用各色卡纸和玻璃瓶制作的卡通青蛙瓶子，里面装上各种谷物和豆类种子，形象可爱，能够引起幼儿的兴趣。

图 22　装种子的青蛙瓶

（五）童趣性原则

玩教具手工制作会给幼儿带来一定的趣味性和新鲜感，趣味性好的玩教具能激发幼儿探索知识的兴趣，枯燥乏味的玩教具无法吸引幼儿。因此在设计手工玩教具时可以结合小游戏，将它们有效地结合在一起，既吸引幼儿的学习兴趣，又为幼儿提供轻松愉快的学习氛围，使其在愉快的氛围中，带着喜悦的情绪，全身心地投入制作活动中。也可以用有趣的造型体现玩教具的童趣，吸引幼儿的注意力。如玩教具《毛毛虫粘扣》，就利用生动的造型特征让幼儿产生操作兴趣。

图 23　毛毛虫粘扣

（六）可持续性原则

玩教具不是观赏的摆设，不是美化环境的花瓶，而是提供给幼儿操作、摆弄、探索的工具，让幼儿通过操作、摆弄探索出多种多样的玩教具，从而获得身心健康发展。要把“一物多用、一物多玩”这一理念贯穿到玩教具制作中。制作玩教具会花费教师很多时间，由于幼儿操作使用频繁，因此在设计时要考虑玩教具使用的最大化，足够牢固、结实耐用，不易损坏，不能只考虑玩教具的美观而忽略实用性。如图 24 中易拉罐体育玩教具，由于易拉罐坚硬、结实，7 个为一组用透明胶绑在一起，在体育活动中幼儿怎么玩都不会损坏。

图 24　易拉罐体育玩教具

二、幼儿园玩教具手工制作的基本环节和制作方法

幼儿园玩教具手工制作的过程，由若干个相互联系的工作环节构成，但其环节的数量及顺序，不是一成不变的，会因不同手工玩教具的差异而有变化，或简易或较复杂。一般情况下玩教具手工制作可以归纳为以下环节：

（一）构思和选材

构思是一种思维活动，是在动手制作玩教具之前对玩教具的设计、选材、制作、装

图 25　废旧纸盒玩教具《昆虫电影院》

饰、色彩以及操作活动进行全面的计划与思考。选材是选取制作所使用的材料，是保证顺利实现构思和设计的重要前提条件。

构思与选材有两种方式。一是先构思再选材，强调根据构思立意的需要，选择和利用相关材料，所选材料应有利于玩教具形象的塑造或功能的展现。二是先选材再构思，由材料启迪和影响构思和整体设计，根据材料的性能去构思作品的呈现。例如利用废旧物品制作玩教具时多是采用这种方法。

（二）设计与制作

设计是根据初步构思形成的设计形象，制定出可行性实施方案。设计方案一般只需存在于设计者头脑中，但在制作比较复杂的玩教具时，可以将设计形象化而画出图纸，再根据实际情况进行修改。在这个环节中，一定要考虑到幼儿的年龄特点、身高、操作方便与否。

制作是根据设计方案（有的是想法，有的是图纸）选取材料，采取不同的手工操作技法去完成材料的制作，也是完成作品的施工阶段。制作方法是制作主体根据材料特点不同和自己的需要而合理选取。玩教具的制作工艺不追求复杂，需遵循科学性和安全性原则，制作工艺应精细耐玩，在学前儿童活动中便于操作。

设计与制作有时候是同一过程，设计方案也会在制作过程中反复调整，使之趋于合理。

（三）装饰与配色

一件好的自制玩教具与其装饰也是分不开的。装饰通过涂绘、黏贴等手法进行美化和装裱，使其既具备使用功能，又具备审美功能。一般装饰的方法有涂色、绘制、黏

图 26　手工制作《装饰摆件》

贴、裱框等。通过装饰，增强玩教具的视觉美感，吸引幼儿的操作兴趣。学前儿童玩教具使用的颜色一般较为鲜艳，因为高明度的色彩更能引起幼儿的注意。在设计运用中，我们也应注意色彩的协调搭配，室内的玩教具可以多使用一些较柔和的色彩，避免幼儿视觉疲劳和审美疲劳。玩教具制作中的配色和绘画的配色是同一个道理，我们除了解基础色彩知识外，还应掌握一些适当的配色技巧。

（四）完善调整

制作完作品后要结合色彩搭配、构图等绘画知识以及其功能对作品进行统一整体的调整，把各个部分的颜色、位置处理到位，使作品更加完整完善。

图 27　自制纸杯台灯

三、幼儿园玩教具手工制作的基本材料与选择

（一）幼儿园玩教具手工制作的基本材料

1. 纸材料

纸是生活中随处可见的，纸材料的可塑性非常高。纸的种类诸多，如专用美工纸、宣纸、牛皮纸、卡纸、瓦楞纸等，以及生活中的旧报纸、打印纸、广告纸、卫生纸等，都可作为手工制作材料。纸材料的制作艺术也有很多，如折纸、衍纸、纸编、剪纸、纸塑等。具体制作方法在本书后面章节，会有详细介绍。

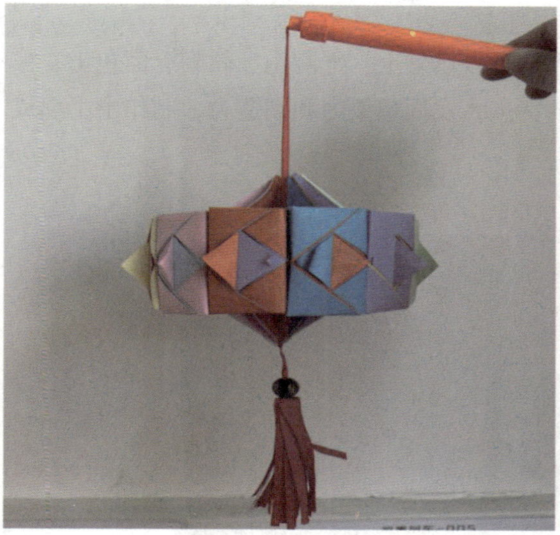

图 28　元宵节花灯

图 29　自制恐龙

2. 布材料

布质材料在手工制作中的应用也极其广泛，如布类粘贴画、布类立体造型、布艺花卉等。常用的布材料有棉、麻、雪纺、丝绸、针织、牛仔、氨纶等不同面料的布。在进行布艺制作的过程中，应充分利用各种布料的原有属性，创作出构思巧妙、个性鲜明的布类手工制作作品。

图 30　自制娃娃家

图 31　自制不织布绵羊

3. 泥材料

在泥材料手工制作过程中，最常使用到的是自然黏土、纸陶土、软陶、面包土、橡皮泥、超轻黏土等材料。根据不同泥材料的特点，发挥想象力和创造力，制作出平面或立体的玩教具作品。

图 32　手工黏土制作《我爱的食物》

4. 废旧材料

生活中的废旧材料，包括纸类废旧材料、塑料类废旧材料、木质废旧材料和金属类废旧材料。废旧纸材料如纸盒、纸箱、纸杯、纸托盘、报纸、扑克牌等，塑料类废旧材料如塑料瓶、瓶盖、塑料杯、塑料袋、纽扣等，木质废旧材料如筷子、冰棒棍、牙签等。

图 33　废旧纸托盘画

5. 自然材料

自然材料是指大自然中的蔬果、种子、大米、树叶、树枝、花瓣、石头等材料。这些材料来源于幼儿的生活，是幼儿熟悉的来自于大自然的材料，更能激发幼儿手工制作的兴趣。

图 34　柚子玩偶

（二）幼儿园玩教具手工制作材料的选择

1. 玩教具手工制作所用的材料应考虑安全无毒的物质材料，往往较多使用废旧材料，不使用受过污染的材料。在使用前应当采取正确的方法对这些材料进行消毒，确保不会对幼儿的身体健康和安全造成伤害。

2. 手工自制玩教具所用的材料和制成品不应有尖锐的角、锋利的边缘，以免可能割伤或刺伤幼儿皮肤或眼睛，也不可有能夹住幼儿手指、头发或皮肤的裂缝。

3. 手工自制玩教具如果采用电动或机械装置材料，要防止漏电，机械部分应牢固地安置于玩教具的腔体，不易被幼儿随意打开。

4. 手工自制玩教具的体积不能过小，零配件不易松脱，不能带有长线（长度不超过 30 公分），以防幼儿因吞食而窒息，塞入耳、鼻中和因长线缠住脖子、绊倒而造成意外伤害。

5. 填充类自制玩教具应注意采用质量较好的填充材料和不易破裂的表面材料，缝制要牢固避免因表面破裂而造成填充物被幼儿误食。最好不要选用长毛绒等材料制作玩教具，以免滋生细菌。

6. 自制玩教具要考虑制成品的大小和重量等。玩教具的大小以适合幼儿把握为宜。过分细小和过重的玩教具都不适合幼儿。

7. 选用的材料应当有利于环境保护和可持续发展。

四、幼儿园手工制作玩教具的作品欣赏

图 35 小动物找食物

图 36 自制故事宝盒

图 37　比一比，记一记

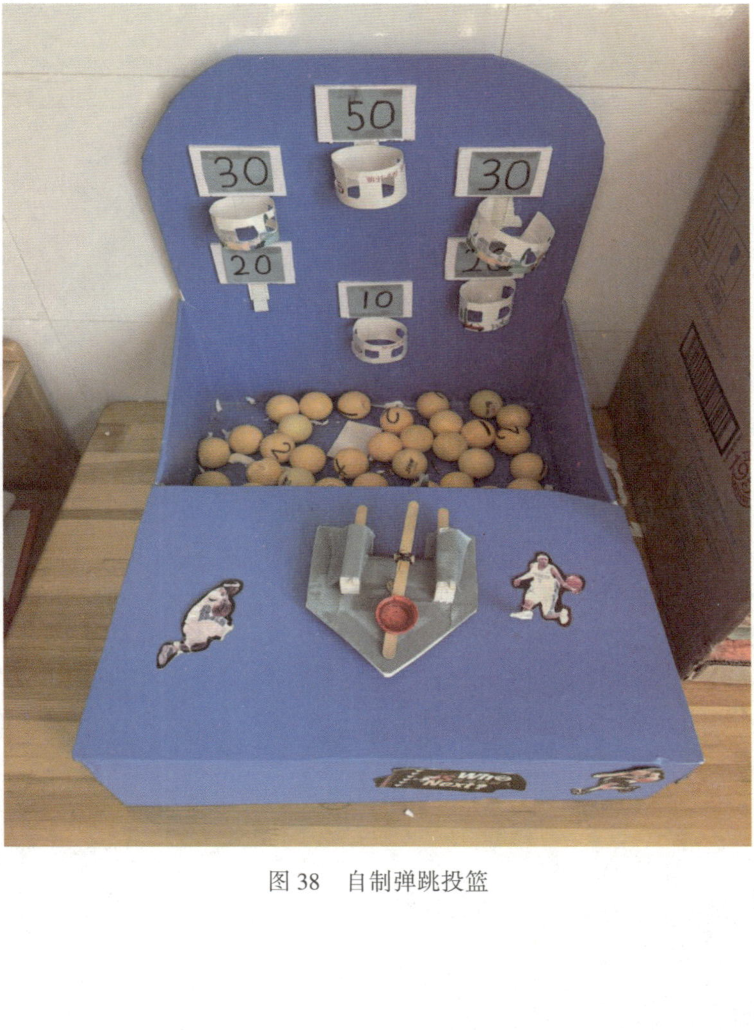

图 38　自制弹跳投篮

思考与操作

1. 幼儿园玩教具手工制作的特点有哪些？
2. 教师在制作手工玩教具时，应遵循哪些基本原则？
3. 请结合身边废旧材料，制作出一个废旧材料玩教具，并说出制作方法。

第一章　纸材料手工制作

本章导读

本章教学内容主要涉及纸材料的多种制作艺术，分别为折纸、衍纸、纸编、剪纸、纸雕塑等。建议掌握各类纸艺制作方法、步骤，熟悉其特点及其具有的特殊魅力，提高鉴赏能力，增强创作热情。在各类纸艺制作过程中，时刻注意平面与立体的结合，要求作品主题分明，形象突出，颜色搭配美观，造型生动。

教学准备

工具：马克笔、油画棒、颜料、剪刀、刻刀、尺子、圆规、针线、小镊子、乳胶、双面胶等。

材料：各色正方形、长方形的专用折纸、皱纹纸、卡纸、图画纸、红纸、废旧挂历、广告纸等不同颜色、厚度的纸张。

名家纸作品赏析

1.《龙神》（图 1-1）和《古代龙》（图 1-2）

神谷哲史折纸作品。神谷哲史（1981—　），日本名古屋市人，是当代世界上最出色的折纸大师之一。他自幼学习折纸，14 岁开始自己设计复杂折纸模型，27 岁时已创作数百件作品。擅长于折复杂的昆虫、动物及虚构的生物等。《龙神》和《古代龙》是其最为令人惊叹的作品。

图 1-1

图 1-2

2.《狮子》（图 1-3）和《野鸭》（图 1-4）

Calvin Nicholls 纸雕作品。Calvin Nicholls，美国纸雕艺术家，他的作品仅用 A4 纸张，通过解剖刀、泡沫以及皮革切割工具，利用剪切、绘制纹理、粘贴的方法制作出了一幅幅令人瞠目结舌的精彩纸雕作品。他的创作题材以动物为主，作品看起来极其逼真、精美和做工复杂。

图 1-3

图 1-4

3.《花鸟》（图 1-5）和《虎》（图 1-6）

天津市西青区杨柳青的单色剪纸作品。杨柳青是中国著名的书画艺术之乡，其剪纸由于有深厚的文化底蕴烘托，故风格独特、别有韵味，题材主要有花鸟、动物、人物、风景、脸谱等。杨柳青剪纸，以造型优美、纸张考究、刀功犀利而著称。

图 1-5

图 1-6

精讲分析

纸材料价廉易得，且可塑性非常高，是极佳的平面或立体手工制作素材。一些购买的专用美工纸，生活中丢弃的旧报纸、打印纸、广告纸、挂历纸，甚至卫生纸，都可作为手工制作材料。基本造型技法包括折、叠、粘、编、剪、刻、切、揉、撕、染、印、裱等。

纸材料手工制作既具有挑战性又具有益智性。一张张普通的纸，通过自己的艺术想象和创造，却可制作出无限变化的平面或立体的造型，其中乐趣无穷！不仅如此，它还能发展人的智力，促进手眼脑的协调，提升逻辑思维能力。正因为如此，近年来，纸材料手工制作还被发展成为一种儿童智力开发的工具。

第一节 折 纸

一、折纸简述

折纸是按照一定的技法通过对纸张的边、角、面进行手工折叠及剪插等操作，使之模仿塑造产生出丰富形态的形象造型游戏。折纸是中华民族一门传统的手工艺术，也是一种盛行于民间各地的传统儿童游戏。对于儿童来说，折纸既是生动有趣、奥妙无穷的造型游戏，也是喜闻乐见的益智训练活动。折纸的多变造型，既可以锻炼儿童手指精细动作的灵活性、手眼脑的协调性，又可以培养儿童耐心专注、做事有条理的习惯，还促进了儿童记忆力、想象力、空间知觉能力和对图形变换的思维能力的发展。

折纸所用的材料和工具很简单，一般需要纸、刀、笔和粘贴材料等。折纸艺术对纸张的要求不是特别高，一般用比较光滑、有色泽、厚薄适宜的纸来折叠，也可用 A4 纸、废弃的广告纸等折叠。折纸一般用正方形的纸，有时也可用长方形的纸或三角形的纸折叠。刀类在折纸中用来剪刻折叠物体中多余的部分。实物折纸有时只用折的方法无法表现其具体的细节，如衣服上的纽扣、动物身上的花纹等可用笔来填补。有些折纸粘贴组合是一个重要的环节，根据作品需要可选用白乳胶、双面胶、胶水或者糨糊等进行粘接。折纸的基本方法是折叠，有时结合剪、粘、插、画等方法和捏、摁等手法，造型更生动、逼真。折纸创作题材比较丰富，人物、动物、植物、昆虫、生活用品、交通工具等，都能通过折纸造型表现出来。

二、折纸示意图符号和基本技法

(一) 折纸示意图基本符号

表 1-1　**折叠符号及图解**

折叠符号	图解	折叠符号	图解
------谷线	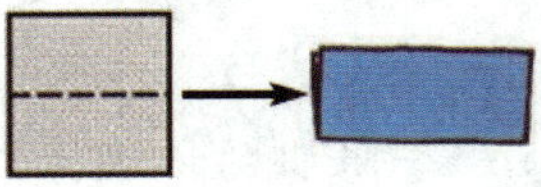 正折，表示折叠部分折向作品的前面	 吹气箭头	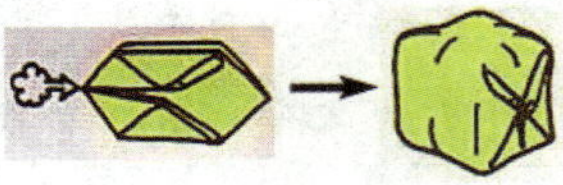 往里吹气使其撑开
-·-·-·-峰线	 反折，表示折叠部分折向作品的后面	 折后返回	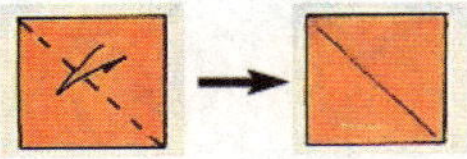 折后再复原，留下折痕
 曲折线	 类似折扇的折法	 剪开	 用剪刀按要求剪开
翻转箭头	 翻到背面	 剪掉	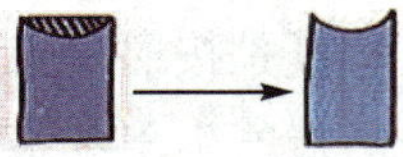 将阴影部分剪掉
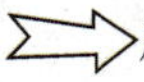 展开箭头	 将中间空的部分撑开		

(二) 基本技法

动物、植物、生活用品及其他折纸造型都是由纸张一步步折叠而成。在折的过程中，有一些基本方法，主要包括对边折、对角折、集中一角折、两边向中线折、四角向中心折、卷折、双正方形折、双三角形折、单菱形折、双菱形折、反正折、向内嵌折、向外翻折等。对边折、对角折是双正方形折、双三角形折的基本步骤，集中一角折是单菱形折和双菱形折的基本步骤。

1. 两边向中线折（图 1-7）

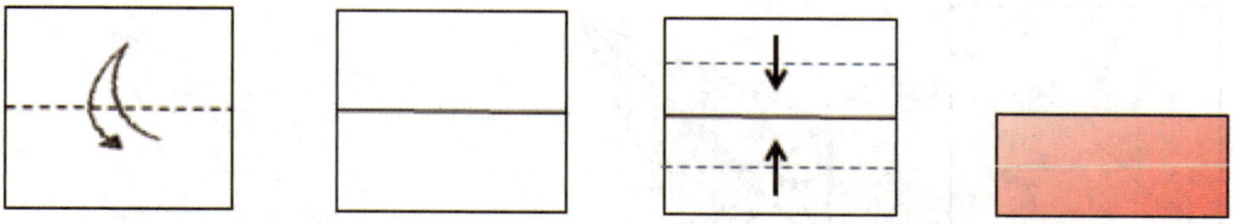

（1）对边折后返回 （2）留下中线折痕 （3）上下两边向中线折 （4）完成

图 1-7

2. 四角向中心折（图 1-8）

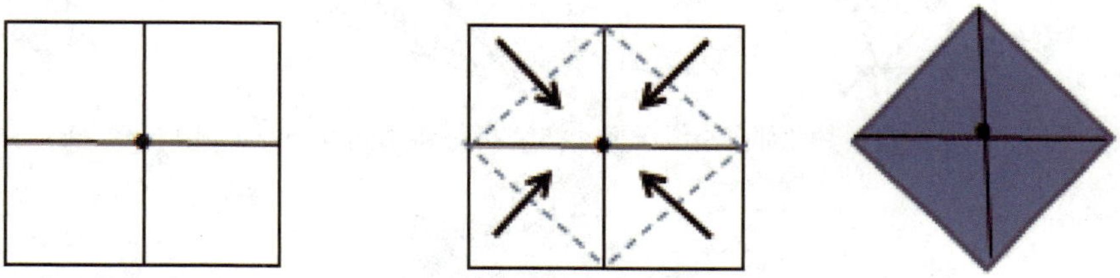

（1）纵横对边折还原，找到中心点 （2）四个角朝中心点折 （3）完成

图 1-8

3. 双正方形折（图 1-9）

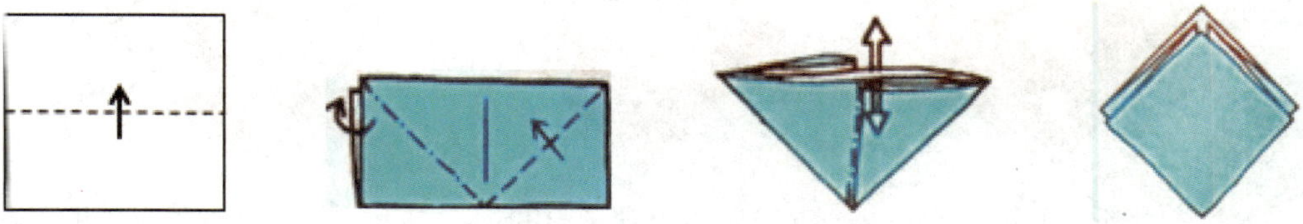

（1）对边折 （2）左右下角朝相反方向折 （3）压住两角从中间展开 （4）完成

图 1-9

4. 双三角形折（图 1-10）

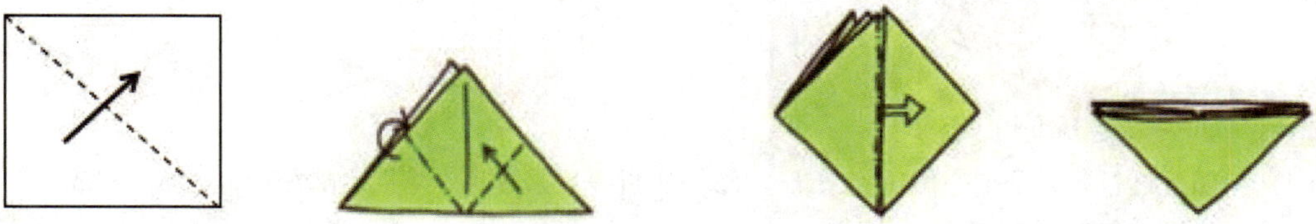

（1）对角折 （2）左右下角朝相反方向折 （3）压住两角从中间展开 （4）完成

图 1-10

5. 单菱形折（图 1-11）

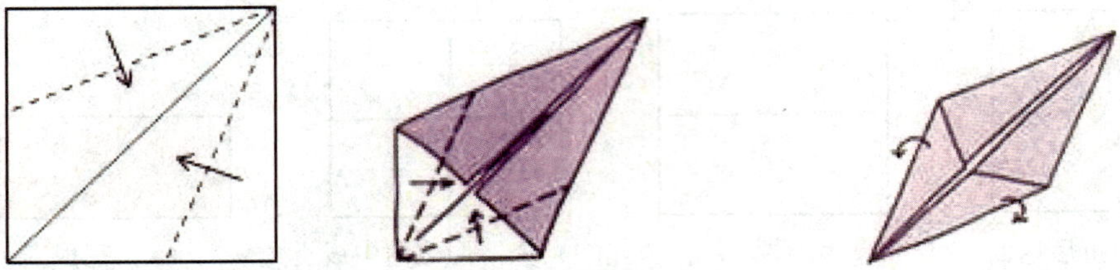

（1）相邻边集中一角折　（2）再集中向相对的角折叠　（3）折后打开，回到步骤（2）的图

（4）将原正方形另两角拉起，其他部分沿线压折　（5）折好将两角往下压平　（6）完成

图 1-11

6. 双菱形折（图 1-12）

（1）折一个双正方形　（2）沿虚线集中一角折　（3）用力压出折痕后展开

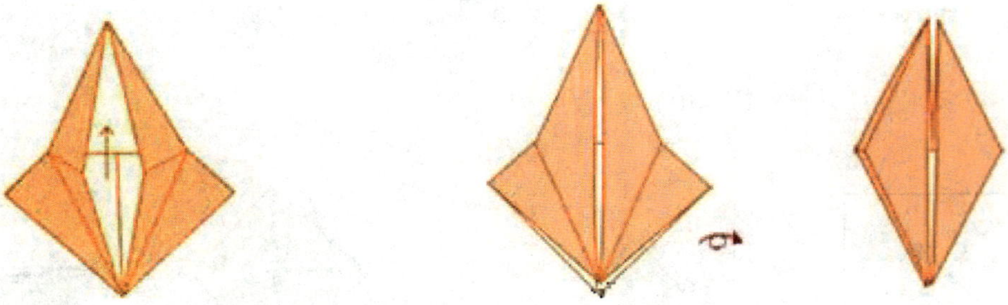

（4）按照折痕打开袋子把一角拉起来，两边向中间压折　（5）压折好后翻过来，背面折法相同　（6）完成

图 1-12

7. 反正折（图 1-13）

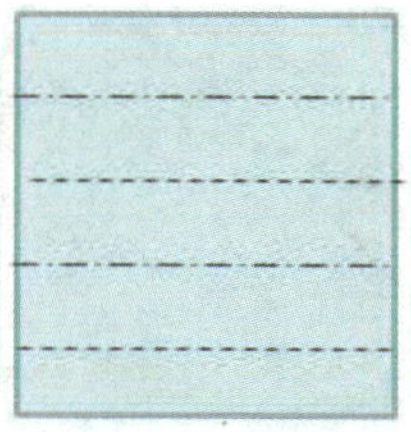

（1）沿谷线往里折，沿峰线往外折

（2）完成

图 1-13

8. 向内嵌折（图 1-14）

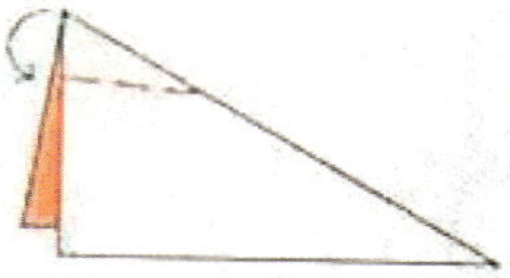

（1）将一个角沿虚线压痕，向内嵌折

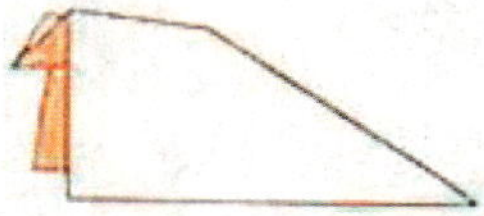

（2）完成

图 1-14

9. 向外翻折（图 1-15）

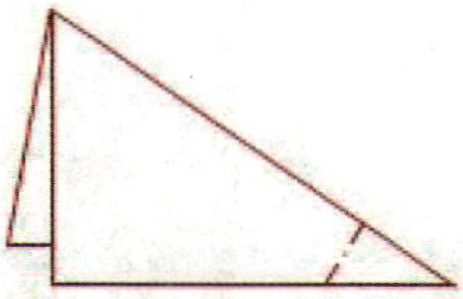

（1）将一个角沿虚线压痕，向外翻折

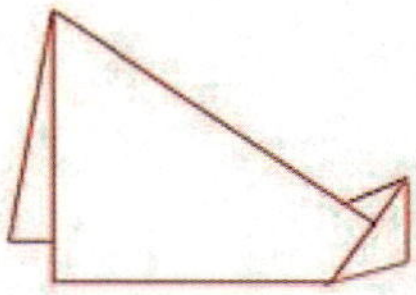

（2）完成

图 1-15

三、单独折纸范例

1. 郁金香（图 1-16）

（1）正方形纸对角折

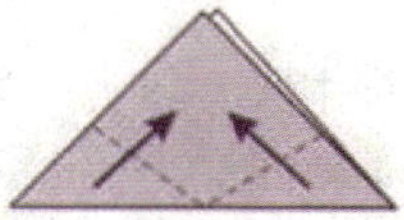

（2）沿虚线向上折

（3）沿虚线向后折

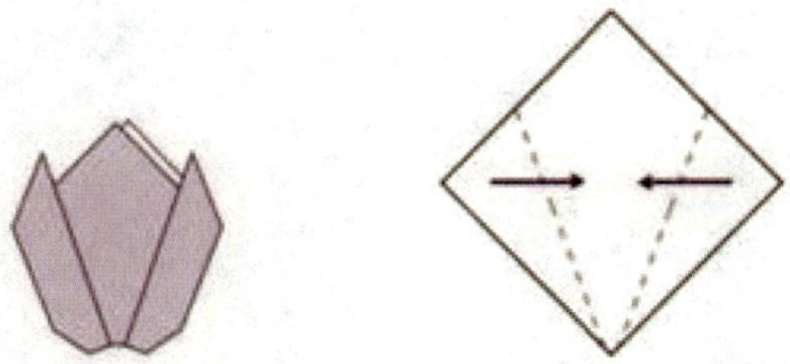

（4）完成花朵的折叠　（5）相邻两边集中一角折　（6）另相邻两边再集中一角折

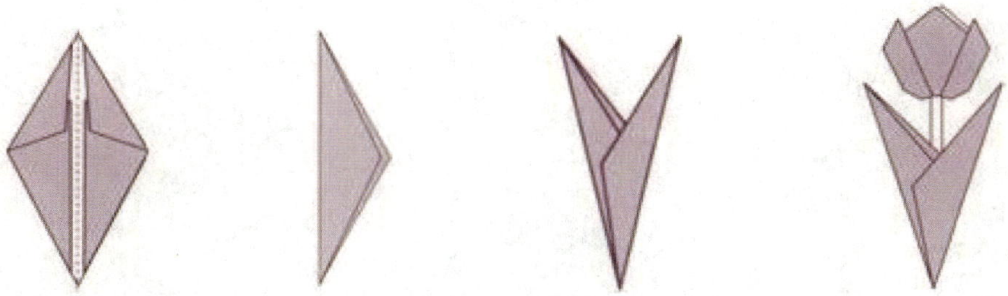

（7）沿虚线对折　（8）完成一片花叶　（9）将两片花叶粘贴　（10）一支郁金香完成

图 1-16

2. 母鸡（图 1-17）

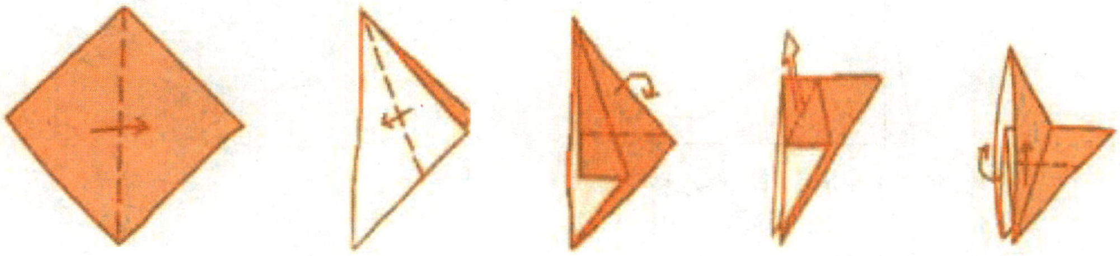

（1）对角折　（2）上层向左对边折　（3）向后折　（4）拉开　（5）向上折，背面一样

（6）上角向下折，背面一样　（7）头部压折，尾部翻折　（8）两角向里折　（9）完成

图 1-17

3. 快艇（图 1-18）

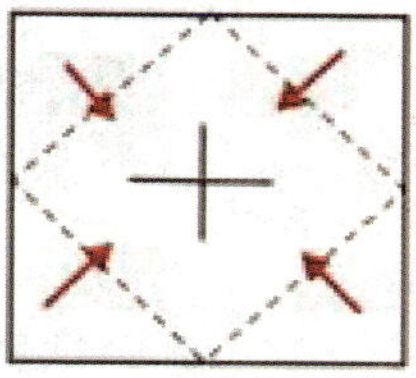

（1）四个角向中心折

（2）沿虚线往后折

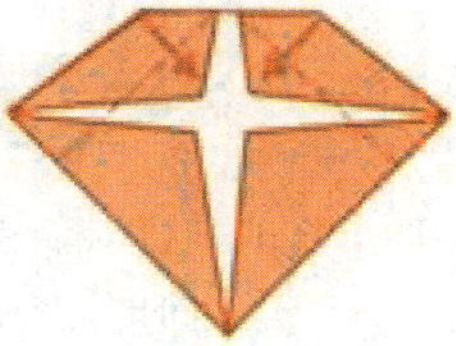

（3）两侧沿虚线折

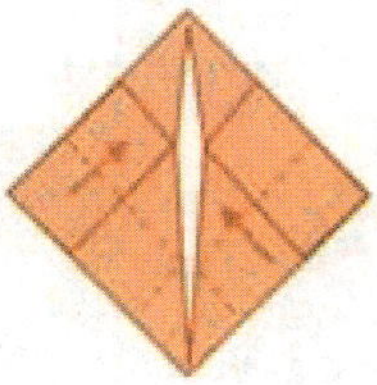

（4）沿虚线往上折

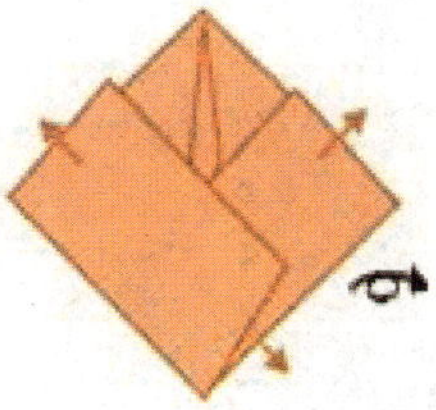

（5）把三个角朝箭头方向分别拉出来

（6）翻过来，把上面两个相对三角形往上拉平

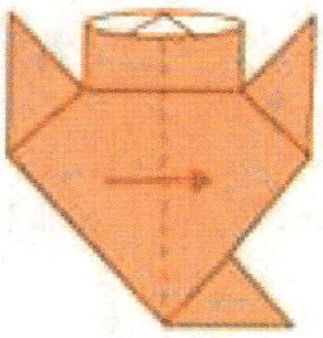

（7）沿虚线对折

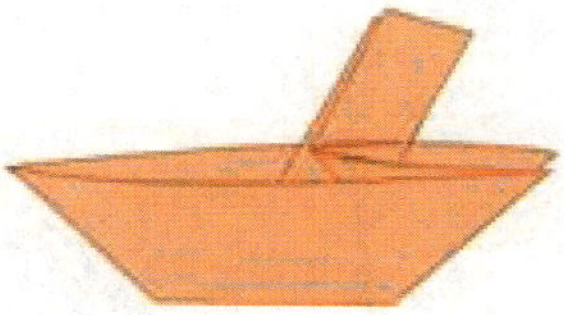

（8）完成

图 1-18

4. 电话（图 1-19）

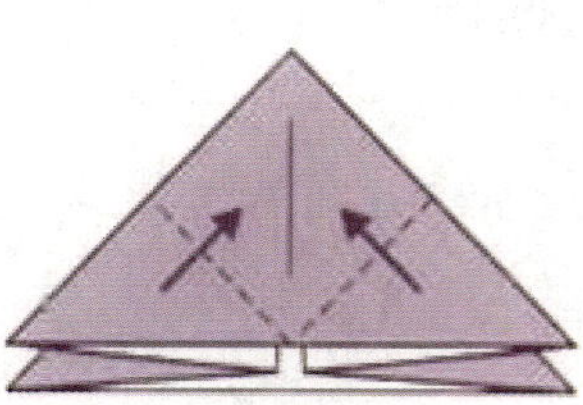

（1）折成双三角形，把两个角分别沿虚线往上折，翻过来，另两个角同样

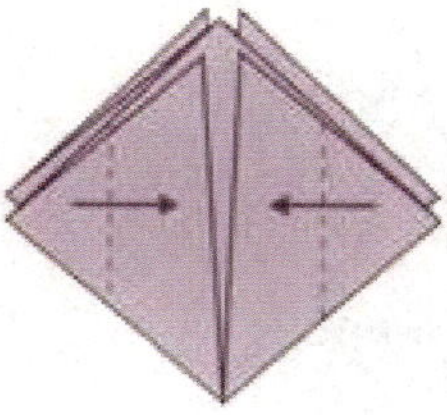

（2）沿虚线向中线折，翻过来，背面一样

（3）将上面小三角形沿虚线折，翻过来，背面一样

（4）将三角形塞到小口袋，背面一样

（5）往小孔里吹气

（6）吹鼓起来整理一下即可得到灯笼

（7）拿正方形纸再折一个长条，宽度略小于或等于灯笼宽度

（8）再折一个灯笼，将长条纸分别插到灯笼里，电话完成

图 1-19

5. 百合花（图 1-20）

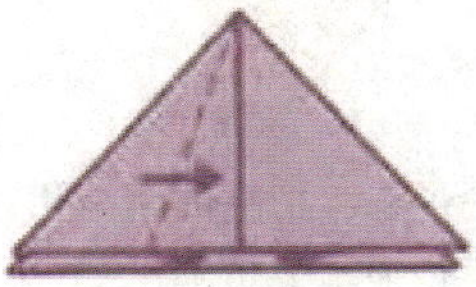

（1）折成双三角形，将一个角沿虚线对折

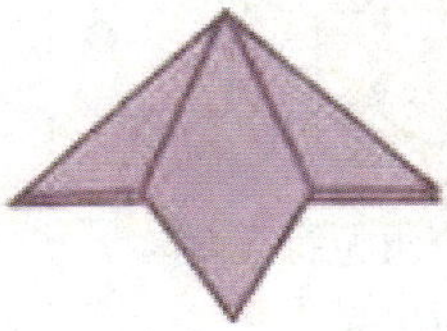

（2）沿对折的折痕将三角形往下压

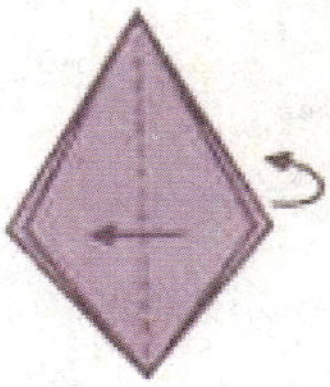

（3）双三角形的另外三个角同样处理，且翻到有小口袋的那面

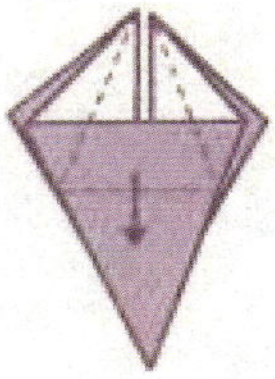

（4）将有小口袋那面沿虚线折，折出折痕后沿箭头方向打开

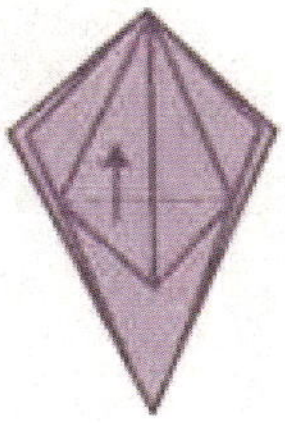

（5）将小口袋压成的三角形沿虚线往上折

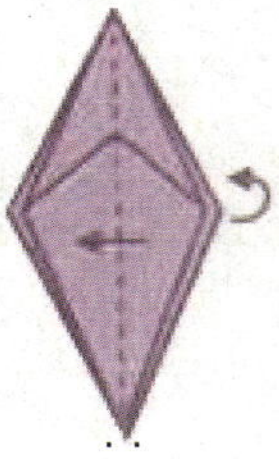

（6）同第（4）步、第（5）步，完成其余三个小口袋的折叠，并按图示折

（7）将图所示的图形集中一角折

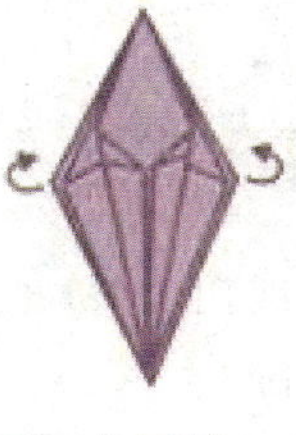

（8）剩下的同第（7）步

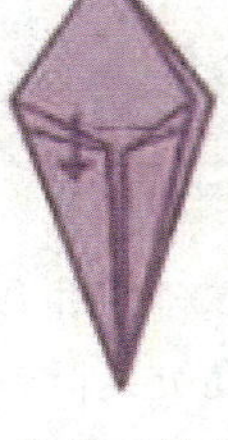

（9）将上面的尖尖角沿虚线往下折

（10）将四个角都往下折

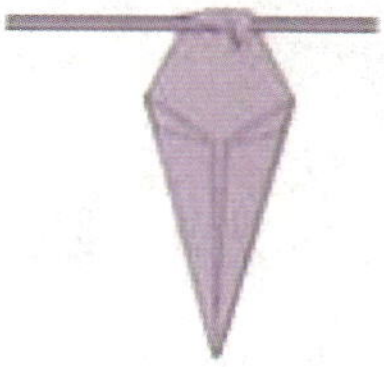

（11）将四个角用细细的笔芯或牙签卷一下塑形

（12）完成

图 1-20

6. 鱼（图 1-21）

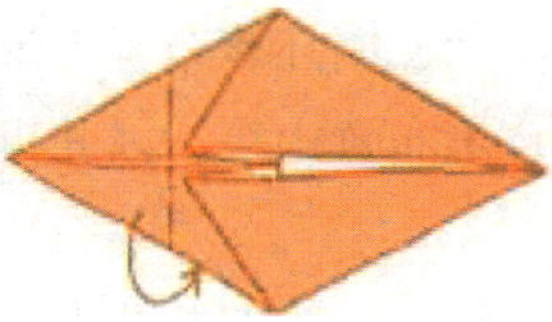

（1）先折出单菱形，再沿虚线往后折

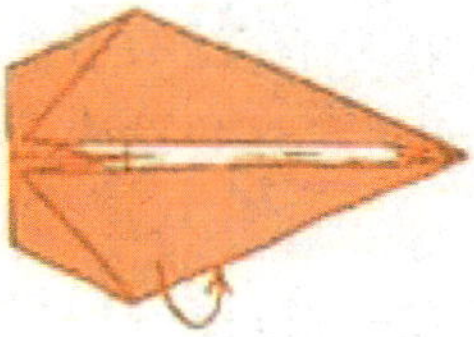

（2）向后对折

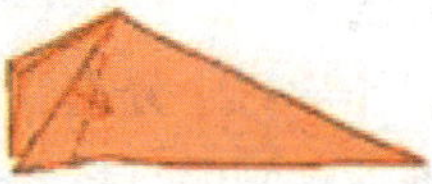

（3）三角形沿虚线折，背面三角形同样折

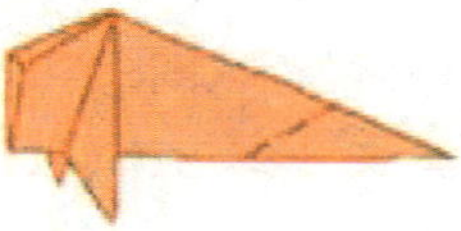

（4）尾部往内嵌折

（5）画上眼睛、嘴和鱼鳞即可

图 1-21

7. 小鸟（图 1-22）

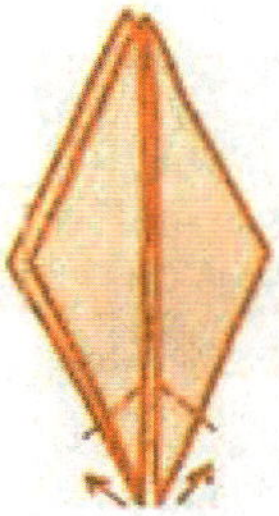

（1）折成双菱形，将下面两个角按图示向内嵌折

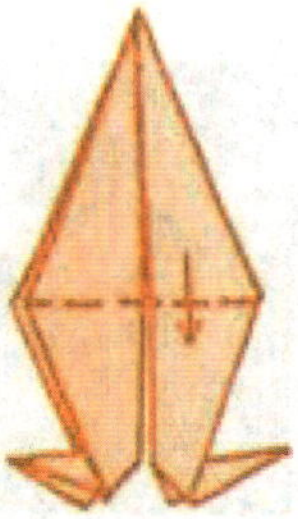

（2）将上面外层三角形往下折

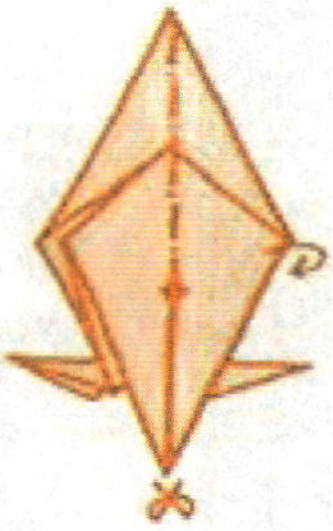

（3）用剪刀将折下来的三角形剪开，并按箭头方向将其对折

（4）将上面角往内嵌折

（5）完成

图 1-22

四、折纸组合造型

组合折纸是折纸的一种特殊类型。在熟练掌握折纸基本技法的基础上可以尝试折纸组合造型。

（一）折纸粘贴画

折纸粘贴画（图 1-23）是折纸的延伸和发展，指在背景底衬（一般用硬卡纸）上将折纸作品经过构思进行平面粘贴，根据需要再添画或剪贴一些相关的景物，形成半立体状的画面即可。它通过独特的制作技艺（包括折纸、绘画、剪贴等手法），结合画面内容进行巧妙构图，充分展示纸质和色彩的和谐美。折纸粘贴画在幼儿园折纸教学中深受幼儿喜欢，在学前儿童美术教育中具有广泛的用途；它也是幼儿园环境布置中最常用的表现方法之一，可以将其运用于幼儿园区角设计、节日的环境布置中等，因此折纸粘贴画的制作学习十分重要。

折纸粘贴画的具体制作步骤：在一张底衬上（颜色根据需要选择）用铅笔粗略画出草图；在草图中选择要折的造型，如《捕蝶》（图 1-24）的“红花”“绿叶”“小狗”“太阳”“蝴蝶”“小朋友”等造型；挑选出每个图案造型所需要的不同颜色的纸，并进行折叠；将折好的造型用胶直接粘贴在所画的位置上，根据构图需要适当调整；草图中除折纸以外的形象可剪贴也可添画，要注意画面的整体艺术效果。《捕蝶》中的“小朋友”“小草”等就是用油画棒涂色装饰的。

图 1-23

图 1-24　《捕蝶》

（二）立体组合折纸

立体组合折纸是折纸艺术中的一种，是指先用纸折成小的零件，再用这一个个小零件组合出更多样式的立体物品。与单个折纸作品相比，组合折纸难度稍大，折叠零件繁多，还需粘贴、拼插等技法进行组合；但立体组合折纸造型更加可爱、生动，更有挑战性，因此在创作立体组合折纸作品时更需要创造力、想象力和耐心。下面介绍常见的立体组合折纸作品：

1. 多样化组合的几何图形折纸

下面介绍的这类组合折纸根据零件的多少可以组合成很多种立体几何造型，其基本零件折叠步骤如图 1-25 所示：

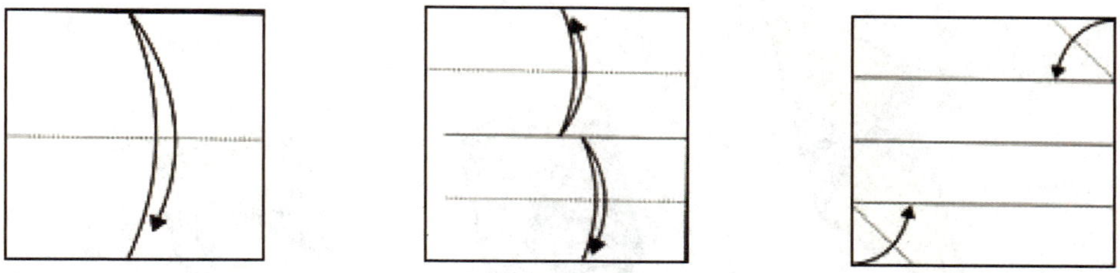

（1）对边折出折痕 （2）上下两边向中心线折出折痕 （3）上下相对顶角折三角形

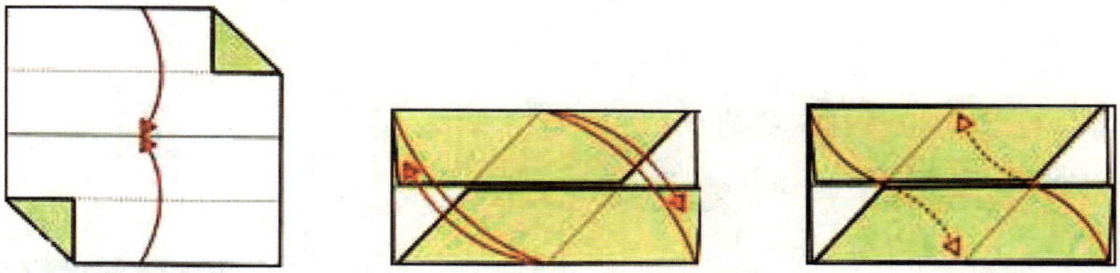

（4）上下两边再向中心线折 （5）沿线折出折痕 （6）左上角和右下角分别插进箭头方向

（7）上一步完成图 （8）沿线向箭头方向折 （9）上下三角分别向内外折叠 （10）零件完成图

图 1-25

2 个基本零件，可以组合成，拼插步骤如图 1-26 所示：

（1）先折好一个零件，将其展开

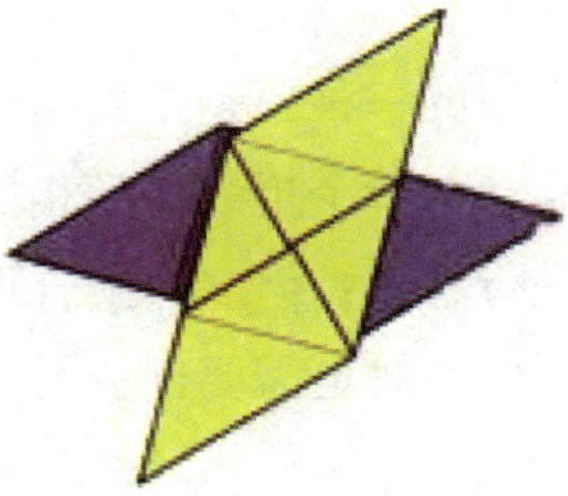

（2）再折一个零件，两个相对放在一起

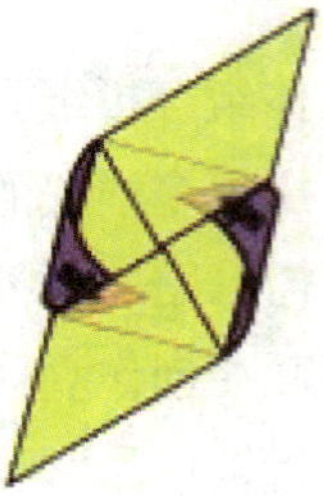

（3）按箭头方向插进去

（4）翻过来

（5）插另外两个角

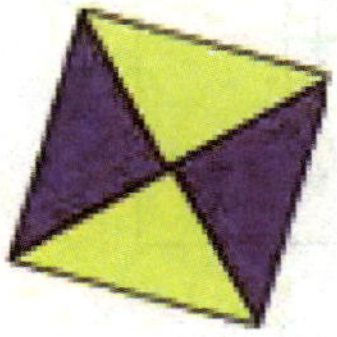

（6）完成

图 1-26

3 个零件可以组合成，拼插步骤如图 1-27 所示：

（1）折好一个零件

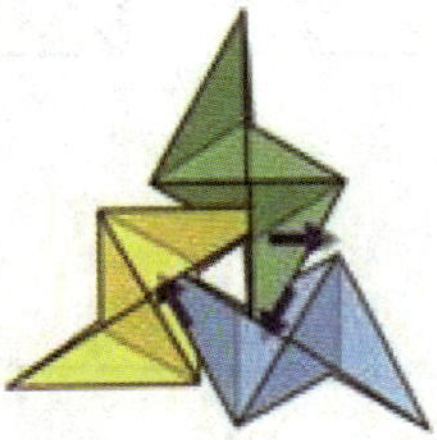

（2）再折两个零件按箭头两两拼插

（3）三个拼插后如图

（4）翻过来再插，完成

图 1-27

6 个零件可以组成立方体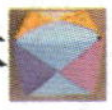，步骤如图 1-28 所示：

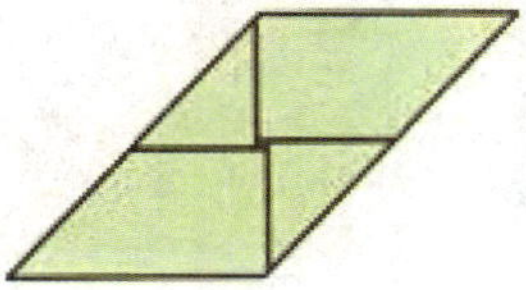

（1）基本零件折到这一步

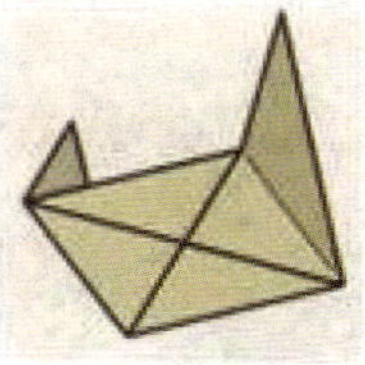

（2）2 个三角形往后折

（3）折 6 个步骤（2）的形状，三种颜色

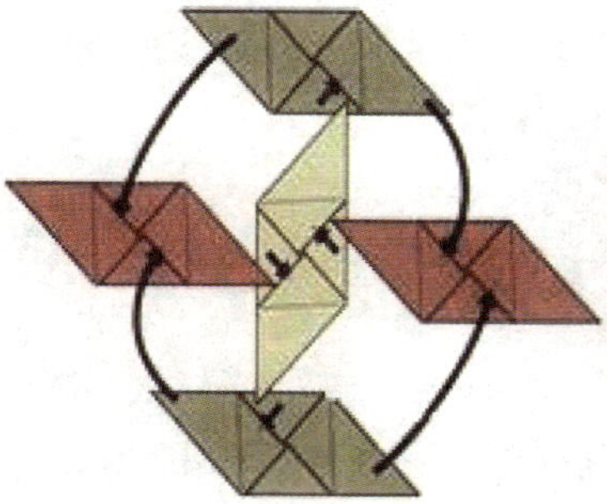

（4）按图示位置先将 5 个零件两两拼插

（5）将最后一个零件拼插上

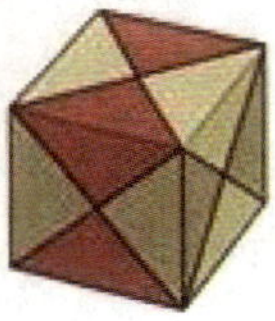

（6）立方体完成

图 1-28

如果想挑战，还可以尝试将 12 个零件、18 个零件、30 个零件甚至更多零件组合，如图 1-29 所示。

12 个零件拼插图

18 个零件拼插图

30 个零件拼插图

图 1-29

2. 三角插

三角插是立体组合折纸中的一种常见类型，其零件是三角形，故由此得名。三角插

零件基本折法如图 1-30 所示：

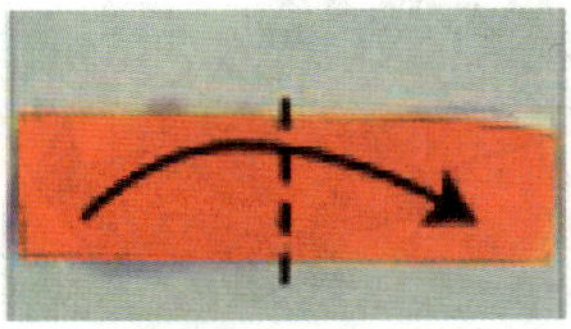

（1）准备宽长比为 2∶4 的长方形纸，先将长边进行横向对折，再对短边进行纵向对折，折后宽长比为 1∶2

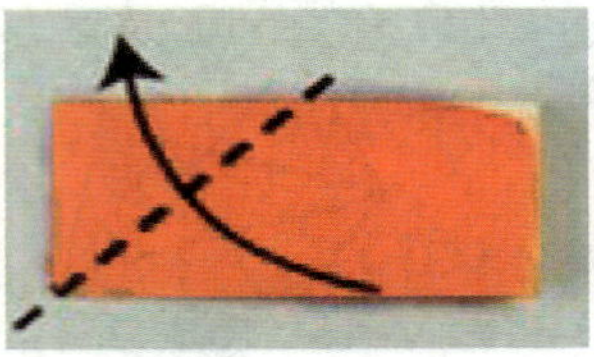

（2）将上层纸朝上 45°斜折

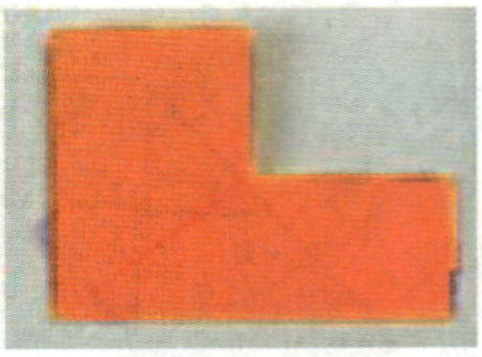

（3）按步骤（2）折后如图

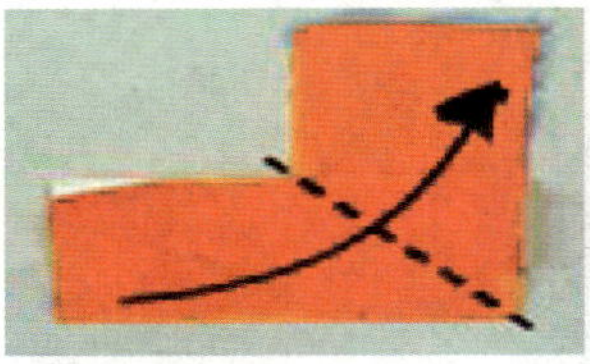

（4）翻面，反面折法同步骤（2），沿图示线向上 45°折

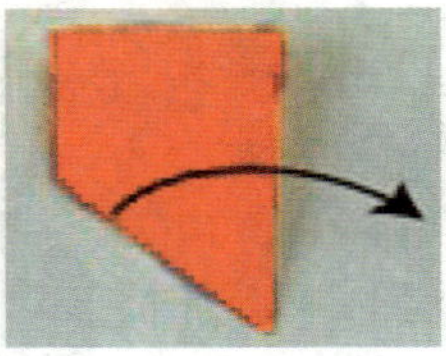

（5）从中间打开

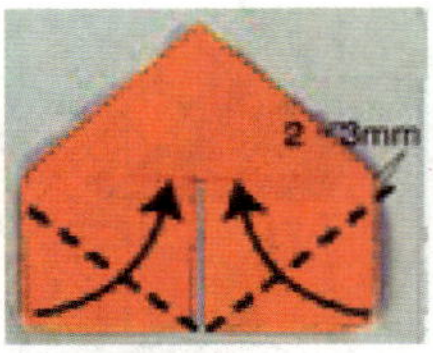

（6）如图所示沿线对角折

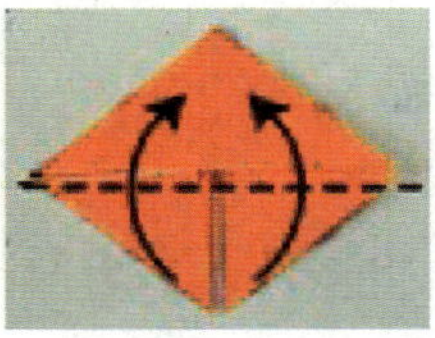

（7）沿虚线再往上折

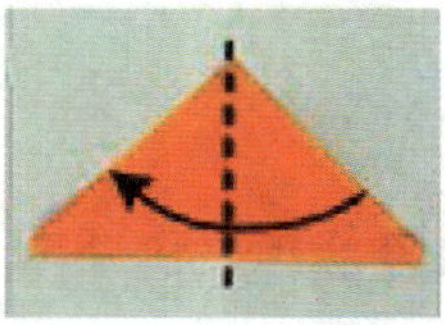

（8）按照箭头所示，左右两部分对折，即完成一个零件

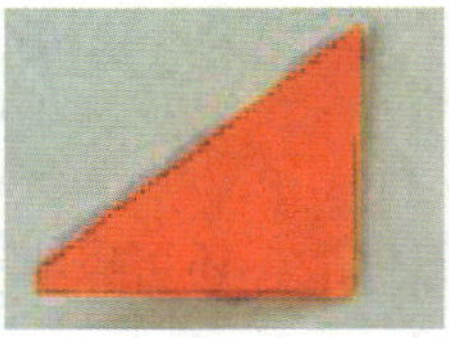

（9）三角插零件完成

图 1-30

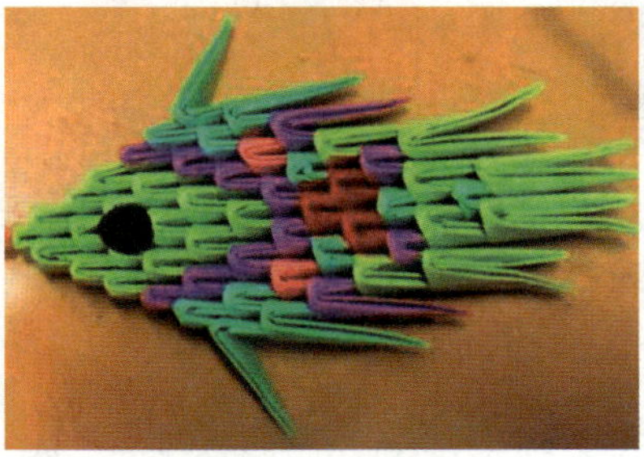

图 1-31　《鱼》

按以上折法折叠很多小零件，就可以拼插出更多样式的立体造型三角插作品。

三角插作品《鱼》（图 1-31）由递增插法（图 1-32）和递减插法（图 1-33）两种方法制作而成。《鱼》由 53 个三角插零件拼插而成，递增 7 层，递减 4 层，再插第 12 层 4 个、第 13 层 1 个、第 14 层 2 个，用卡纸剪一个黑色眼睛粘贴上即完成。可在拼插部分涂上胶水，使作品更牢固。

（a）递增插，每层逐次增加一个　　（b）递增插实物图

图 1-32　递增插法

（a）递减插，每层逐次减少一个　　（b）递减插实物图

图 1-33　递减插法

《可爱的小狗》（图 1-34）主要由 24×28＝672 个三角插零件由圈形拼插法（图 1-35）组合而成。方法如图所示。三角插零件是由 A4 纸张裁剪而成。在中间位置上插上一圈黑色的三角插插件。“小狗”的主要部分拼插完成后，用黑、白、粉红、紫分别剪出耳朵、眼睛、鼻子和舌头粘贴上，注意调整其粘贴位置，以突出“小狗”可爱的特征。

图 1-34　《可爱的小狗》

（a）圈形拼插，可继续往上插成立体圈形造型　　（b）圈形拼插实物图

图 1-35　圈形拼插法

3．五瓣花

五瓣花（图 1-36）也是由一个个小零件拼贴构成，在五瓣花的基础上还可以衍变

出五瓣花球。图 1-37 是五瓣花零件的基本步骤：

图 1-36

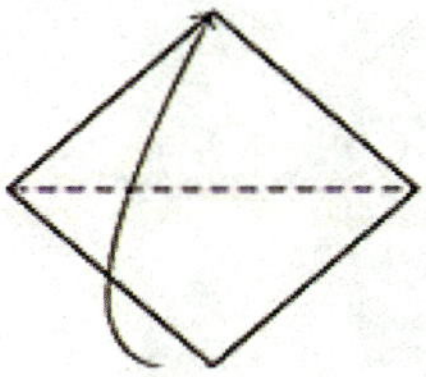

（1）正方形纸对角折

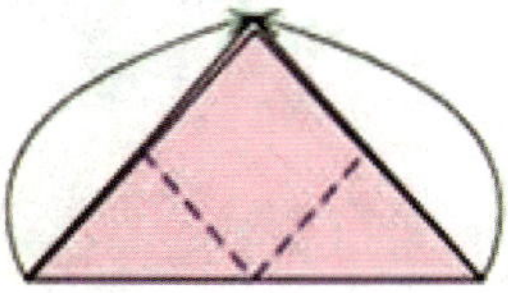

（2）沿线往上折

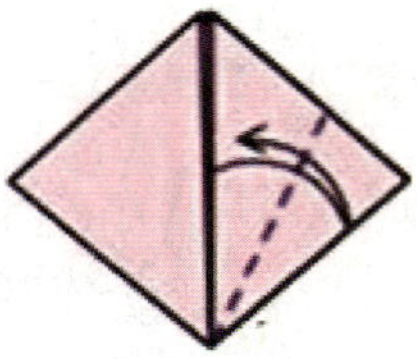

（3）折出折痕还原

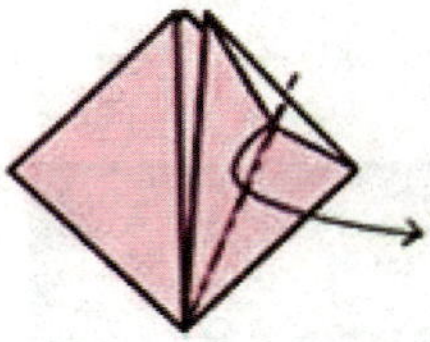

（4）沿折痕撑开三角形

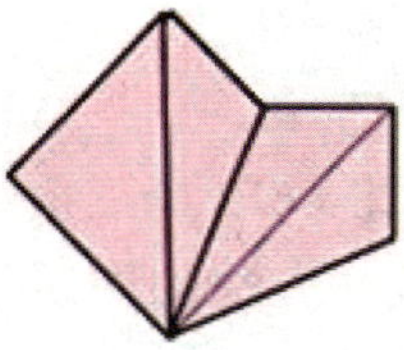

（5）沿折痕压平

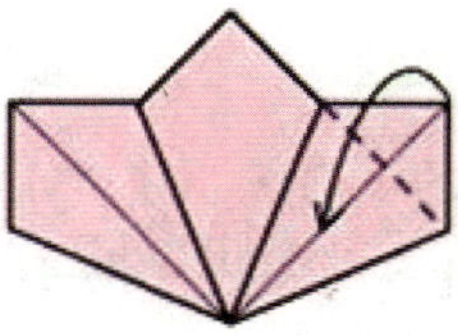

（6）左侧同步骤（3）~（5），右侧虚线以上三角形往下折

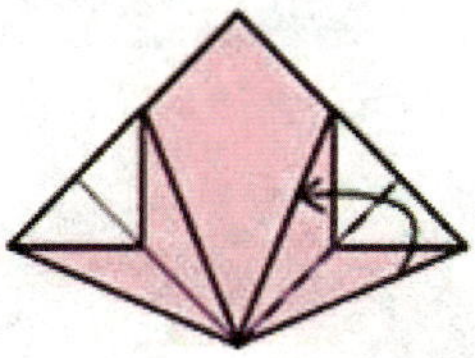

（7）左侧同上一步，右侧沿线往上对折

（8）左侧同上一步

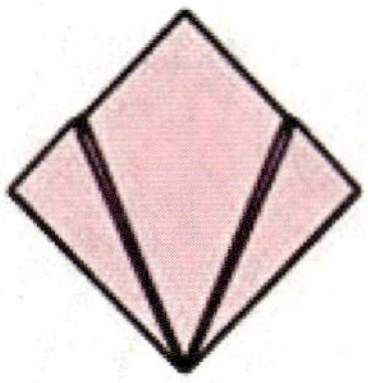

（9）上一步完成图

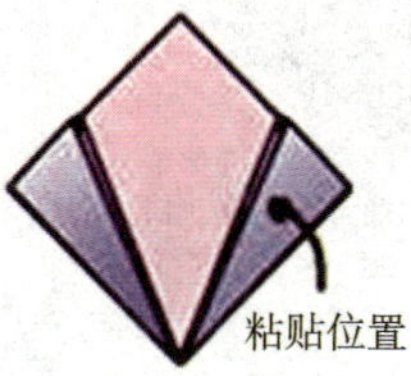

（10）在蓝色图示位置涂上胶水

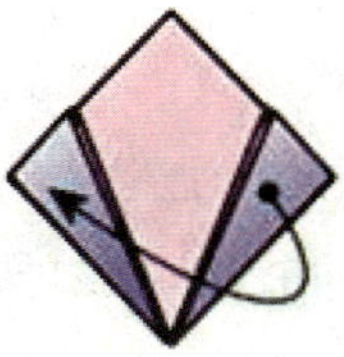

（11）将蓝色部分粘贴

（12）零件完成

图 1-37

按五瓣花零件折叠步骤折出 5 个花瓣，将其粘贴在一起，即可组合成五瓣花。在五瓣花的基础上可以再组合成五瓣花球（图 1-38），方法是将 12 个已粘贴好的五瓣花再一个接着一个进行粘贴，粘贴时注意花瓣朝外围成球形。

五瓣花零件还可以大小组合粘贴，形成多层多瓣花（图 1-39）。

图 1-38

图 1-39

五瓣花还有其他多种创意折法，下面再介绍两种（图 1-40 和图 1-41）：

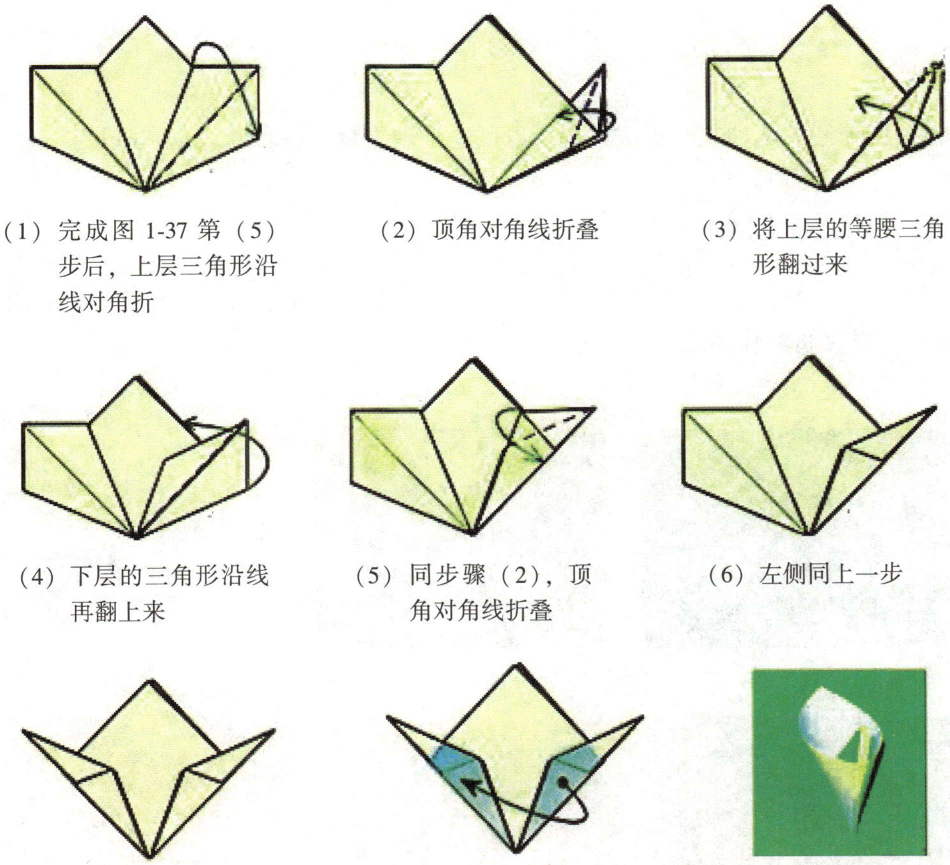

（1）完成图 1-37 第（5）步后，上层三角形沿线对角折

（2）顶角对角线折叠

（3）将上层的等腰三角形翻过来

（4）下层的三角形沿线再翻上来

（5）同步骤（2），顶角对角线折叠

（6）左侧同上一步

（7）折叠完成

（8）将蓝色部分涂胶粘贴

（9）零件完成

图 1-40

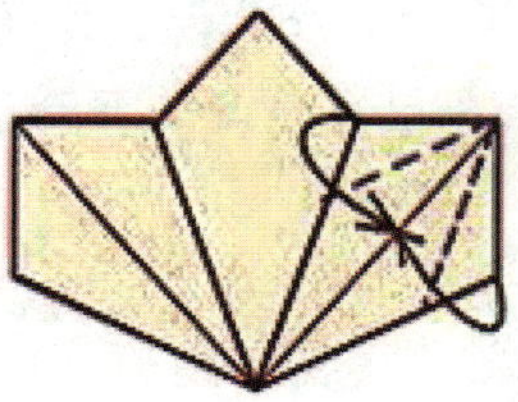

（1）右边上层四边形两短边沿线对角折

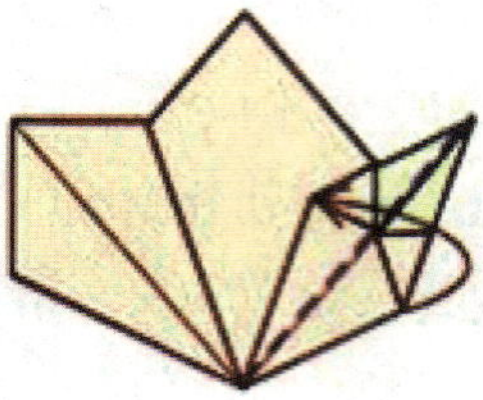

（2）再对角折叠

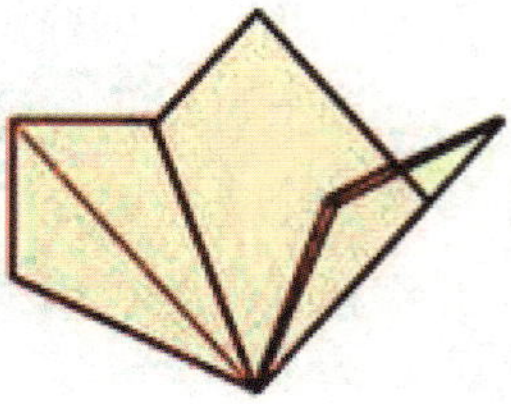

（3）右边折好如图，左边同步骤（1）~（2）

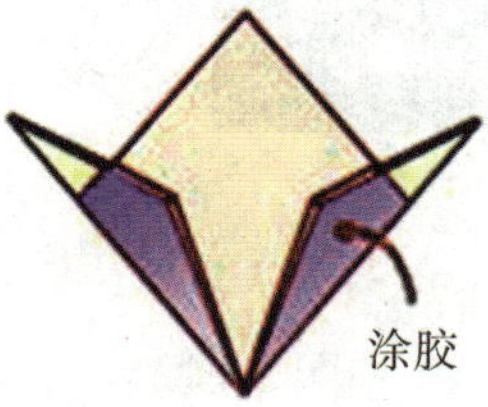

（4）蓝色部分涂上胶水

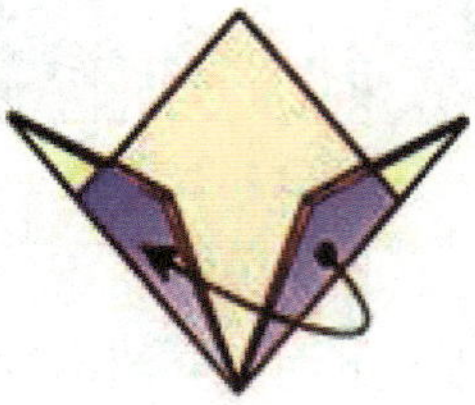

（5）粘贴

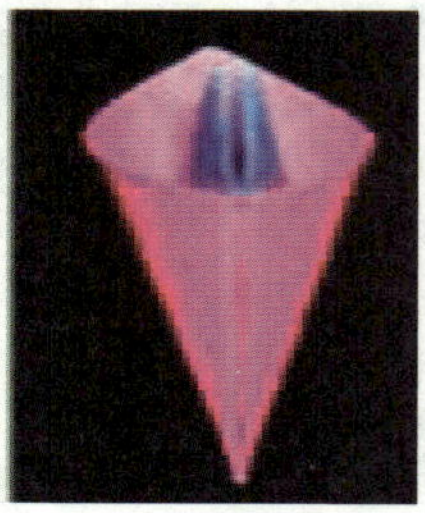

（6）完成零件

图 1-41

根据所介绍的两种花瓣折法，也可以创造性地组合出各种花或花球哦！

五、折纸作品欣赏

（一）单独折纸作品欣赏

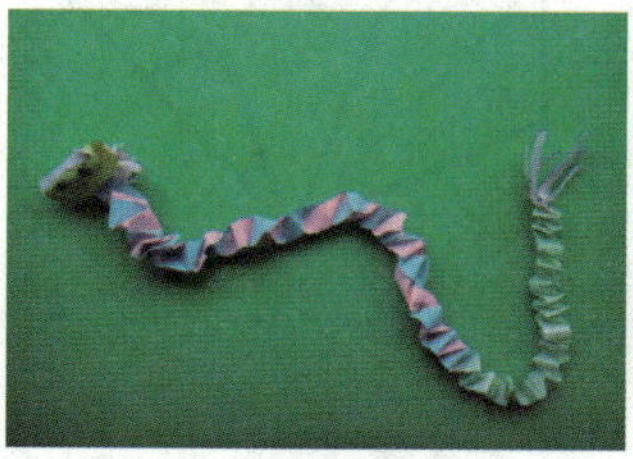

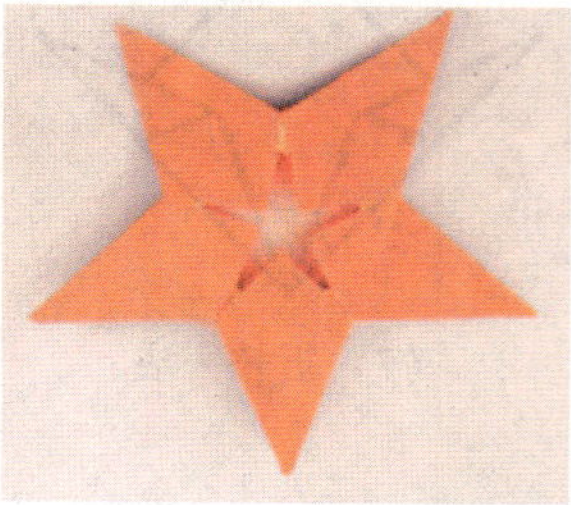

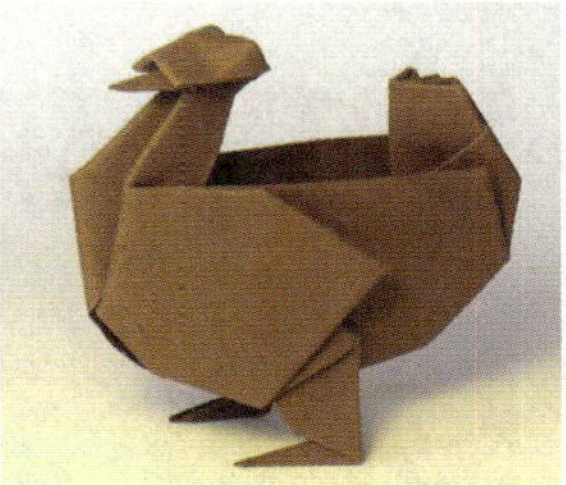

（二）折纸组合作品欣赏

思考与操作

1. 在了解折纸艺术的基本特征，掌握折纸基本方法、步骤的基础上，充分发挥联想和想象，尝试创造性地制作一些造型的折纸作品，体验折纸创新的乐趣。

2. 以“动物来约会”为主题创作一幅折纸粘贴画。要求造型生动有趣，色彩搭配合理，可以根据需要适当添画。

3. 根据折纸作品的一些造型和色彩特征，尝试创造性地进行粘贴组合，以增强折纸作品的表现力和应用性，并思考如何将其巧妙地运用到幼儿园教学过程中去，如幼儿园环境布置以及区角活动设计。

第二节 衍 纸

一、衍纸简述

衍纸是一种特殊的纸艺造型，主要是指遵循形式美的基本法则将长长的纸条通过卷、捏、拼、贴组合成某个造型后竖起来粘在背景纸面上，从而形成三维立体的特殊艺术效果。其基本的方法就是以专用的工具或手将很多细长的纸条做成一个个小“零件”，然后通过组合这些样式复杂、形状各异的“零件”来创作。衍纸制作时要注意线条流畅、主题突出、主体形象鲜明。衍纸作品可用于幼儿园的墙面布置，也可作为幼儿园美术课教学内容。根据幼儿的审美心理，幼儿园所使用的衍纸作品还要求所设计的人物、动物或物体色彩鲜艳，形象生动有趣、活泼可爱。

二、所需的工具材料

衍纸制作的基本材料是纸条，也叫衍纸条，可以直接购买，也可以自己裁剪。若需要裁剪，则首先要注意选择纸质的厚薄，不能太厚，如硬卡纸，太厚的纸裁剪时会有毛边，也不能太薄，薄纸不太好塑形，作品效果不好。纸条的宽度一般情况下以 3 毫米为宜，如果是幼儿制作，纸条还要宽一些，需要 5~6 毫米，方便幼儿拿捏。有时候 1.5~2 毫米宽的纸条也会被用来制作一些独立的造型，例如为了给作品增加层次感，在一层纸卷上再放置 1.5~2 毫米宽的纸卷。纸条的颜色根据需要进行选择和搭配，纸条塑好形以后需要一个个粘贴在背景纸上。背景纸一般选用硬一点的卡纸，颜色一般以白色、黑色或浅蓝色等为主，也可选用其他颜色，但要与立体纸条造型的颜色相协调。

除了纸条和背景纸外，衍纸还需要其他的工具辅助完成制作。如美工刀、剪刀、直尺、圆圈尺、衍纸笔、白乳胶，甚至是牙签、镊子和光盘等（图 1-42）。如果制作更精美的复杂的作品，需要购买专门的衍纸工具，如图中的衍纸笔、衍纸模板（图 1-43）等。

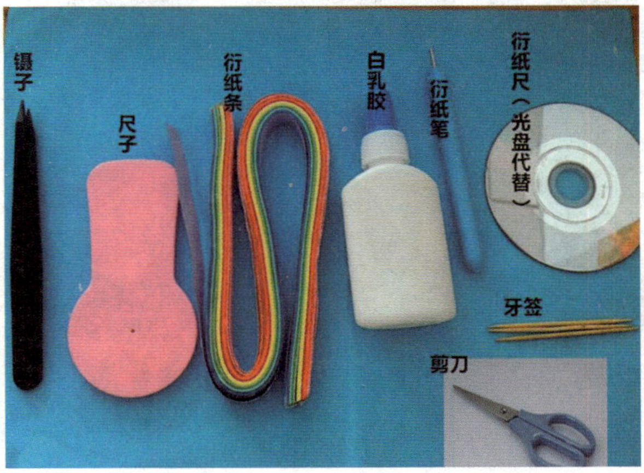

图 1-42

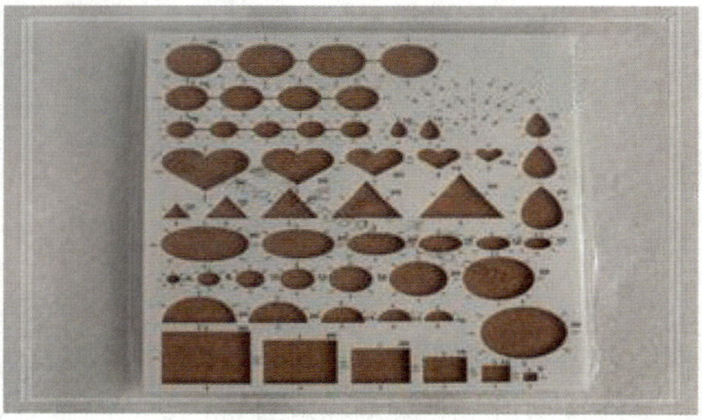

图 1-43　衍纸模板

三、基本制作方法和步骤

衍纸在制作时基本的技法主要有捏、卷、粘、组合等，最基本的方法是卷和捏。常用的造型主要有如下几种（图 1-44）：

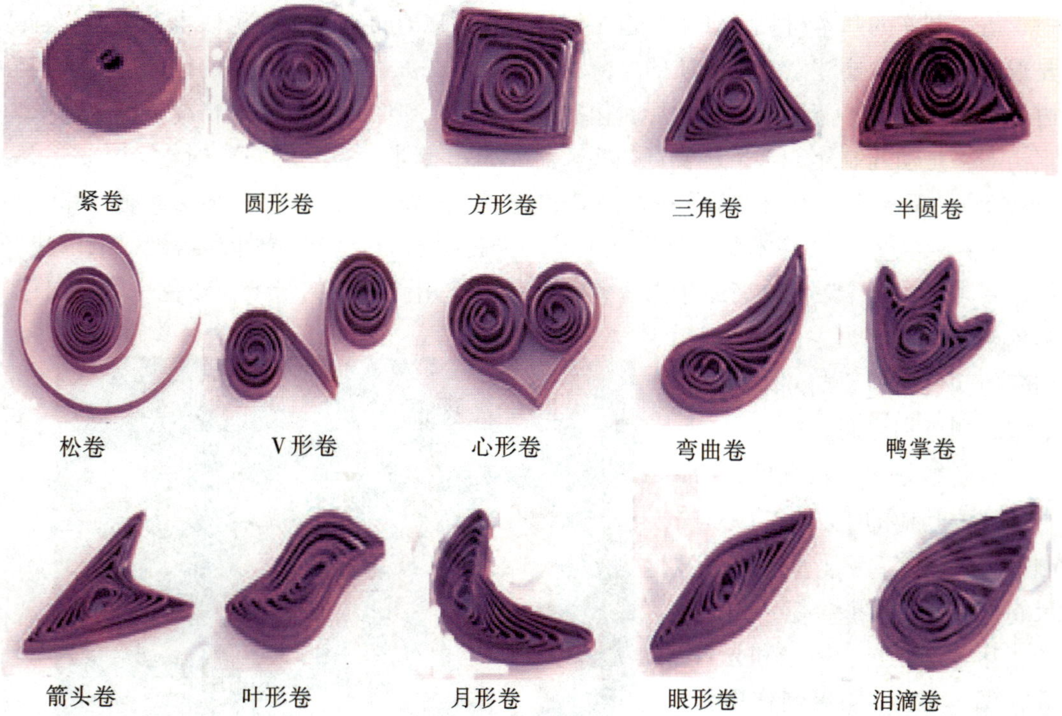

图 1-44

下面介绍几种常用的卷捏造型制作步骤。学习了以下基本造型制作方法以后，大家可以尝试自己卷捏出其他造型。

(一) 卷造型

1. 紧卷（图 1-45）

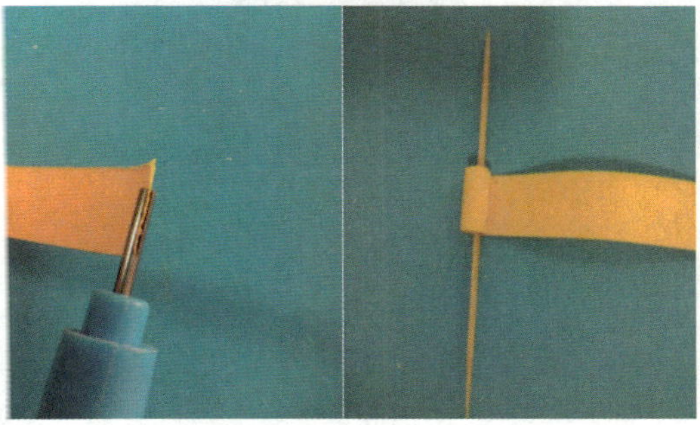

（1）将纸条放入衍纸笔中，也可用牙签代替衍纸笔

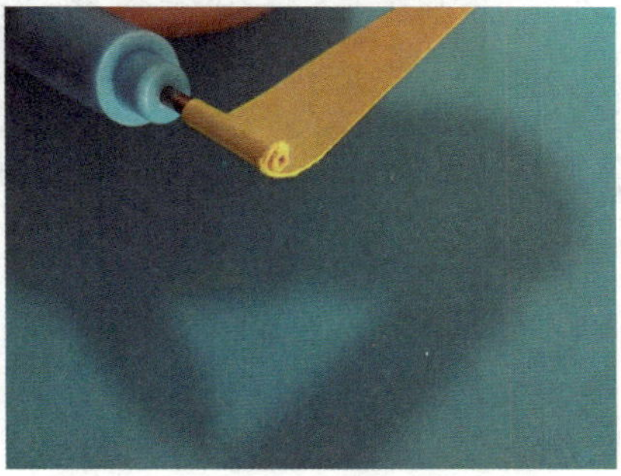

（2）一手转动衍纸笔或牙签，一手轻拉纸条

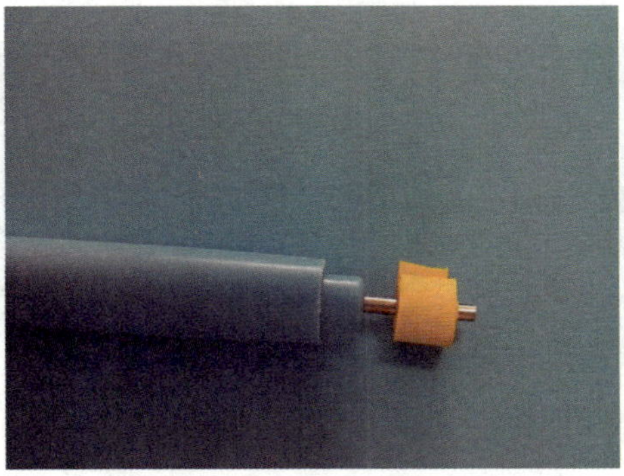

（3）注意用力要均匀，同时注意调整纸卷形状

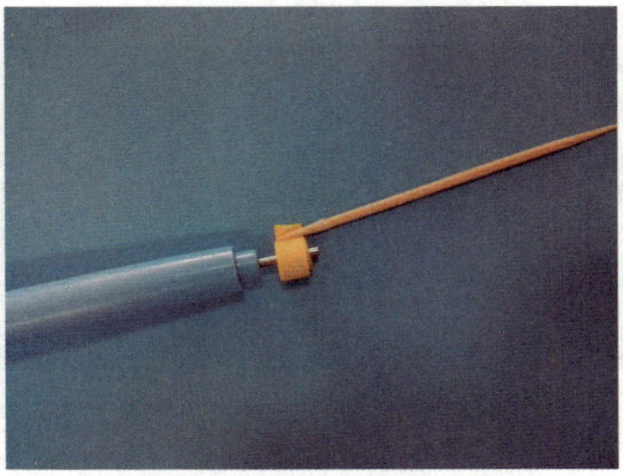

（4）用牙签等工具在尾处涂少量胶水

（5）等待胶水干后取下纸卷，有时纸卷有点不整齐

（6）不整齐时可用尺子等将卷压平整，紧卷即可完成

图 1-45

2. 多彩紧卷（图 1-46）

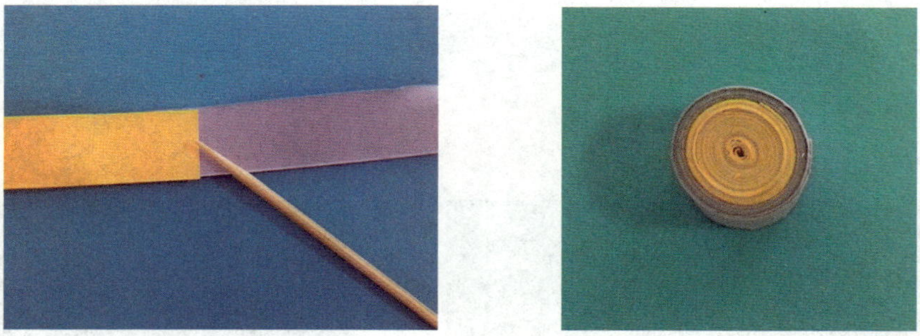

（1）将两个或多个不同颜色的衍纸条粘在一起

（2）同紧卷制作方法一样，多彩紧卷成型

图 1-46

3. 菠萝卷（图 1-47）

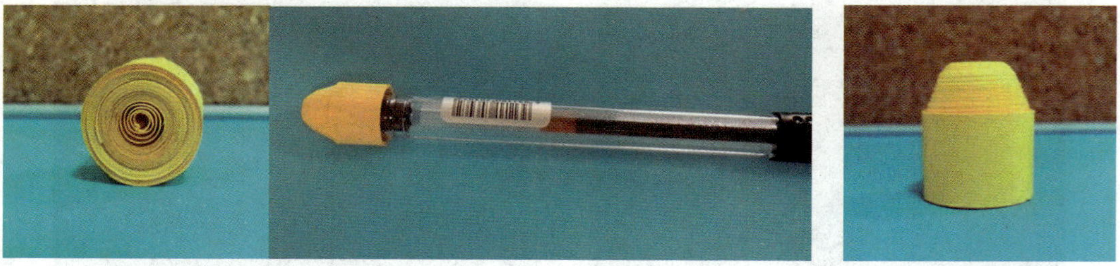

（1）首先做一个紧卷，用笔或其他工具从中间推

（2）菠萝卷完成

图 1-47

4. 流苏卷（图 1-48）

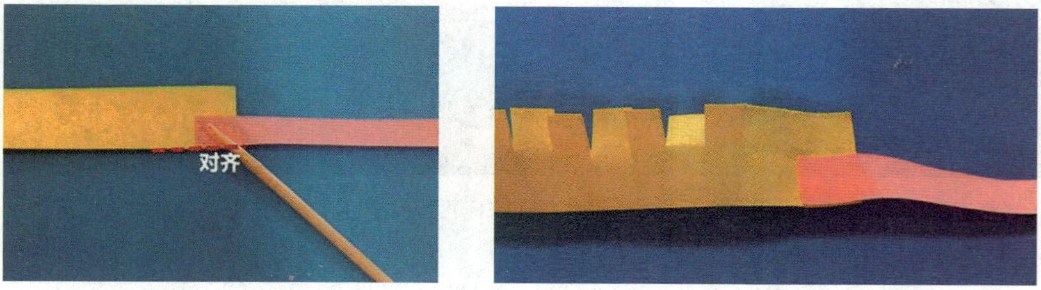

（1）将两条宽度不一样的纸条粘在一起，有一边对齐

（2）将宽纸条的多出部分剪出流苏

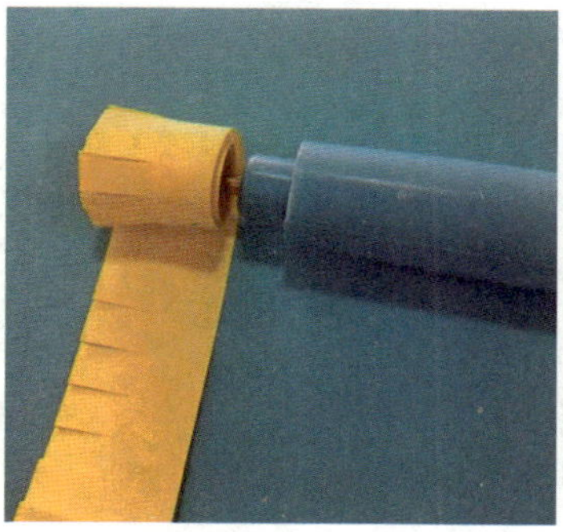

（3）同紧卷方法一样卷起

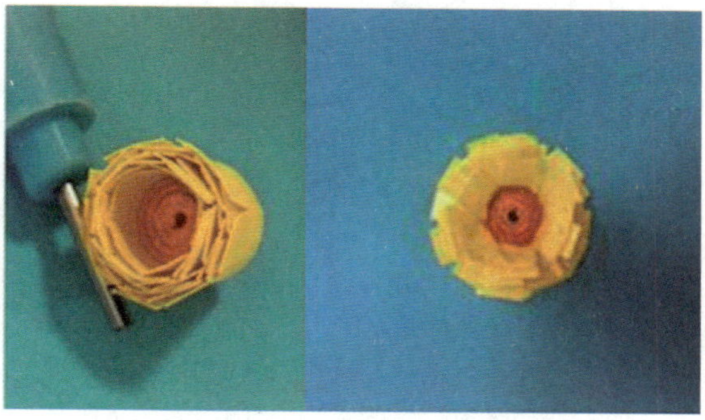

（4）取下后用手将剪出的流苏部分朝外压即可成型

图 1-48

5. 圆形卷（图 1-49）

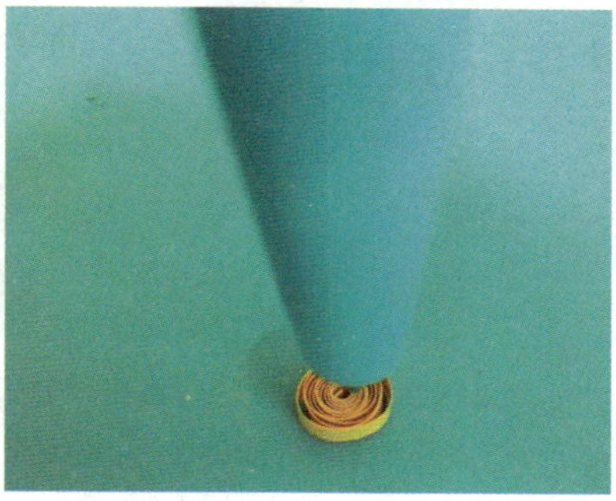

（1）开始过程如紧卷，但松卷在卷时要稍微松点

（2）若要制作多个同样大小的圆形卷或开卷，可将卷放入衍纸模板、圆圈尺或光盘内

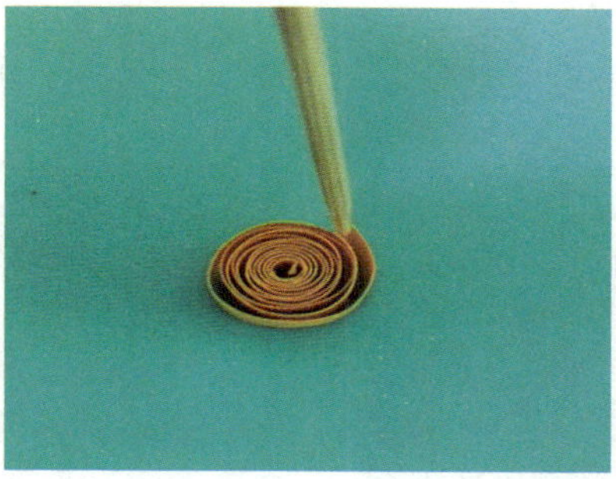

（3）制作圆形卷时需要用牙签粘胶固定一端

（4）圆形卷完成

图 1-49

6. 开卷（图 1-50）

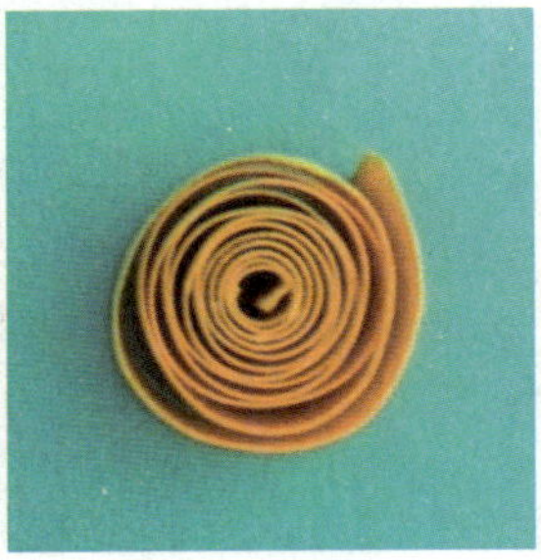

（1）用工具卷后取出自然松开

（2）将纸条一端朝外塑形，开卷完成

图 1-50

7. 螺旋形卷（图 1-51）

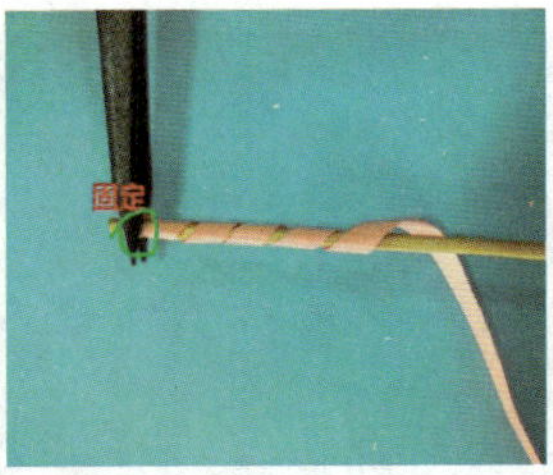

（1）将纸条如图卷在牙签上，开始的那一头要用手或镊子固定

（2）卷到需要长度后拔出牙签即可

图 1-51

（二）卷捏造型

1. 泪滴卷（图 1-52）

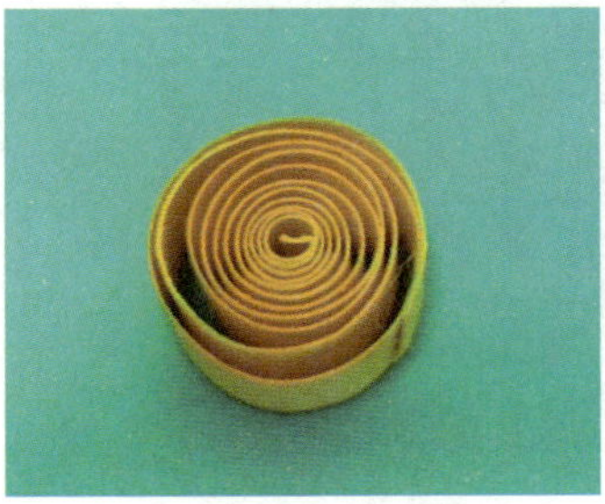

（1）制作一个圆形卷

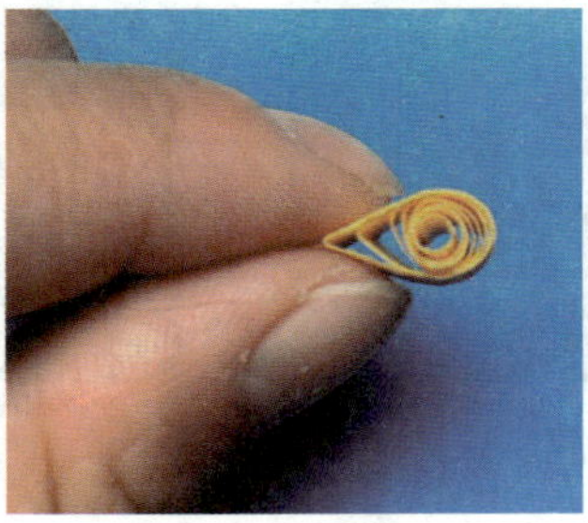

（2）将圆形卷用手捏出尖尖的一端

（3）泪滴卷完成

图 1-52

2. 方形卷（图 1-53）

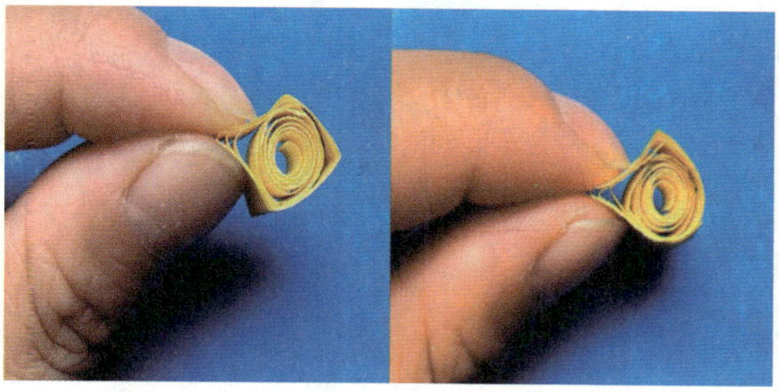
（1）在圆形卷的基础上用手捏出方形的 4 个角

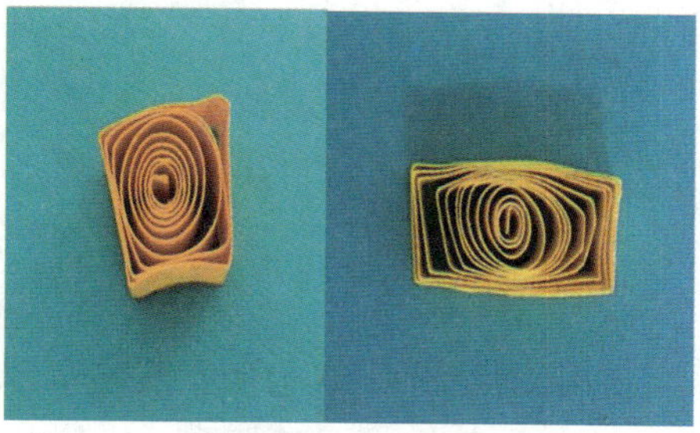
（2）此捏法可以完成正方形卷和长方形卷

图 1-53

3. V 形卷（图 1-54）

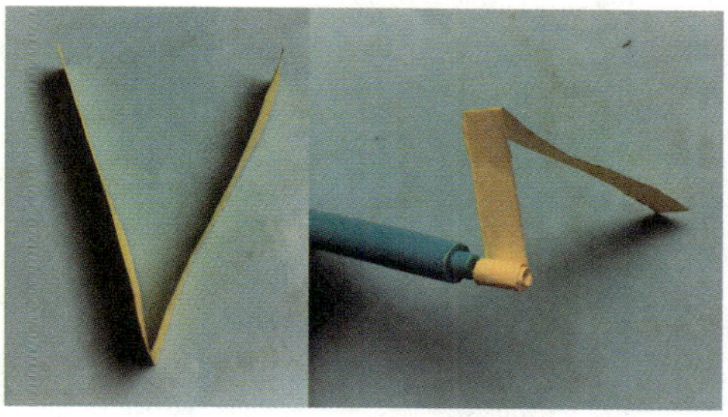
（1）将纸条对折，用工具将纸条一端往外卷

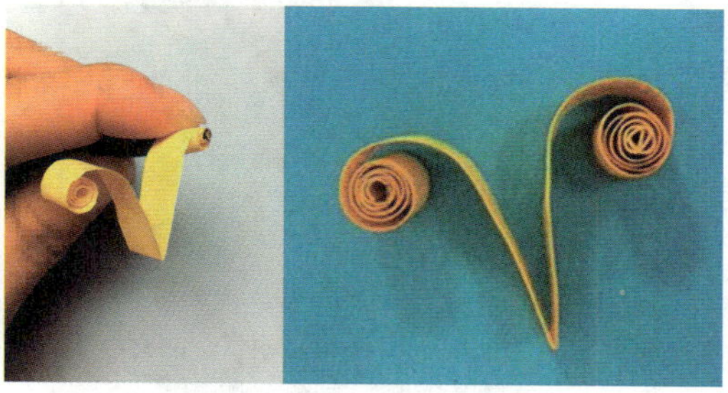
（2）将另一端也往外卷，即可完成

图 1-54

4. 心形卷（图 1-55）

（1）V 形卷从对折处打开朝相反方向再折一下

（2）整理一下即可完成心形卷

图 1-55

四、衍纸制作范例

学习了卷捏基本造型之后，就可以进行衍纸的整体构图了。衍纸分衍纸画和立体衍纸作品两种，下面介绍其制作步骤。

（一）衍纸画制作步骤

衍纸画以图 1-56 为例，其基本制作步骤如下：

（1）制作或绘画整幅图的底稿并配色，见图 1-57；

（2）按底稿中所需的颜色选用厚薄适中的、相对长点的卡纸，用美工刀裁剪成 3 毫米的纸条，或者直接购买纸条也可；

图 1-56

图 1-57

（3）用制作螺旋卷的方法制作各种长短的花茎，做好后在底稿花茎上涂上胶并一一进行粘贴，见图 1-58；

（4）花茎完成，见图 1-59；

图 1-58

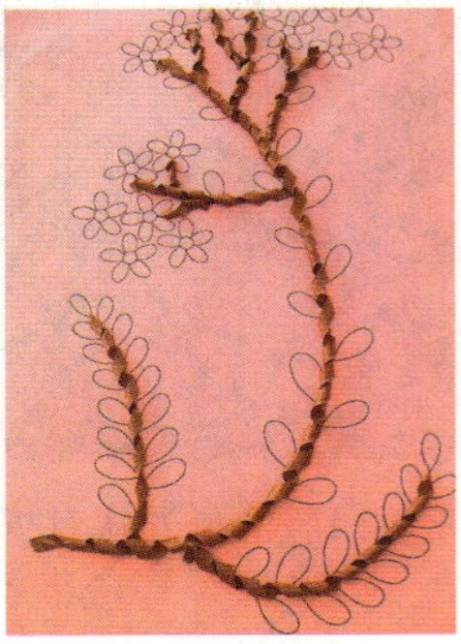

图 1-59

（5）制作若干紧卷作为花蕊，紧卷大小一定要按底稿的大小来制作。做完按图案轮廓粘上，见图 1-60；

图 1-60

（6）制作若干泪滴卷作为花瓣和叶子，大小要把握好，做完按图案轮廓粘好，见图 1-61；

图 1-61

（7）粘贴完成后的局部图，见图 1-62。

图 1-62

（二）立体作品制作方法

以“郁金香盆栽”为例，其制作步骤如下：

（1）用衍纸条做一个紧卷，见图 1-63；

（2）用菠萝卷的方法做一个花盆，见图 1-64；

（3）在花盆内部涂满胶水，见图 1-65；

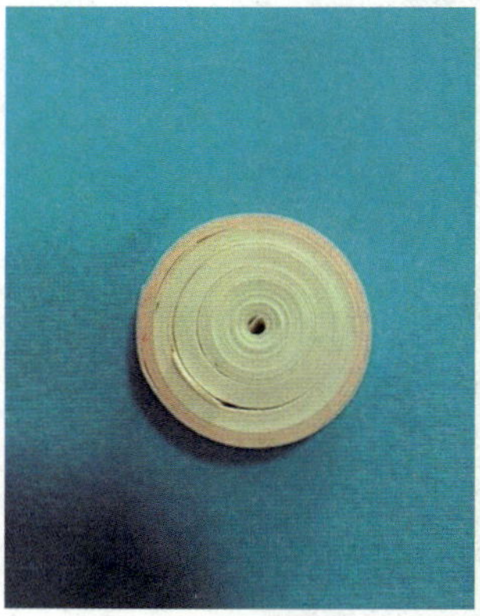

图 1-63

图 1-64

图 1-65

（4）做 8 个泪滴卷作为郁金香的花瓣，见图 1-66；

（5）取一条衍纸对折并剪开一点折痕，在分叉处涂上胶水，见图 1-67；

图 1-66

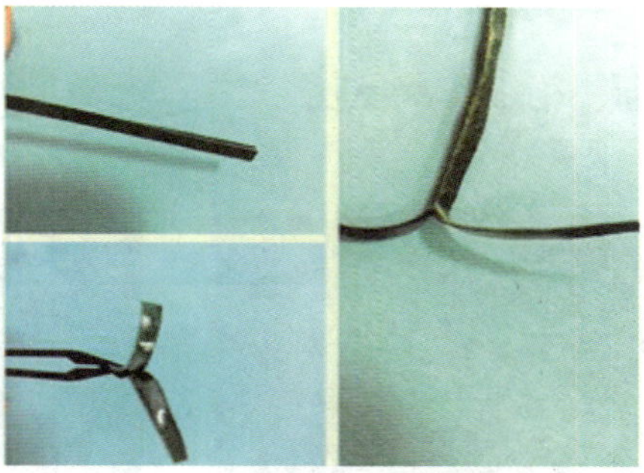

图 1-67

（6）将花瓣与花茎粘在一起，再将做好的长叶卷粘贴到花茎上，见图 1-68；
（7）将每枝花卷入泥土色的紧卷固定，见图 1-69；

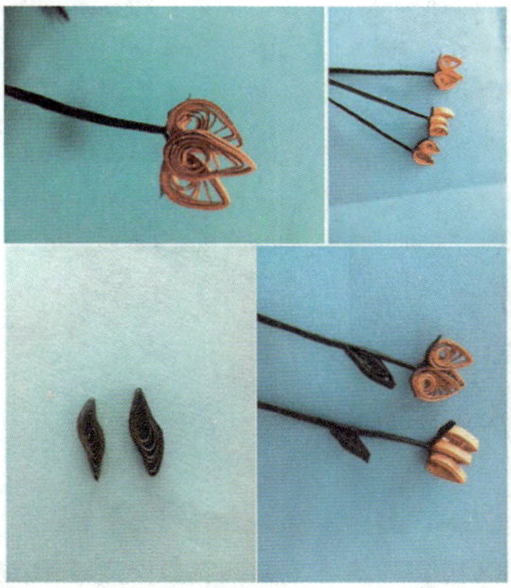

图 1-68

图 1-69

（8）把紧卷安在做好的花盆中，郁金香盆栽完成，见图 1-70。

图 1-70

五、衍纸作品欣赏

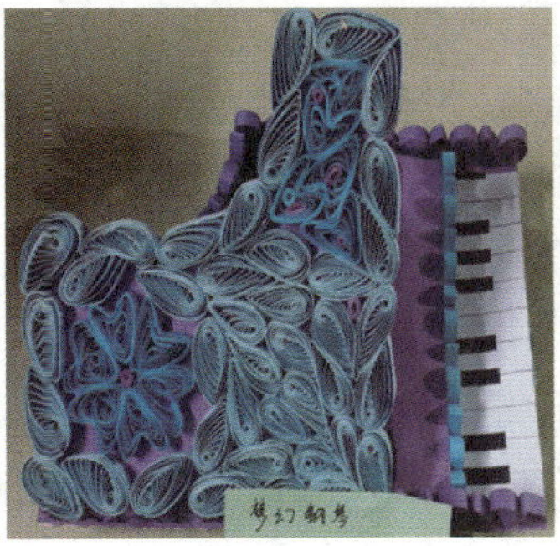

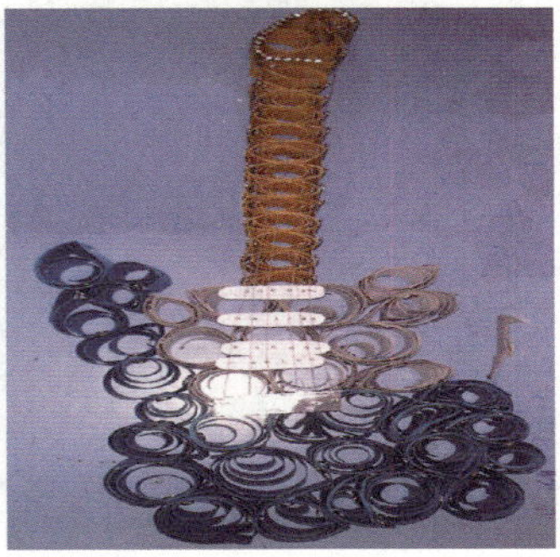

思考与操作

1. 以“向日葵与蝴蝶”为主题创作一幅衍纸画。要求主题鲜明、造型生动、构图完整、线条流畅、画幅整洁，具有有趣的创意和联想。

2. 根据所学的立体衍纸的制作技法，尝试创造性地制作出一些立体衍纸作品。

3. 在掌握衍纸制作技法的基础上精心构思和设计，大胆想象与联想，制作出贴近幼儿生活的能用于幼儿园环境装饰的衍纸作品，并思考如何在幼儿园美术教育活动中引导幼儿学习简单的技法。

第三节 纸 编

一、纸编简述

编织在我国民间工艺中有着悠久的历史，所用材料以绳子、竹条和藤条居多。还有一种以纸条为基础材料的编织技艺，被称为纸编。顾名思义，纸编就是通过对纸条的交叉、缠绕等形式而形成平面或立体造型的手工编织活动，属于线状材料的一种造型方法。纸编最大的特点就是编织材料为生活中常见的价格低廉的纸，纸比绳子、竹条和藤条更轻盈，更易固定和定型，同时纸在色彩上相比其他材料更丰富多样。因此，在幼儿园教学中，纸编应用更为广泛。

在实际制作中，纸编的材料可以不仅限于纸，根据需要还可以用其他一些辅助材料，如筷子、细棍、铁丝、胶带等，这些辅助材料能够弥补纸类材料的轻软而难定型的不足。例如，一些立体的纸编作品，通常都需要先用铁丝做好框架，然后再用纸条进行编织。

图 1-71

纸编按照其用途可以分为实用性纸编和装饰性纸编。实用性纸编常见的有纸编的水果篮子、帽子、纸篓、笔筒等，而装饰性纸编则指用纸编的小饰物、壁画（图 1-71）等。在幼儿园美术教学中引入纸编的教学内容，让幼儿运用纸条编织平面或立体造型，可以有力地促进幼儿的手眼脑协调发展，培养幼儿的想象力和创造力。

二、基本技法和制作步骤

纸编所需的基本材料是纸条，所以先要准备纸材料，如卡纸或较厚一点的彩纸，有的造型可用长一点的旧挂历纸、广告纸甚至报纸等；借助裁纸刀和尺子将纸裁剪成纸条。根据需要还要备用其他材料，如一次性筷子、铁丝、胶水、胶带等。下面分类介绍几种常见纸编的基本步骤。

（一）纸编平面图案

纸编平面图案需要底板纸或各色纸条作为基本材料，基本方法是根据经纬交叉的原理穿插编织。

1.《猫》

材料和工具：彩色卡纸、剪刀、美工刀。详细制作步骤见图 1-72：

（1）将彩纸裁剪出雏形备用

（2）在紫色、黄色“猫肚”和绿卡纸上划出水平线，注意两端不能划散

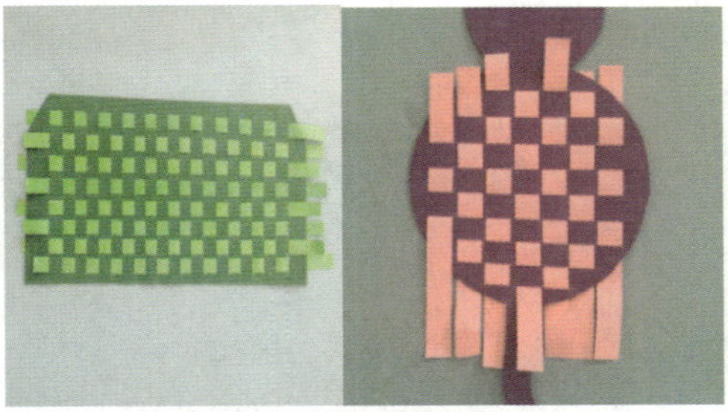

（3）将已裁好的长条依次穿插在相应位置，注意颜色搭配

（4）修剪完成

图 1-72

2.《鱼》

材料工具：卡纸、各色纸条、剪刀、美工刀。详细制作步骤见图 1-73：

（1）将硬彩纸对折，剪出小鱼形状

（2）将虚线内的正方形区域等分剪

（3）用彩纸条依次穿插

（4）加上“鱼眼”，修剪完成

图 1-73

3.《心形》

材料工具：彩纸、剪刀、笔。详细制作步骤见图 1-74：

（1）用刀裁两张等宽不同色的彩纸条

（2）将两张彩纸垂直放置，并画出重叠正方形两条边

（3）以画出的两条边为直径剪出一个半圆

（4）将虚线以下部分平分剪开

（5）依次穿插，完成

图 1-74

（二）纸编纸盒

1. 方形纸盒

材料工具：卡纸、工具刀、胶水。详细制作步骤见图 1-75：

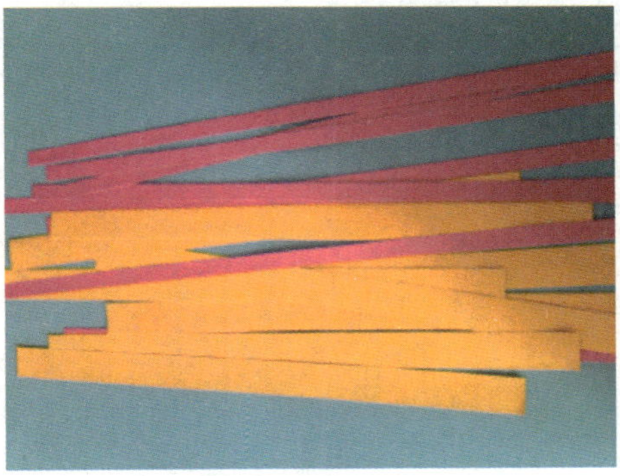

（1）用硬彩纸裁剪为长条

（2）经纬穿插，做出纸盒的底部

（3）红色纸条按照纸盒底部的长宽折出折痕

（4）将纸盒四周立起

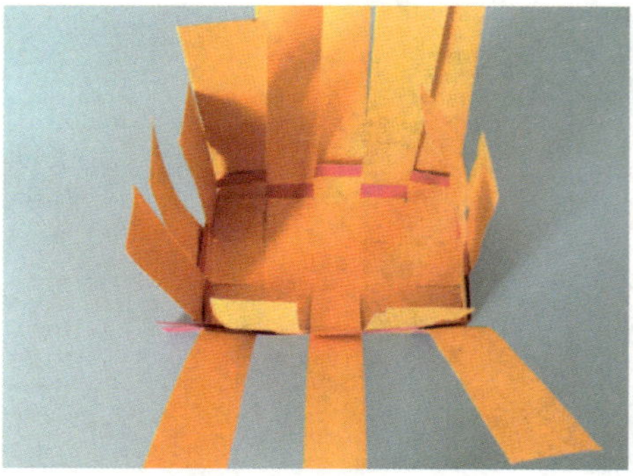

（5）穿插纸盒四周，接头处用胶水固定

（6）折起顶部多余的部分

（7）完成

图 1-75

（三）纸编笔筒和篮子

1. 笔筒

材料工具：卡纸、工具刀、胶水、夹子。详细制作步骤见图 1-76：

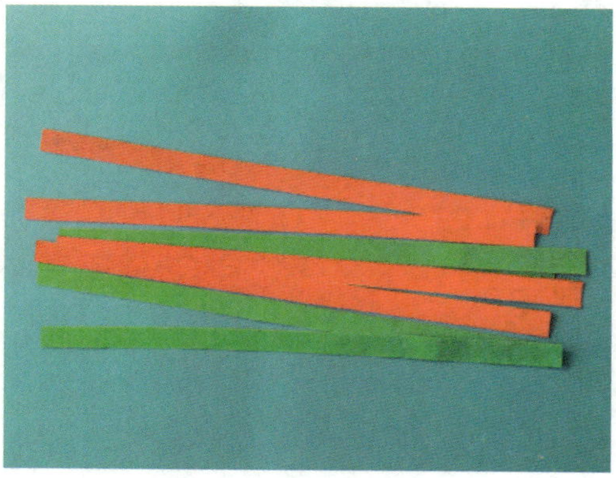

（1）将彩纸裁剪为长条

（2）穿插出底部并将四周用胶水固定

（3）沿虚线折起

（4）四周两两穿插竖起并固定

（5）初步完成，顶部用夹子固定

（6）折起多余部分

（7）完成

图 1-76

2. 花篮

材料工具：美工刀、硬卡纸、订书机。详细制作步骤见图 1-77：

（1）硬卡纸裁成长条，中间用订书机固定

（2）硬纸条依次穿插出圆形篮底

（3）将底部四周竖起，用纸条编出花篮四周

（4）将顶部多余的部分卷起作为装饰，加上提手，完成

图 1-77

（四）纸编小挂坠

材料工具：较长的彩纸条、胶水。详细制作步骤见图 1-78：

（1）准备四条较长彩纸条，将其对折

（2）将彩纸条两两扣住

（3）拉紧彩纸条编成底部

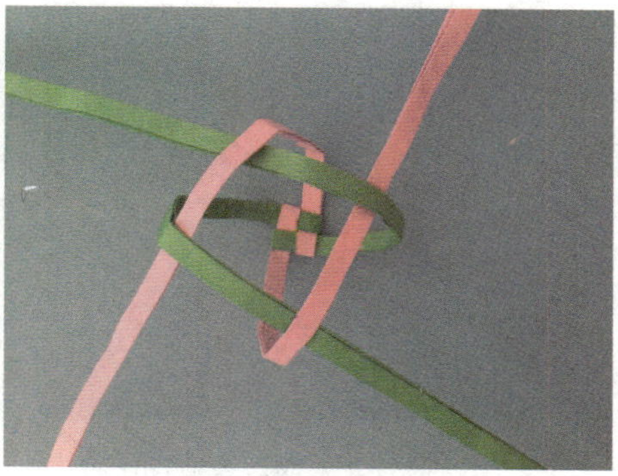

（4）彩纸条如图打结

（5）打结后完成图

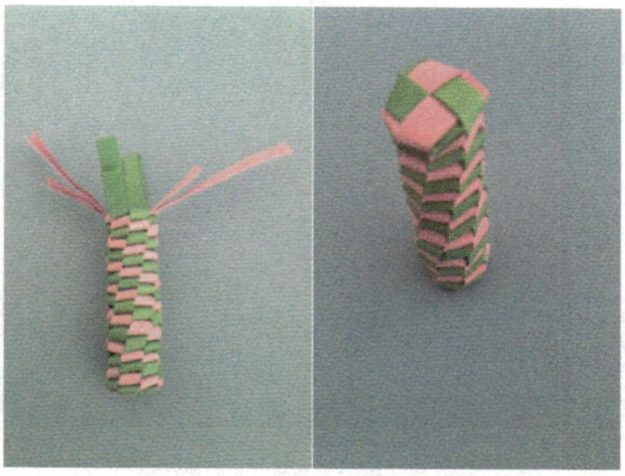

（6）剪掉多余部分，用胶水固定完成

图 1-78

（五）纸编小动物

1. 纸编《马》

材料工具：五根稍长的纸条、剪刀、胶水。详细制作步骤见图 1-79：

（1）取两根交叉叠放

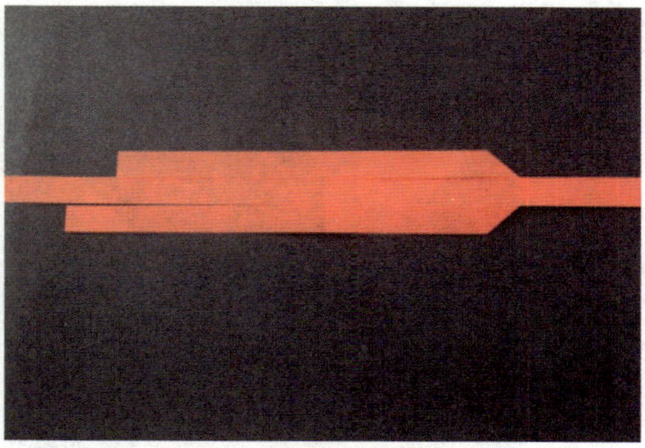

（2）竖条往左折

（3）取另外三根长条垂直穿插

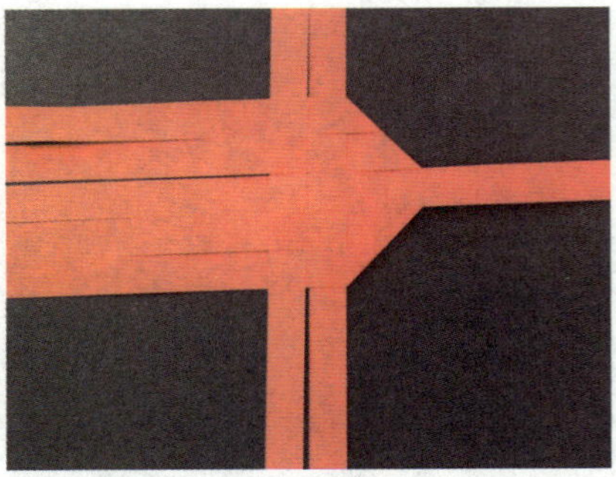

（4）垂直的最右边竖条向左折，穿插在左侧两竖条里

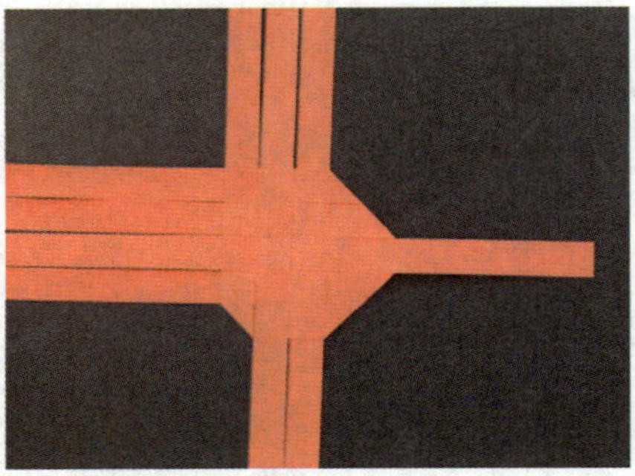

（5）最底下横条向上折并穿插

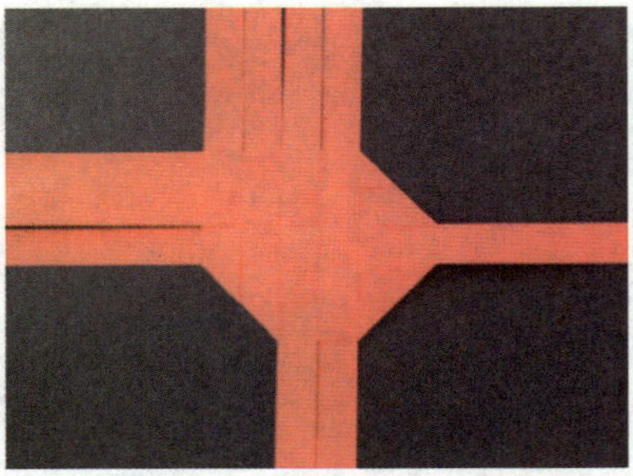

（6）重复上图步骤

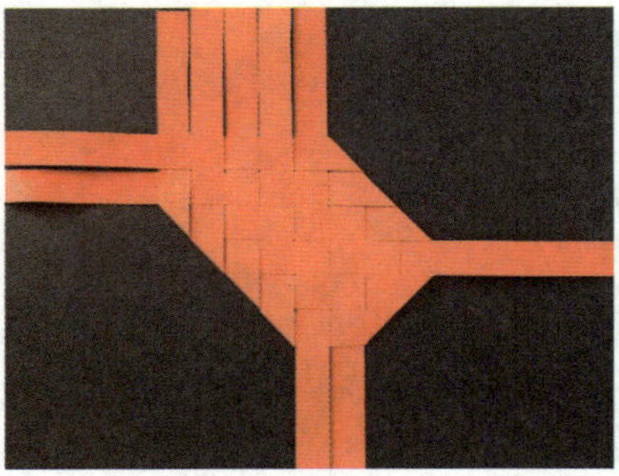

（7）继续重复步骤得出此图

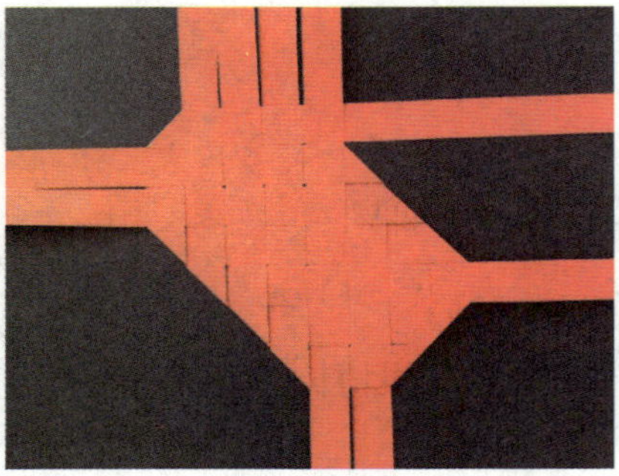

（8）上面最左边竖条向右折

（9）依次往上穿插完成小马颈部

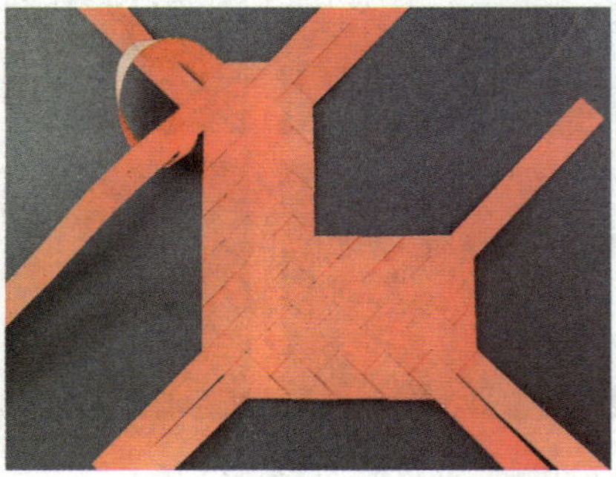

（10）上面中间纸条往下穿插打结拉紧

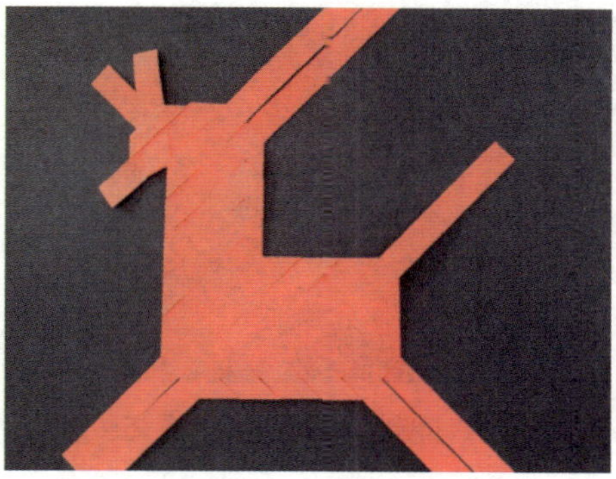

（11）剪去多余的部分

（12）插上鬃毛，用胶水固定，修剪完成

图 1-79

2. 纸编蝴蝶

材料工具：彩色卡纸条、美工刀、胶水、夹子。详细制作步骤见图 1-80：

（1）四根 2cm×26cm 的硬纸条，每条裁成 4 等分细长条，顶端留出约 5cm 不裁剪

（2）两根往后折，再往下穿

（3）相对摆放穿插

（4）向中心拉紧

（5）剪去右边多余部分

（6）同样步骤折出另一对翅膀，再交叉穿插

（7）向中心拉紧

（8）上面紫色细条往上翻过来，再穿插固定

（9）绿色细条也往上翻过来穿插固定

（10）左右穿插好

（11）将绿色和紫色细条分别从中间向上下穿出来，小心拉紧

（12）完成，左图为蝴蝶正面，右图为反面

图 1-80

三、纸编作品欣赏

（一）纸编平面作品

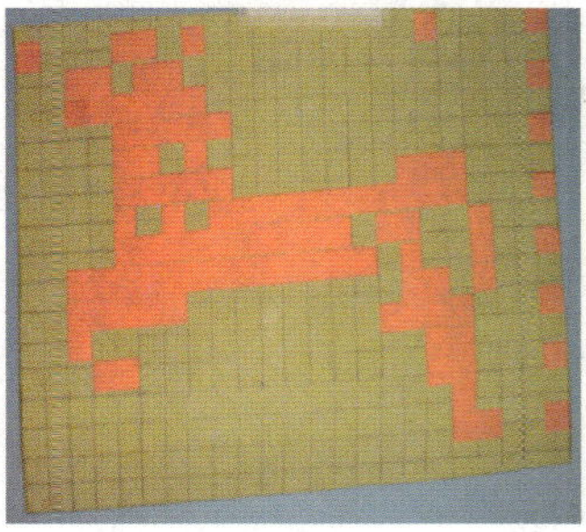

（二）纸编立体作品

思考与操作

1. 选择一个常用的儿童故事，用纸编的方法设计出一幅故事画或纸编造型的立体场景（可以结合折、粘、组合等创作方法）。要求熟练掌握纸编技巧，结合多种创作方法进行合理的构图。

2. 纸编艺术既可以运用到幼儿园环境布置中去，还可以作为幼儿园美术教学内容。思考怎样把纸编相关的技能传授给幼儿？可以采取哪些教学组织形式引导幼儿参与纸编活动？

第四节 剪 纸

一、剪纸概述

剪纸是一种发展时间悠长，在我国民间广为流传的镂空艺术。剪纸工艺以剪刀或刻刀为主要的工具，以纸张为基本材料，通过折、剪、刻、贴等技法在平面薄质材料上进行镂空造型的艺术。剪纸具有显著的平面化的构图方式，以概括简化、变形夸张来突出表现对象轮廓特征，构成生动活泼、玲珑剔透的平面艺术形象，有着独特的艺术魅力。

剪纸是一种综合应用折、剪、刻、撕、染等技法的艺术。要进行剪纸创作，需要准备如剪刀、刻刀、铅笔、毛笔、纸、颜料、垫板、胶水等。不同类型的剪纸，所需的工具和材料不同，应根据需要选择。

中国民间剪纸与节日风俗有着千丝万缕的联系。美轮美奂的剪纸纹样传达了人们对美好生活的期盼和向往。逢年过节抑或新婚喜庆，都会贴上大红色的窗花、门笺、灯花、吊饰等作为装饰，渲染出喜庆的氛围，同时也表达出人们追求吉祥的愿望。

二、剪纸的表现形式和装饰纹样

剪纸是通过刀触和剪口在纸上的作用来达到艺术表现目的的。这些刀触剪口经过无数代剪纸艺人的艺术实践，逐渐形成了固定的、程式化的表现形式和纹样，掌握了这些表现手法，就可以很方便地运用它们进行剪纸创作。

（一）剪纸的表现形式

1. 剪影

剪影是剪纸最简单的表现形式之一。顾名思义，它是运用剪刀在纸上剪出人物、动物或其他物体的典型外轮廓，就像剪出影子一样（图 1-81）。剪影主要表现形象的轮廓美或生动的动态。这种形式可以突出表现人物鲜明轮廓的曲线美，但不利于表现细节和质感。

2. 阳刻

阳刻保留表现结构的线条和稀疏块面，剪或刻去轮廓线条以外的空白部分。阳刻的特征是造型上的每一条线都是互相连接的，作品显得细致而精巧（图 1-82）。

图 1-81

图 1-82

3. 阴刻

与阳刻相反，阴刻剪或刻去造型上的轮廓线条，保留轮廓线以外的体块面，形成镂空效果。阴刻剪纸的线条不一定是互连的，而作品的整体是块状的，显得饱满而厚重（图 1-83）。北方传统剪纸多用此法。

4. 阴阳刻结合

为了丰富画面效果，通常在同一幅作品中将阴刻与阳刻相结合。此法表现力强，现代剪纸多采用此方法（图 1-84）。

图 1-83

图 1-84

（二）剪纸的装饰纹样

剪纸的装饰纹样是许多民间剪纸艺人在长期的剪纸实践中总结出来的用于表现特定事物、美化事物块面的装饰花样。它是剪纸艺术区别于其他艺术的特有的造型手段。常用的剪纸装饰纹样有锯齿纹、月牙纹、鱼鳞纹、漩涡纹、云纹等。这些纹样可以表达世间万物。通常在同一幅作品中会用上几种装饰纹样。掌握这些装饰纹样可以帮助我们自如地设计与创作剪纸造型。

1. 圆孔纹 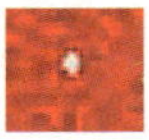

这是剪纸中最常用的符号，在造型中主要用于人物、动物的眼睛、鼻孔、花心、水珠以及其他装饰等。多个圆孔纹可以组合成为一朵梅花或变幻的图案（图 1-85）。

图 1-85

2. 月牙形 

月牙形纹饰形状近似月牙，在剪纸中通常用于表现牛角上的花纹、花瓣、羽毛、蝴蝶翅膀的花边以及人物、动物四肢上的装饰等（图 1-86）。剪刻月牙纹饰要注意排列有序，把握好月牙纹的对称与均衡。

图 1-86

3. 锯齿纹 

锯齿纹形状一边尖尖排列类似锯齿，有粗有细，有疏有密，有的是直锯齿，有的是斜锯齿，通常用于表现人和动物的毛发、植物花朵的边缘、花草的经脉、山地上的草木等，有时也可作为剪纸图案的填充，有增强剪纸的视觉效果的作用（图 1-87）。剪刻锯齿纹时要注意锯齿的长短宽度对等、根尖之间距离相等，排列整齐有序。

图 1-87

4. 云纹 

云纹指的是像云朵一样的剪纸纹样，在剪纸艺术中表现各类动静状态的云朵，一般剪纸形象中有龙、山、神仙、寺庙等就需要剪刻出云纹加以修饰（图 1-88）。云纹有时也可作为装饰图案。

图 1-88

5. 柳叶纹 

柳叶纹，顾名思义形状像柳叶一样，一般表现树叶、衣物的装饰、组合成花瓣等（图 1-89）。单个柳叶纹表现的造型都比较简单，若将柳叶纹有机组合，表现的造型就会形象而生动。

图 1-89

6. 涡形纹 

涡形纹也叫旋转状纹，它是将月牙纹或锯齿纹围绕中心排列起来构成一个旋转状的车轮一样的造型，如阜阳剪纸艺人程建礼的作品《伏虎》（图 1-90）和陈章武的作品《丑牛》（图 1-91）。涡形纹在使用时要注意其在作品中的位置、大小是否与作品整体协调。

《伏虎》（程建礼）

图 1-90

《丑牛》（陈章武）

图 1-91

三、剪纸的基本制作方法

剪纸分为单色剪纸和彩色剪纸。一般所说的剪纸指的是单色剪纸，以红色居多，也可以是其他颜色的。彩色剪纸又称复色剪纸，是在单色剪纸的制作方法的基础上，进一步经过拼贴、染色、涂色、填色、衬色等艺术手段加工而成。

（一）单色剪纸

1. 对称剪

（1）对折剪

先将纸张对折，画出设计图案的一半，然后把它剪下来打开即可。对折剪适合剪出左右对称性的图案，如图 1-92 所示。

图 1-92

（2）连续对称剪

连续对称剪也叫花边剪，是对称剪的延伸。把长条形纸反正折叠多次，再在折好的纸上画出图案，沿图案轮廓线剪后展开即可，如图 1-93 所示。图案的一侧一定要紧靠着连续的折边，不然就容易剪断，从而使花边不相连。

图 1-93

（3）角花剪

角花剪以 90 度直角为基础，对角折后，在纸面上设计角花纹样，剪好展开即可，如图 1-94 所示。角花一般用于装饰角部，如图 1-95 所示。

（1）　（2）　（3）　（4）

图 1-94

图 1-95

2. 放射剪

放射剪也叫团花剪，其作品也是对称的，呈中心放射状对称。所有放射剪都需要将正方形纸先对角折，然后再折叠二次、三次、四次甚至五次，即可剪出三瓣团花、四瓣团花、五瓣团花、六瓣团花、八瓣团花、十瓣团花等。此剪法一般用于创作窗花。

(1) 三瓣团花和六瓣团花

三瓣团花的制作：如图 1-96 所示，先按步骤（1）~（3）折好，再在三瓣折的基

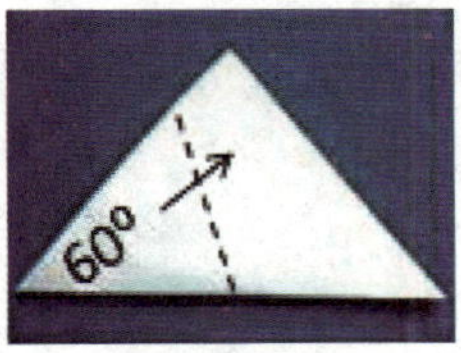

（1）对角折后，按图示再折

（2）另一角同样折法

（3）完成折叠

（4）绘图

（5）剪刻后成品

图 1-96

础上设计并画出图案，剪好打开即可。六瓣团花是在三瓣团花折法的基础上，再对折一次而成，详细步骤如图 1-97 所示。

（1）在三瓣团花折的基础上再对角折

（2）完成折叠

（3）绘图后剪刻

（4）成品

图 1-97

（2）四瓣团花和八瓣团花

四瓣团花可采用三角形折法，如图 1-98 所示。

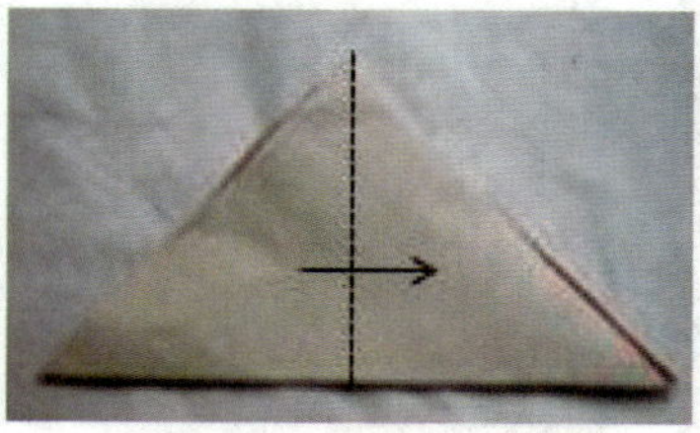

（1）对角折后，沿三角斜边上的高再折

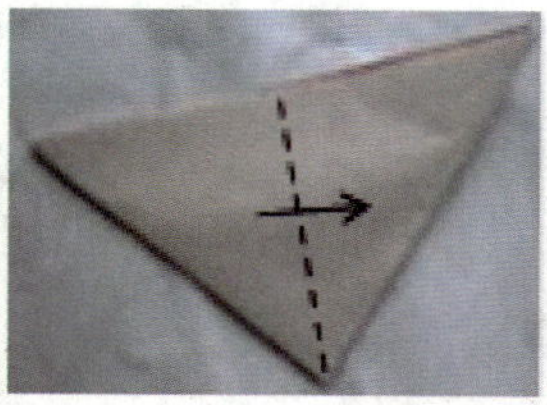

（2）再沿三角斜边上的高折叠

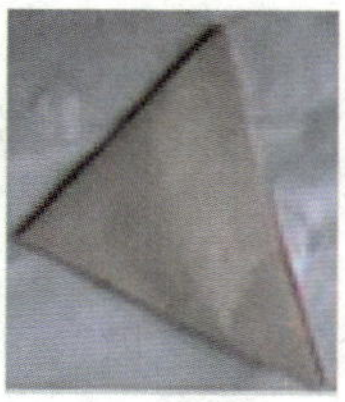

（3）完成

图 1-98

还可用方形纸沿田字对折。下面举例（图 1-99）说明四瓣团花剪法：

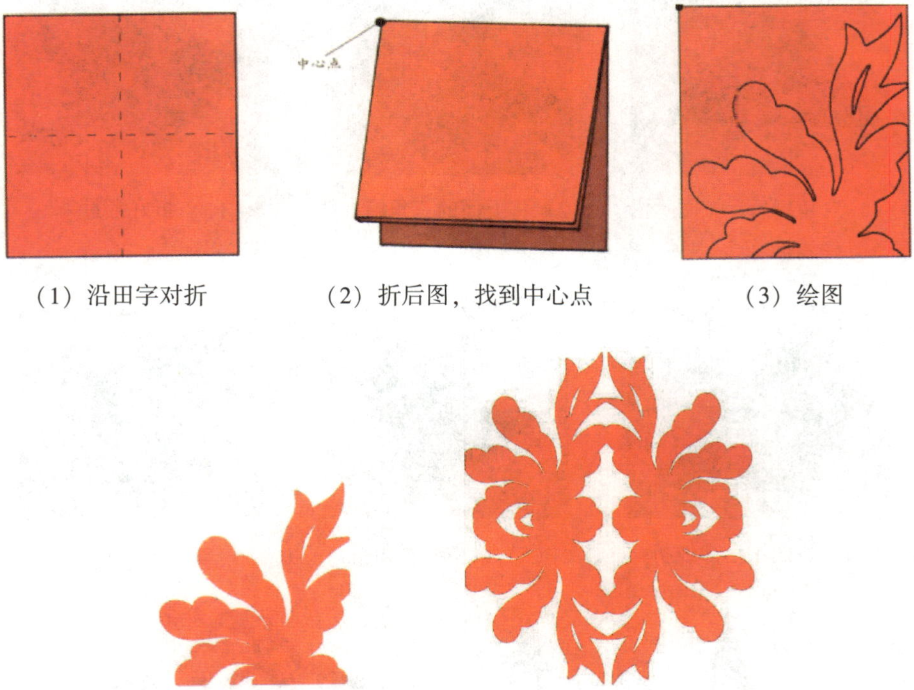

（1）沿田字对折　（2）折后图，找到中心点　（3）绘图

（4）剪刻图案　（5）成品

图 1-99

先按四瓣团花折的步骤折好，然后对角折，完成八瓣团花折，再在此基础上进行图案绘制和剪刻，即可得到八瓣团花，如图 1-100 所示。

（1）沿虚线对折　（2）绘图　（3）剪刻图案　（4）成品

图 1-100

（3）五瓣团花和十瓣团花

五瓣团花的制作步骤如图 1-101 所示。

（1）对角折后，按图示沿虚线折

（2）将上面的三角沿虚线对角折

（3）折好翻过来

（4）按图示沿虚线折

（5）沿虚线对角折

（6）完成折叠

（7）绘图

（8）剪刻图案

（9）成品

图 1-101

十瓣团花在五瓣团花折的基础上再对角折即可，详细步骤见图 1-102。

（1）五瓣团花折的基础上再对角折

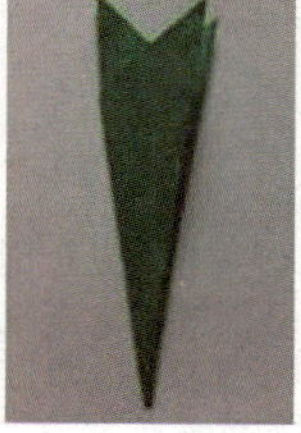

（2）完成折叠

（3）绘图

（4）剪刻图案

（5）成品

图 1-102

3. 自由纹样剪

自由纹样剪所塑造的形象基本都是不对称的，其构图更加灵活多样，一般民间剪纸很多都是此剪法，见图 1-103。自由纹样剪也称不对称剪。

图 1-103

（二）彩色剪纸

彩色剪纸有的是分剪拼贴成彩图，有的是白纸按图稿剪好再涂染上各种颜色，有的是单色剪纸剪好再衬以各种颜色。

1. 拼贴剪纸

拼贴剪纸，即用各种颜色剪好各部分图案然后组合拼贴在衬纸上，见图 1-104。

图 1-104

2. 染色剪纸

染色剪纸用易于浸染的宣纸或白纸剪刻好成品，再选好各色颜料借用毛笔点染各个部分，有时也可先浸染纸再剪刻图案，见图 1-105。

图 1-105

3. 涂色剪纸

用白色纸张先剪刻好作品，再用油画棒或其他类彩笔根据需要在主体形象上进行涂抹，见图 1-106。

图 1-106

4. 填色剪纸

先用深色纸张剪刻出图案粘贴在白纸衬底上，再根据各部分需要用毛笔蘸颜料或者油画棒等在空白之处涂上不同颜色，见图 1-107。

图 1-107

5. 衬色剪纸

先用单色纸剪刻好图案，然后在作品之下衬以各种颜色彩纸的剪纸。根据需要有时整体衬一种颜色；有时按照图案中的各个部分特点衬以不同的色纸，如红色的花、绿色的叶；有时不按图案部分的实际轮廓，衬以不规则的各种色纸以突出某些部分，见图1-108。

图 1-108

四、剪纸作品赏析

（一）单色剪纸

（二）彩色剪纸

思考与操作

1. 尝试创造性地根据所学的剪纸装饰纹样设计十二生肖动物的造型，要求熟练掌握剪纸技巧，结合多种纹样进行恰当的构图，并体验剪纸创新的乐趣。

2. 剪纸艺术既可以运用到幼儿园环境布置中去，又可以作为幼儿园美术教学内容。结合幼儿的发展特点，思考该怎样引导幼儿学习剪纸技能？可以采取哪些教学组织形式引导幼儿参与剪纸活动？

第五节 纸雕塑

一、纸雕塑简述

纸雕塑是指用纸来制作的半立体或立体的艺术造型（图 1-109）。随着纸在日常生活中的普及和纸雕塑技术的演进，现在纸雕塑艺术已逐渐普及化，成为大众熟知的艺术。纸雕塑是一个动手动脑的过程，对于培养大脑的空间概念、立体思维、审美情趣，锻炼手部肌肉的协调性、灵活性都有很大的益处。

图 1-109

纸材料取材相当方便，价格便宜，而且容易制作，具有很强的可塑性。纸雕塑所用的纸材料应选择硬度和耐折度都比较好的纸张，卡纸、云彩纸、瓦楞纸、横纹纸、布纹纸等都适宜。纸雕塑制作方法相对简单，工具易得，一般通过纸的折、叠、切、剪、刻、卷、曲、粘等就可以创造出造型各异、生动活泼的、富有强烈立体感和装饰性的作品，其造型特点是形象生动、概括夸张、线条简练、构图灵活。所需要的工具主要有剪刀、美工刀、尺子、圆规、镊子、圆滚棒、大头针、透明胶、白乳胶、泡沫甚至是牙签和圆珠笔。有时根据需要还可以运用一些绘画工具，如油画棒、水粉颜料、荧光水笔、毛笔等，还能为作品进一步修饰，使其成为色彩艳丽、创意新颖的环境装饰物、玩教具甚至是艺术品。纸雕的表现题材包罗万象，卡通的或写实的人物、动物、景物均可表现。

纸雕塑在幼儿园运用相当广泛，无论是教学活动所需要的玩教具，还是幼儿园的环境布置，均需要用到纸雕塑作品。因此，对于幼儿教师而言，纸雕塑是一项非常重要的制作技能。

按立体化的程度，纸雕塑一般分为半立体纸浮雕和立体纸雕塑两种。半立体纸浮雕是介于平面与立体构成之间的一种艺术表现形式，指通过一些纸造型的基本技法在平面材料上对某些部位进行立体加工，使之形成凹凸起伏的、在视觉触觉上都具有立体感的一种艺术造型。立体纸雕塑指的就是纸圆雕，是完全立体的、不依赖平面背景的纸材料圆雕造型。

二、基本技法

（一）半立体纸浮雕造型技法

为了突出形象的厚重感和立体感，创作者通常利用一些基本技法将形象的某些局部处理成凹凸的、起伏的、立体的形式，以增强视觉美感的冲击力。掌握了这些最基本的技法后，再进行创意设计，动手制作，就能制作出精美独特的纸雕塑作品。这些基本技法包括折、切、卷曲、围合、滚压、剪丝、垫底和涂画等。通常，在半立体纸浮雕制作过程中，需要综合使用多种技法。

1. 折和切

折纸本身就是一种基本的纸雕塑造型的方法。利用折的技法时基本需要展开纸面，以呈现其立体效果和空间纵深度。若所用纸张较厚，还需要进行划切。基本方法是将纸张先用刀按线轻轻地浅切出痕迹，不能切断纸面，然后再按线折叠。浅切后折叠更容易，线条更流畅。除了折、切折以外，有时还需要全切，即按线完全切开，切断纸面。

（1）直线切和折

直线切折是指沿着直线进行折叠，如果纸张比较厚，可进行浅切折，需要时还可以进行全切。请尝试进行如图 1-110～图 1-113 所示的直线切折。

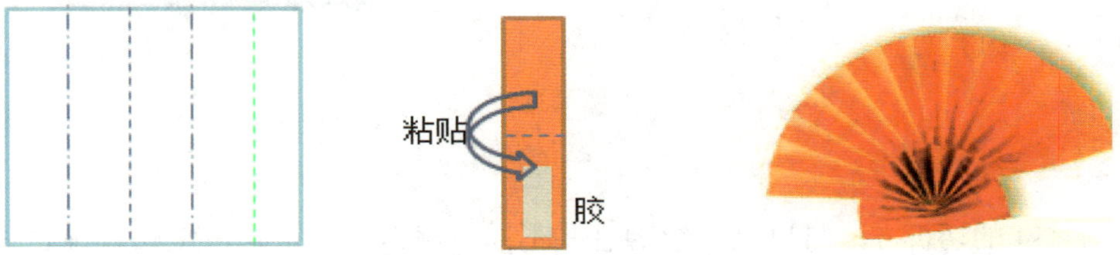

（1） （2） （3）

图 1-110

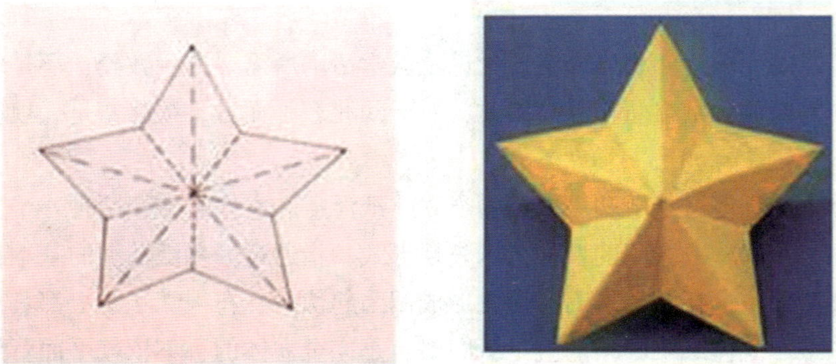

（1）　　　　（2）

图 1-111

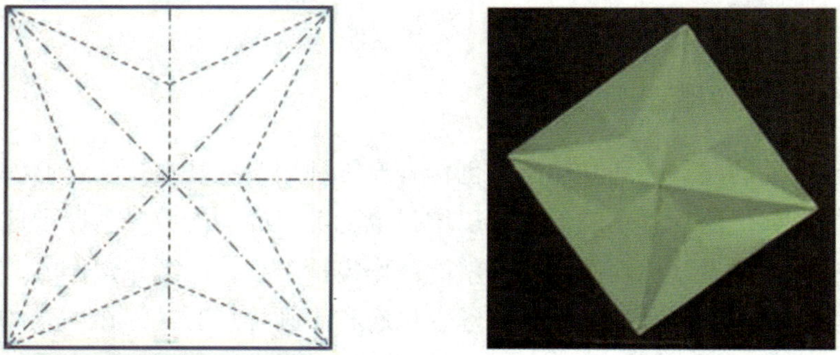

（1）　　　　（2）

图 1-112

（1）　　　　（2）

图 1-113

图 1-114 的切折方法与以上介绍的有些不同，制作步骤是将白纸贴在绿色底板纸上，在白纸上画出整体造型，通过全切、折叠等技法，使图形与底板纸形成错位，从而呈现立体空间。

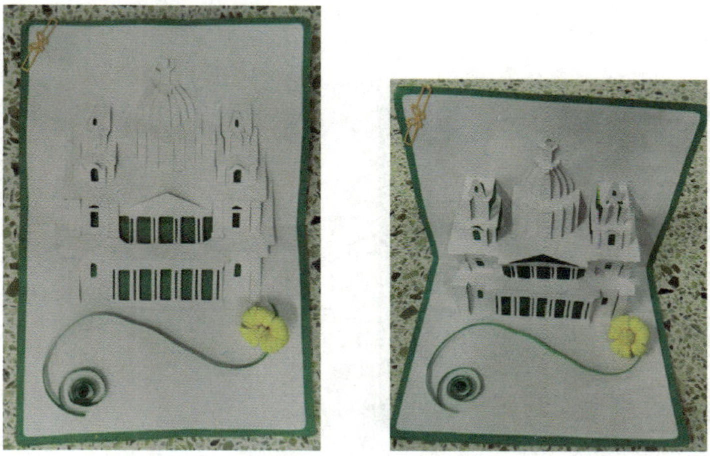

（1） （2）

图 1-114

（2）曲线切和折

曲线切和折的线是曲线。曲线切折是指在纸面上先画出一个造型，用剪刀剪下，再在造型上画出曲线，沿线进行切、折，进行切折时注意曲线条的流畅性，作品才会精美。图 1-115 和图 1-116 为曲线切折的两个示例。

（1）剪出平面形状 （2）刻画折线 （3）曲折造型 完成

图 1-115

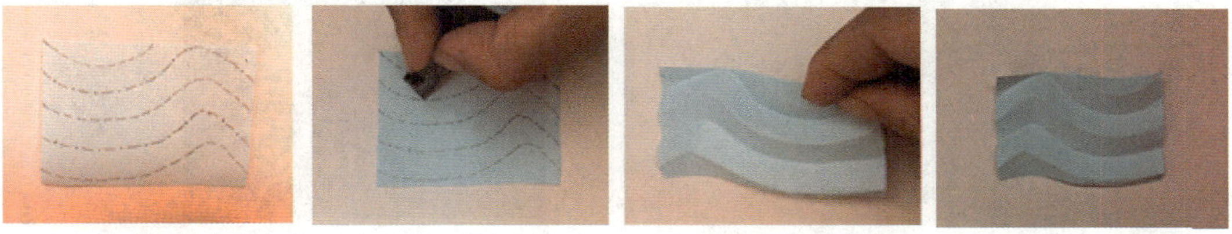

（1）画出要折的曲线 （2）用刀轻轻划切 （3）用手沿曲线折 （4）完成

图 1-116

根据造型需要，纸面的有些部分可进行全切，即将纸面切开，然后再立体化捏折，如图 1-117 所示。

（1）

（2）

图 1-117

2. 卷曲

卷曲时利用笔杆、笔芯、木棒甚至是牙签等工具进行卷绕，让纸成一定的弧度（图 1-118、图 1-119），还可以对花瓣的边缘部分进行卷曲（图 1-120）。

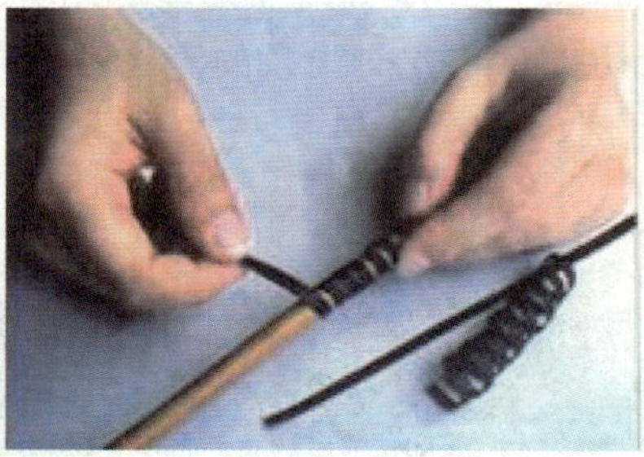
（1）用木棒卷曲纸条

（2）粘贴在人物头上做出立体的头发

图 1-118

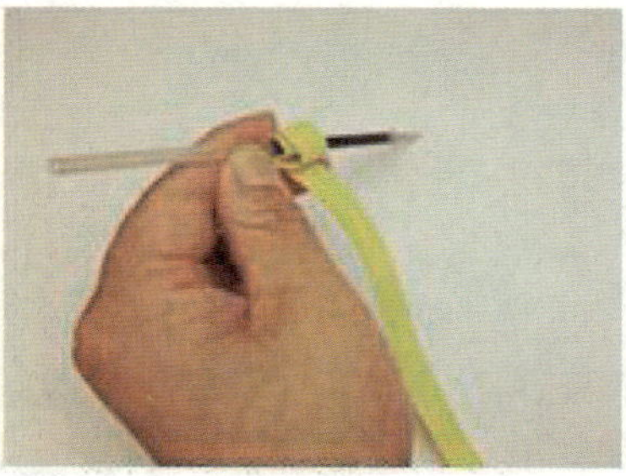
（1）用笔芯卷曲纸条

（2）粘贴在纸面上做出立体的花

图 1-119

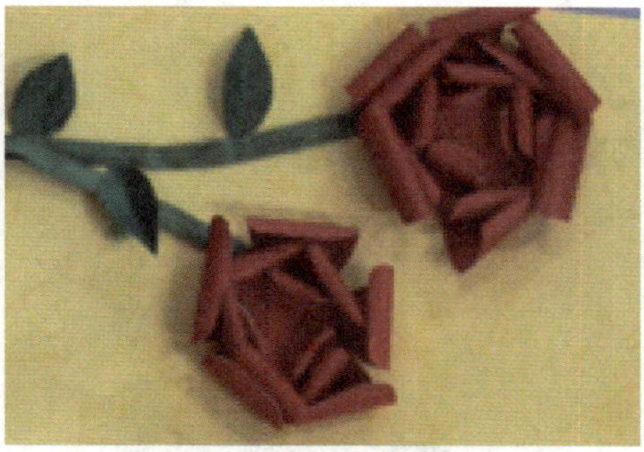

图 1-120

3. 围合

圆形围合可利用圆规刀在纸面上画同心圆或非同心圆，剪掉一个扇形，再用手折出凹凸，将剪开的两边进行粘贴围合成锥体。此法也可制作三角锥、平锥等，见图 1-121、图 1-122。

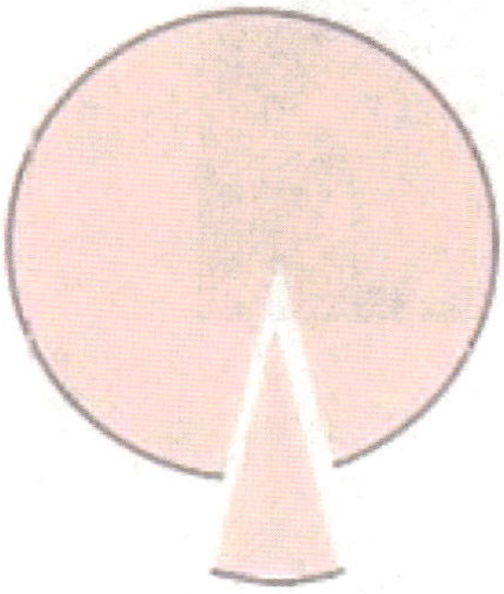

（1）对平面圆形进行切割

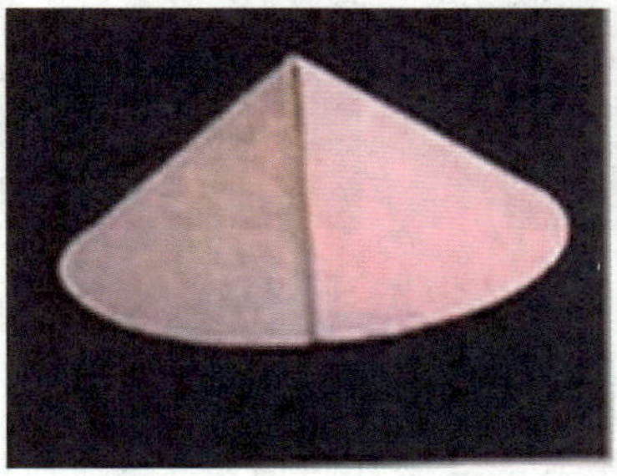

（2）围合成圆锥体并粘贴

（3）成品示例

图 1-121

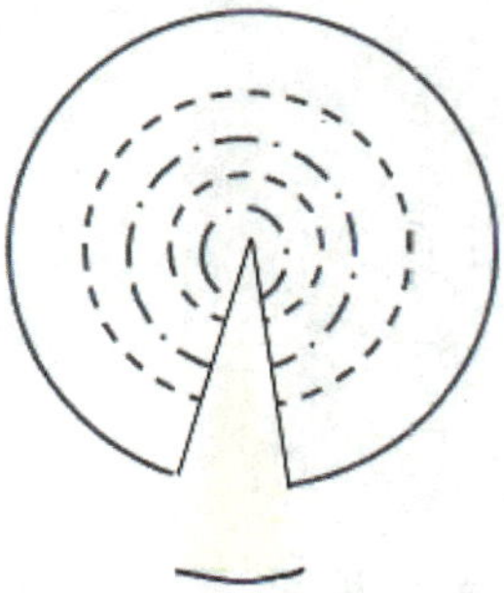

（1）对平面圆形进行切折，并按图示切掉扇形

（2）将切开的部分进行粘合

（3）成品示例

图 1-122

4. 剪丝

用剪刀将造型的部分边缘剪成细条，并挑起部分细条做出层次感。此法可做出毛发、胡须、光芒以及装饰性边缘等，见图 1-123。

图 1-123

5. 滚压

使用圆头的棍棒在形状上进行滚压，就会产生凹凸的立体效果，见图 1-124、图 1-125。

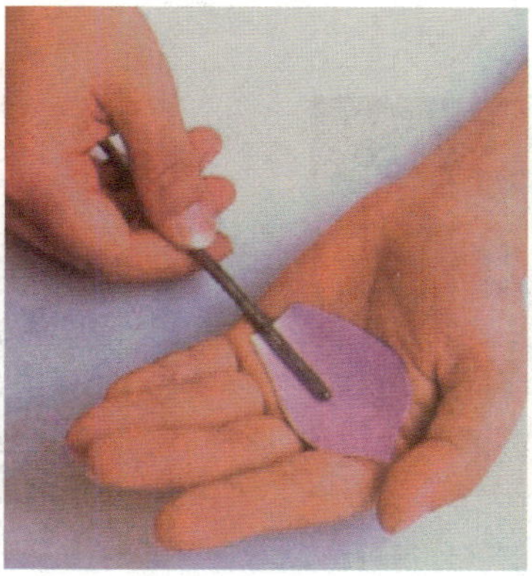

（1）

（2）

图 1-124

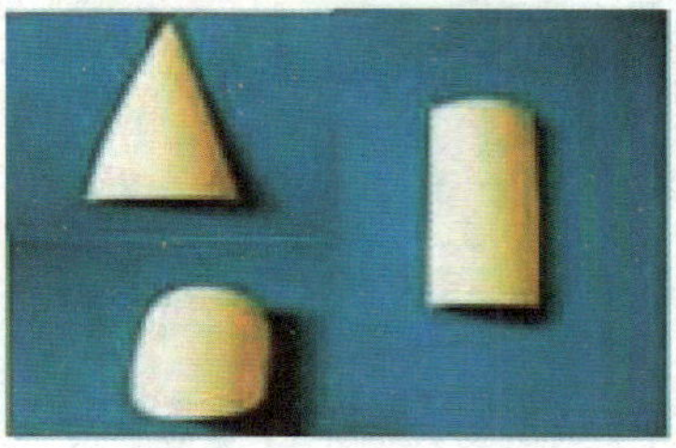

（1）对平面长方形、三角形及拱形进行滚压

（2）进行组合粘贴

图 1-125

6. 垫底

有两种垫底的方式。有的造型需要在背后垫上底纸，如窗户背后垫上色纸；有的为了增强立体感，可以在背后粘上泡沫，使画面形象更加有层次感。如图 1-126 所示的房子和树之间就垫上了泡沫。

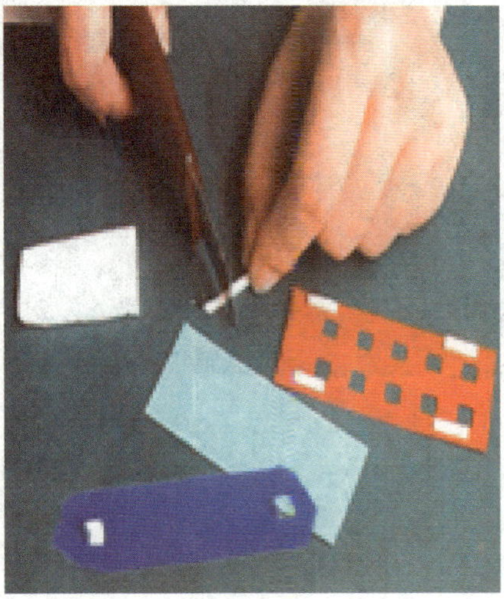

图 1-126

7. 涂画

一般纸张都是单色的，有时根据需要可通过画笔或棉签沾颜料在部分形象上进行涂画，以做到色彩的渐变和显现形象的细致脉络，以加强其真实感和立体效果，见图 1-127。

图 1-127

8. 剪贴

在前面介绍的基本塑型方法的基础上，还可以通过剪贴装饰的方法来塑造立体感。如图 1-128 所示，用不同颜色、不同形状的纸剪贴出叶子花纹、小鸟翅膀、花心、蝴蝶翅膀装饰等，就增添了不少美感。

图 1-128

（二）立体纸雕塑造型技法

1. 基本几何形体构成及其造型方法

立体纸雕塑造型的制作在半立体纸浮雕制作的基础上更注重纸的立体空间的构成。首先要掌握一些基本的立体空间构成技巧，如构成锥体、柱体和球体等，然后再巧妙地综合利用半立体纸浮雕造型技法对其进行镂空、剪贴、装饰、涂染，进行大胆的创作。在幼儿园中，立体纸雕塑一般用于制作教室悬挂物、幼儿游戏头饰和玩教具等，见图 1-129。

图 1-129

（1）基本几何形体构成方法

正方体、四面体、圆柱体、梯形体、八面体、十面体的构成方法分别如图 1-130～图 1-135 所示。

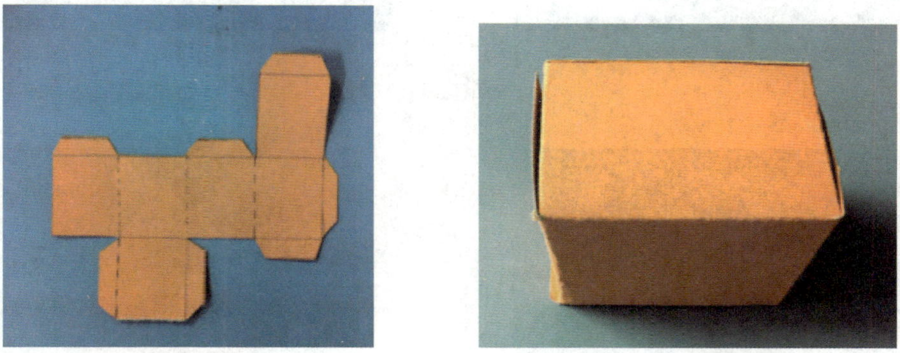

（1）　　（2）

图 1-130

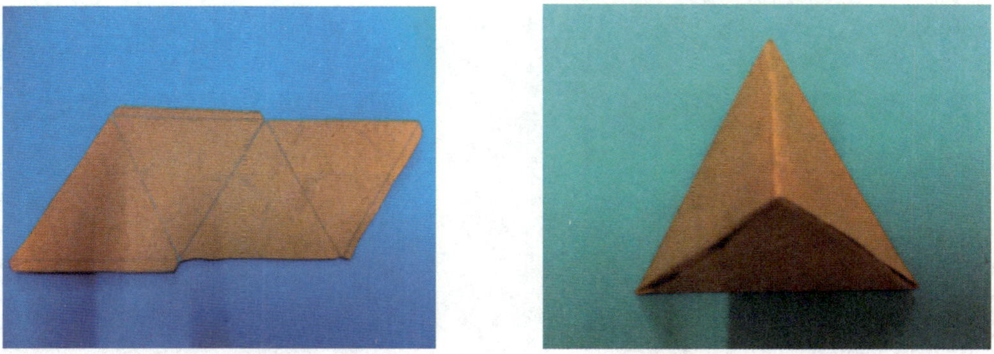

（1）　　（2）

图 1-131

（1）

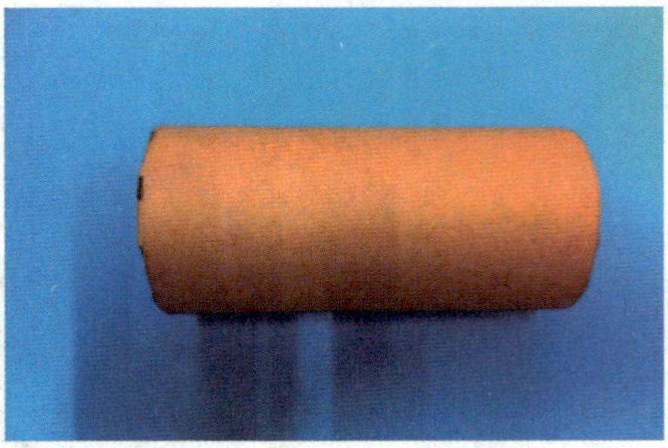
（2）

图 1-132

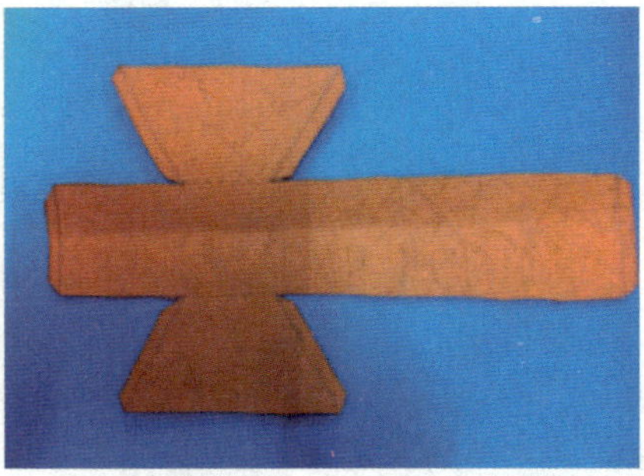
（1）

（2）

图 1-133

（1）

（2）

图 1-134

（1）

（2）

图 1-135

（2）几何形体构成变化制作方法

①切折：制作几何形体时对不规则化处理的方式是进行切折，如图 1-136～图 1-138 所示，沿虚线用刀轻轻切折后再围合，所形成的立体形体是不规则的。

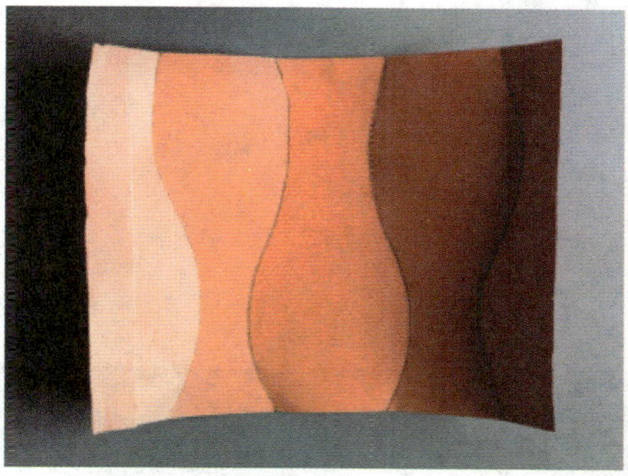

（1）

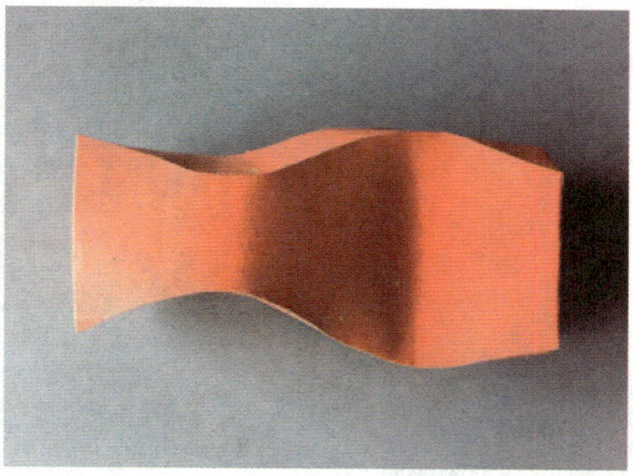

（2）

图 1-136

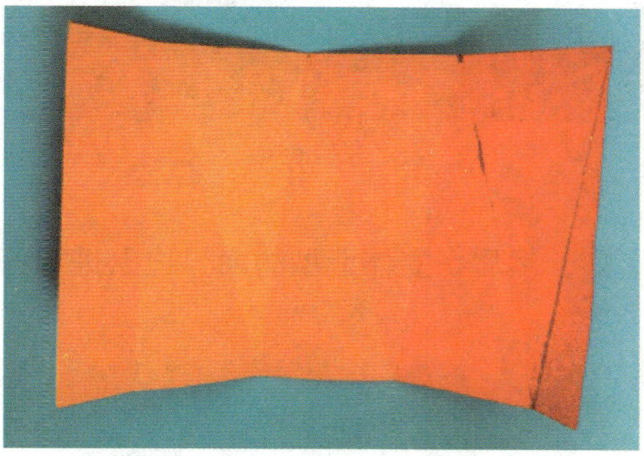

（1）

（2）

图 1-137

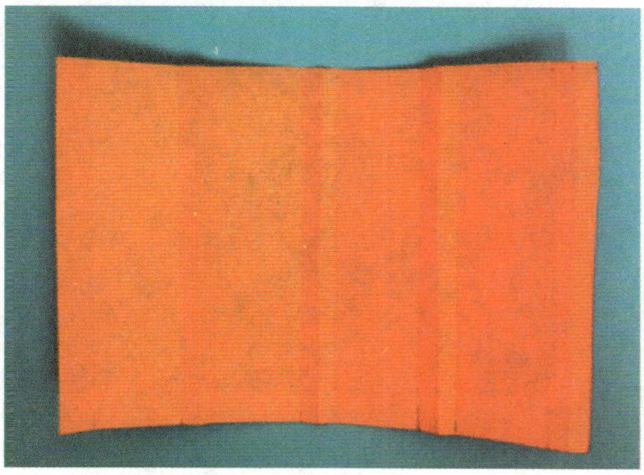

（1）

（2）

图 1-138

②镂空：在平面的卡纸上根据设计需要进行镂空，如房子的窗户、不规则柱体的柱面等，再围合起来形成镂空的立体几何形体，如图 1-139 所示。

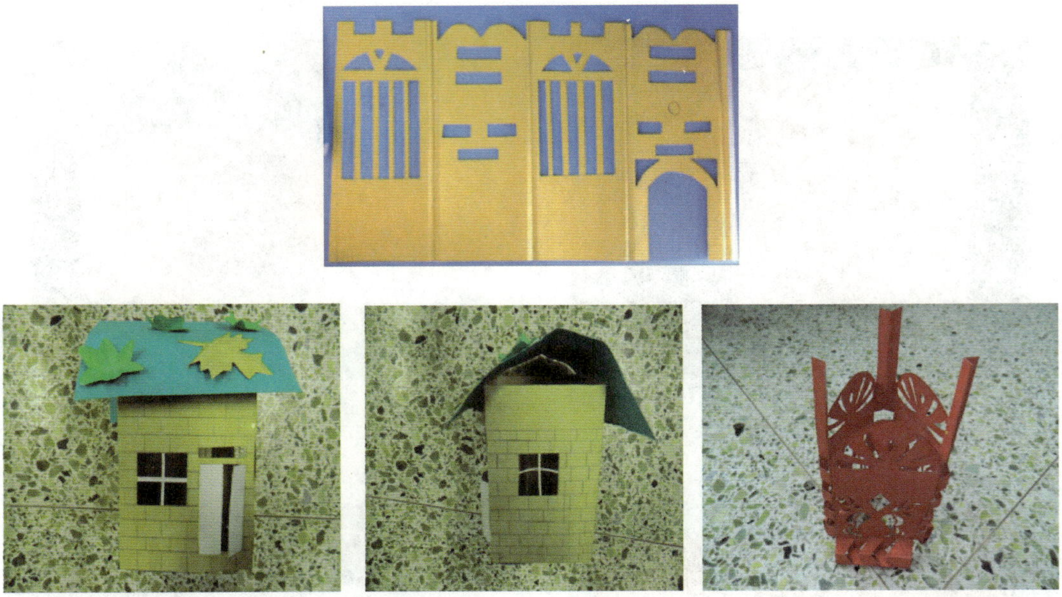

图 1-139

③剪贴：先制作十面体和柱体等基本几何形体，然后在立体造型的面、边上进行剪贴装饰，如图 1-140 所示。

图 1-140

④涂染：构成立体造型后，用油画棒或其他色笔进行绘画或涂染，如图 1-141 所示。

图 1-141

⑤综合制作：综合应用折、剪、贴、画、组合等多种方式进行制作，如图 1-142、图 1-143 所示。

图 1-142

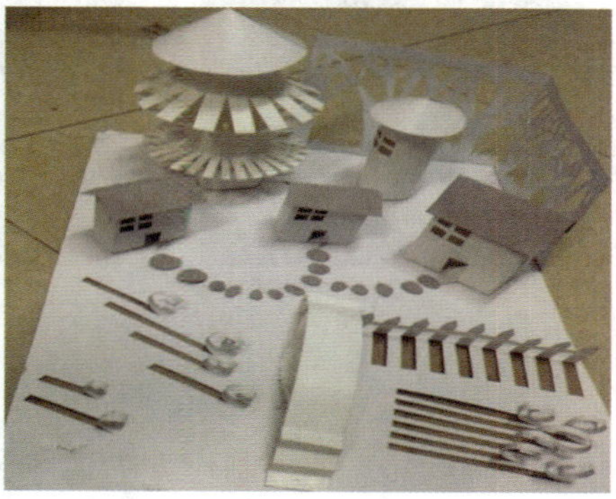

图 1-143

2. 其他仿生立体纸塑造型

（1）剪折纸立体造型：采取对称结构，基本技法包含剪、折、组合、粘贴等，能立于桌面上，在幼儿园适合做桌面教具。如图 1-144 所示，制作方法是将纸对折，画出马头、马脖、马身和马尾，分别将其剪下，再用胶粘合，最后剪出眼睛装饰即完成。

图 1-144

（2）纸筒玩偶：制作方法是先将卡纸围合做成纸筒，然后在纸筒上装饰图案，装饰方法包括剪贴、卷折、绘画、组合等，如图 1-145 所示。

（3）手指纸玩偶：纸筒玩偶中的一种，制作方法类似。但所做的纸筒要小，能套到手指上，如图 1-146 所示。

图 1-145

图 1-146

（4）纸袋玩偶：制作方法是将纸袋压平倒置，将玩偶的头部、面部设计在纸袋的底部，身体部分在纸袋上，四肢可经过剪贴的方式组合上去，如图 1-147 所示。

（5）纸杯娃娃：在纸杯上进行剪贴、卷折、绘画、组合而制作的玩偶，如图 1-148 所示。

图 1-147

图 1-148

三、纸雕制作实例

（一）纸浮雕制作范例：《花》

纸浮雕作品《花》的制作步骤如图 1-149 所示。

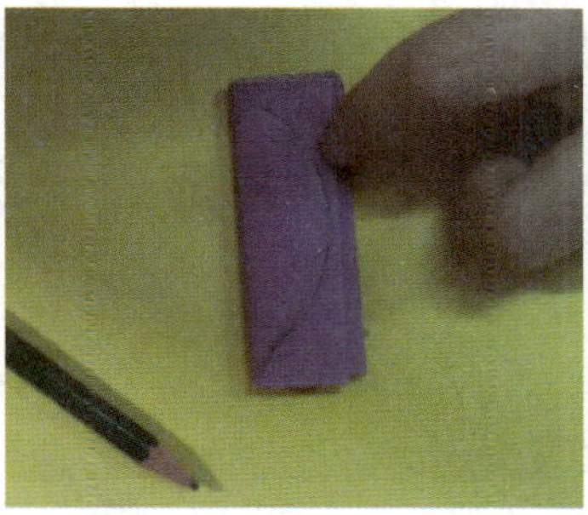

（1）

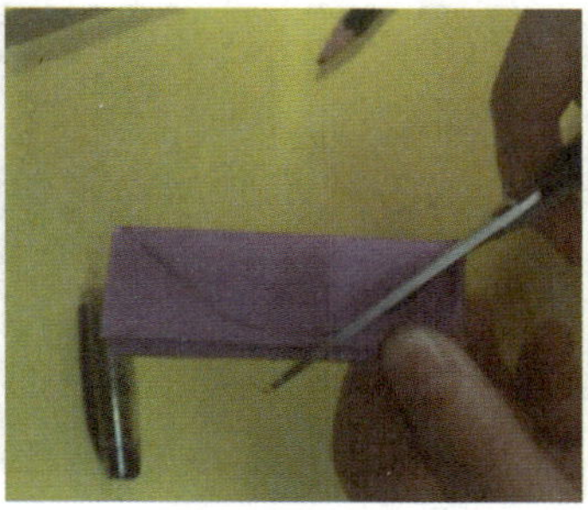

（2）

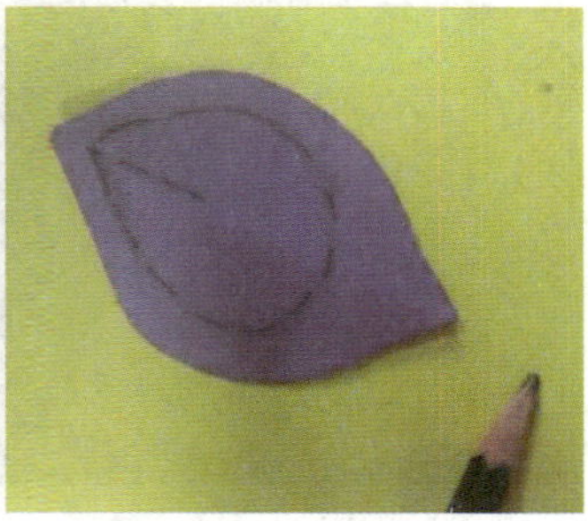

（3）

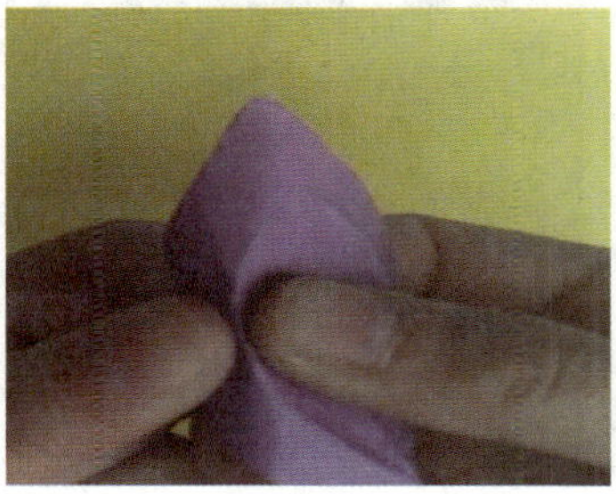

（4）

（5）

（6）

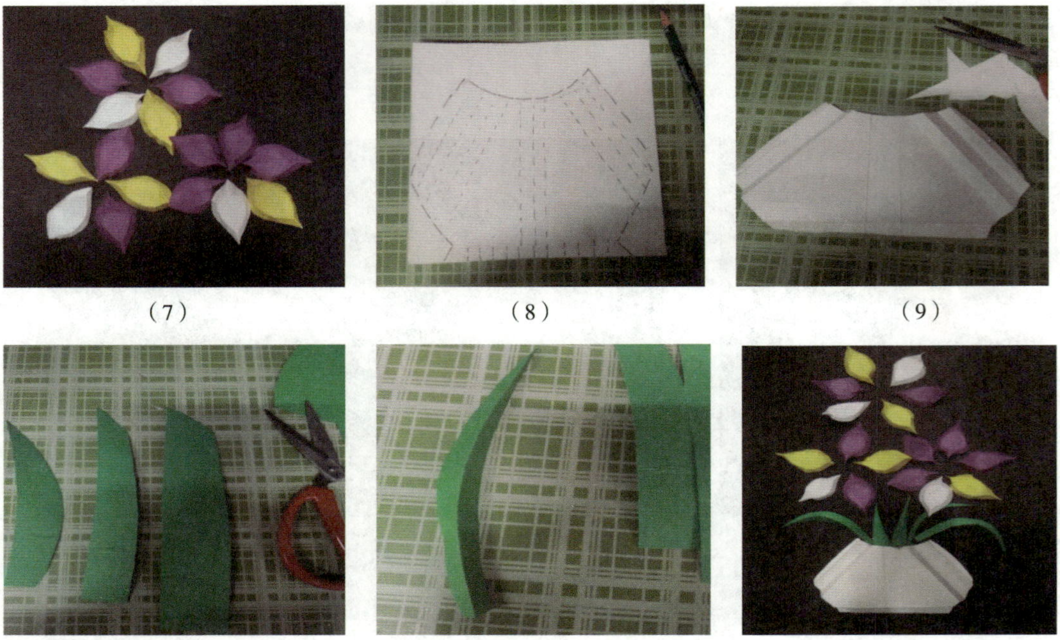

（7）　（8）　（9）

（10）　（11）　（12）

图 1-149

（二）纸圆雕制作范例：《二十面体》

纸圆雕作品《二十面体》的制作步骤如图 1-150 所示。

（1）　（2）　（3）

（4）　（5）　（6）

图 1-150

四、纸雕作品欣赏

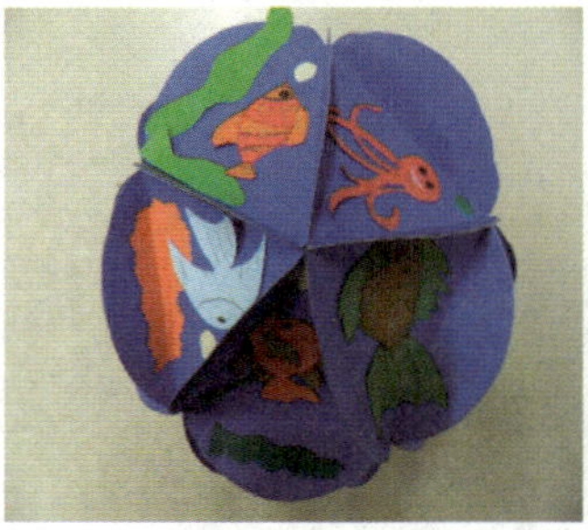

我们的探索室就
像一棵“智慧之树”，
树上结满了“智慧之
果”。
吃到智慧之果可不是那么容易
的哦，一定要用你的眼睛去看一看，用你
的耳朵去听一听，用你的小手去动一动。
“跳”起来吧，去摘一摘离你最近
的那个“智慧之果”！

思考与操作

1. 请用所学的半立体纸浮雕的技法为幼儿园小班班级设计一个以“我上幼儿园了”为主题的墙面。要求作品颜色鲜亮跳跃，形象活泼生动，内容丰富有趣，富有一定的教育意义。

2. 综合应用立体纸雕塑技法，制作一个《小红帽》故事的场景及相关人物。要求将所有的图案造型通过合理的搭配，组合成场景；并且作品色彩鲜艳、造型生动，符合幼儿心理特点。

第二章 布材料手工制作

本章导读

本章教学内容涉及的是布质材料在玩教具及环境装饰中的应用，主要包括了解布类粘贴画、布类立体造型、布艺花卉的性质特点，掌握一些布艺手工制品的制作方法和步骤，培养学习者对布艺手工制作的兴趣，激发学习者利用所掌握的知识和技能主动地进行多种艺术创作。在进行布艺制作的过程中，应充分地利用各种布材料的原有属性，创作出构思巧妙、个性鲜明、具有时代气息和与儿童生活、学习息息相关的作品。

教学准备

工具：剪刀、针线、尺子、圆规、粉笔、铅笔、马克笔、颜料、双面胶、透明胶带等。

材料：各色棉、麻、雪纺、丝绸、纱、针织、牛仔、氨纶等不同面料的布、不织布以及毛线、丝带、手套、毛巾、袜子、鞋垫等相关布制品；PP 棉、纽扣、钉珠等配饰。

经典作品欣赏

1. 山西布老虎

布老虎（图 2-1）是一种古代就已经在中国民间广为流传的工艺品，它还是很好的儿童玩具、室内摆设、馈赠礼品及个人收藏品。布老虎品种繁多，流传广泛，是一种极具乡土气息的民间工艺品。在中国人心里，老虎是驱邪避灾、平安吉祥的象征，而且还能保护财富。

布老虎寄托着人们对美好生活的向往与追求，因此一直受到人们的广泛喜爱。农历五月初五端午节期间，民间盛行给儿童做布老虎，或者用雄黄在儿童的额头画虎脸，寓意健康、强壮、勇敢。布老虎的形式多种多样，有单头虎、双头虎、四头虎、子母虎、情侣虎、布老虎枕头、套虎等。

图 2-1

2. 肚兜

肚兜（图 2-2）是民间的传统内衣。肚兜的艺术以刺绣为主，也有贴补花纹的。由于它包括缝、绣、剪裁、造型及色彩构成，因此也属于民间妇女艺术中的综合表现部分。妇女只为情人、丈夫或儿子绣肚兜，她们自用的肚兜一般只以纯色（多为红色）布料做成，略加花边装饰而已。绣给情人的肚兜多以戏曲、神话、传说中的爱情故事为题材以示意；为儿童绣的肚兜则以虎、虎吃五毒、莲（连）生贵子等护生、繁衍主题为内容。

图 2-2

3. 荷包与香袋

荷包（图 2-3）是中国汉族传统服饰中，人们所随身佩戴的一种装零星物品的小包。荷包的造型有圆形、椭圆形、方形、长方形，也有桃形、如意形、石榴形等。荷包的图案有繁有简，花卉、鸟、兽、草虫、山水、人物以及吉祥语、诗词文字都可以有，装饰意味很浓。荷包的前身叫“荷囊”，“荷包”这一名称出现在宋代以后，沿用至今。

在民间荷包中，占相当比重的是香袋（图 2-4）。香袋里装有香草之类的药品，包面上绣制着“五毒”，即蝎子、蛇、蜈蚣、壁虎和蟾蜍。香袋原是五月端午的节令物品，为了防止各种毒虫猖獗，侵害人体，人们相互馈赠，挂在衣襟或帐勾上，以避除“五毒”。就形状来看，香袋有虎形的、鸡形的、如意形的、寿桃形的、蝙蝠形的，以取意于福、禄、寿、喜、吉祥、如意等。富有深厚民族心理基础的绣荷包，在民间文化中，显示着旺盛的生命力。

图 2-3

图 2-4

精讲分析

布材料，简称布料，花色繁多，种类丰富，被广泛地应用于服装与环境装饰中，由于其柔软、能拉伸、有韧性、可清洗等特点，也常被用于制作儿童玩具和家居用品中。

布材料的制作也被称为布艺，在我国有着悠久的发展历史，是我国民间传统手工艺之一。进行布艺手工制作的主要方法有画、剪、缝、绣、粘贴、层叠、染色、填充等，造型方式有平面和立体之分。但因布材料较纸材料柔软、有韧性，造型时更随意，变化也就更多，作品形式多样、形象生动，很适合用于儿童活动环境的装饰和玩教具的制作。

第一节 布类粘贴画

一、布类粘贴画简述

布类粘贴画简称布贴画，它的制作是一种古老的民间贴补工艺，也是民间美术艺术的一种形式。布贴画又叫工艺品布贴画、布堆画、布贴花、布摞花，还叫拨花、补花。布贴画历史悠久，广泛流传于民间，不仅色彩丰富鲜艳，剪贴的边线也明朗整洁，形象鲜明。

布贴画的制作材料主要是各色布。通过造型、剪贴而制成的布贴画，或人物，或动物，或景致，或故事，内容丰富。它既可以独立为图，也可以组合成画，做法多变，画面美丽。对于能熟练使用剪刀的儿童来说，布贴画的操作既简单又新颖有趣，是一项适合培养他们的动手能力和创造能力的美工活动。

布贴画制作方法简单，主要是造型、剪和粘贴，作品是平面的比较多，也可以通过层叠和线绣等方法增强作品的立体感。所使用的工具也易于准备，有剪刀、胶（白乳胶、热熔胶、双面胶等）、样纸、画笔即可。

二、基本技法及制作范例

（一）布贴画的制作方法

1. 材料和工具

材料：各种花色的纺织布。

工具：针、线、剪刀、胶水。

2. 制作步骤（以人物为例）

（1）造型。确定自己要制作的形象，并在纸上画好图样（图 2-5）。

图 2-5

（2）选择用料。根据造型的需要选择相应质地的布料（图 2-6），如女孩的面部使用浅粉的棉布，头发选用黑色绒布，衣群是花色棉布，还有一些简单的装饰物。

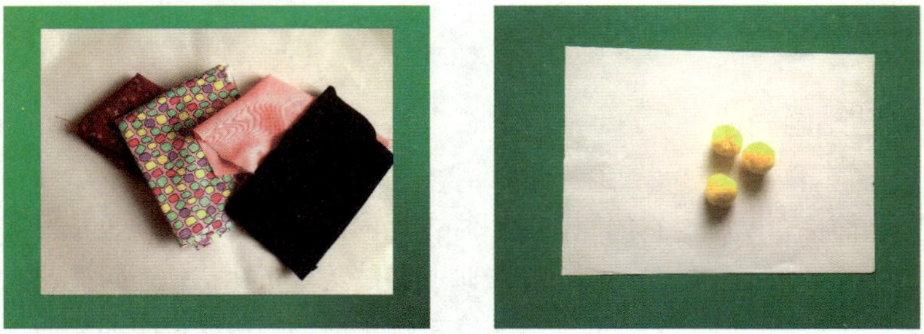

图 2-6

（3）制作布贴片。把事先画好的形象剪下来，正面贴上双面贴，粘在布的反面，然后用剪刀沿形象的轮廓线剪下来（图 2-7）。

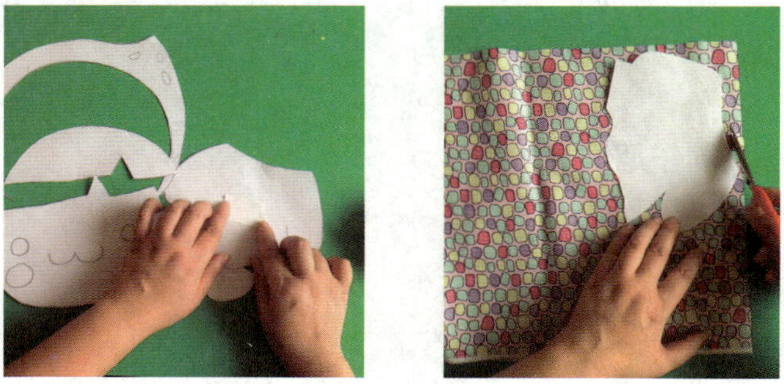

图 2-7

（4）组合粘贴。把剪好的布贴片按照之前设计的形象组合粘贴在一起（图 2-8）。

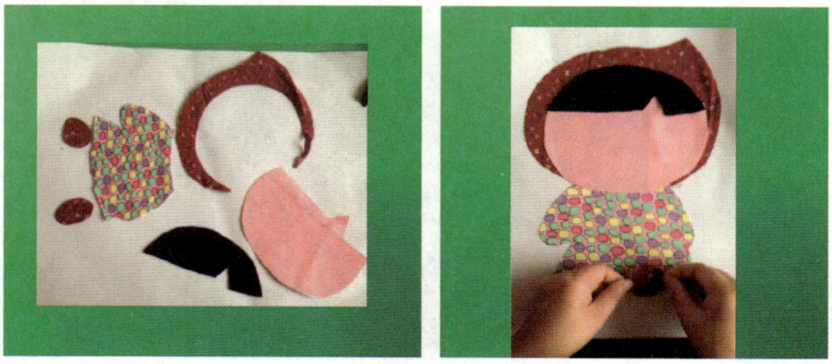

图 2-8

（5）添画细节，完成作品。在粘贴好的图上用记号笔画出人物的五官及身上的装饰，作品完成（图 2-9）。

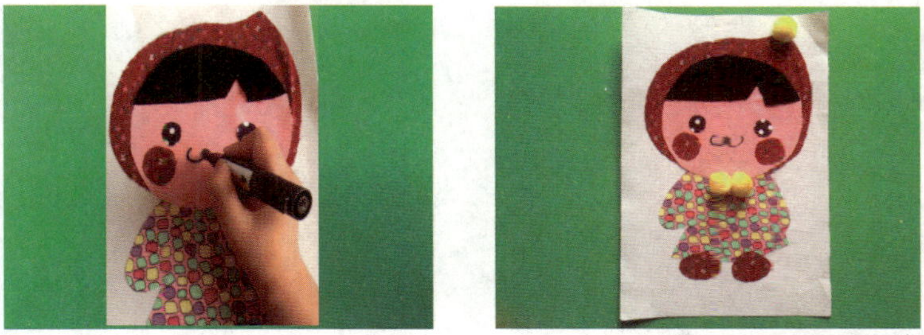

图 2-9

（二）不织布添画的制作方法

不织布即无纺布，它是一种不需要纺纱织布而形成的织物，因具有布的外观和某些性能而称其为布。无纺布制品色彩丰富、鲜艳明丽、时尚环保、美观大方，图案和款式多样。

近年来，不织布越来越受到人们特别是年轻人的青睐。不织布材料特别，比一般的布要厚和硬，不会出现棉布掉线等情况，剪裁和缝制也很方便，且不织布做出来的东西可爱逼真，送礼可以表达心意。

不织布添画制作简单易学，特别适合幼儿园孩子进行手工制作。以下是以“春天来了”为主题的不织布添画制作。

1. 材料和工具

材料：各色不织布。

工具：白卡纸、剪刀、固体胶、铅笔、记号笔、颜料。

2. 制作步骤

（1）确定主题，绘制各种花朵和草叶的纸样图（图 2-10）。

图 2-10

（2）将纸样图复制到不织布上，剪出花朵和草叶的轮廓（图 2-11）。

图 2-11

（3）将制作好的各种花朵和草叶按照一定的构图摆放在准备好的底板上，用胶粘牢固定（图 2-12）。

（4）在底板上添画小草、鸟儿、太阳、白云等内容，完善画面，完成制作（图 2-13）。

图 2-12

图 2-13

（三）毛线贴画的制作方法和步骤

毛线贴画是布贴画的一种，制作步骤大致相同于布贴画，不同在于所使用的粘贴材料是线性材料，在塑造形象时要有一定的方法，制作者要根据制作画面的效果进行合理的选择运用。

1. 制作方法

（1）条形粘贴：用毛线按照横向或纵向的纹路一条挨着一条进行粘贴，此方法适合进行大面积画面的粘贴（图 2-14）。

（2）圆形粘贴：将毛线绕成线圈进行粘贴，此方法适合粘贴圆形或近圆形的画面（图 2-15）。

图 2-14

图 2-15

（3）曲线粘贴：综合了条形和圆形粘贴的特点，根据画面的形状而变化粘贴纹路，此方法适合不规则形状的粘贴（图 2-16）。

（4）线型粘贴：用一条单线进行粘贴，此方法多用于勾勒物体的外形轮廓（图 2-17）。

图 2-16

图 2-17

（5）絮状粘贴：将毛线剪碎成絮状，常用于具有蓬松感和特殊要求的画面粘贴（图 2-18）。

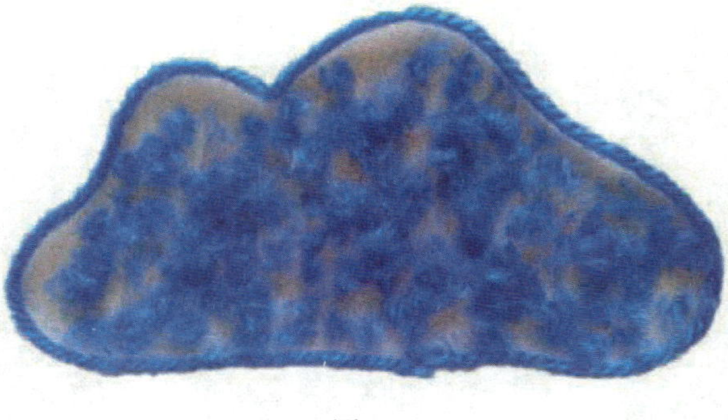
图 2-18

2. 制作步骤（以热带鱼为例）

（1）确定制作主题，并在底板上画出整幅作品的图样，注意底板的选择要有一定的厚度或硬度（图 2-19）。

（2）选择粘贴区域，涂上胶水或粘上双面胶，选择合适的粘贴方式进行构图（图 2-20）。

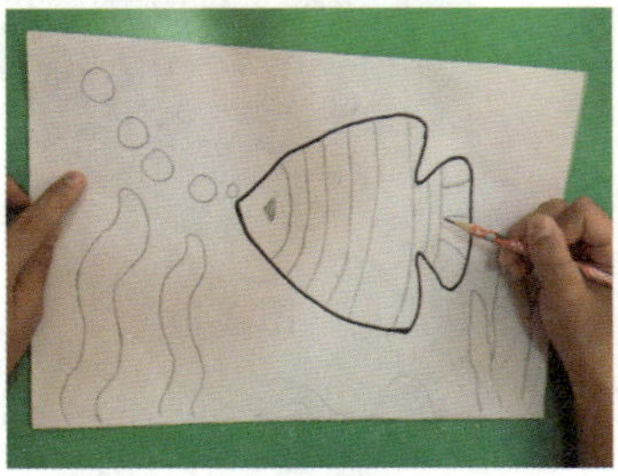

图 2-19

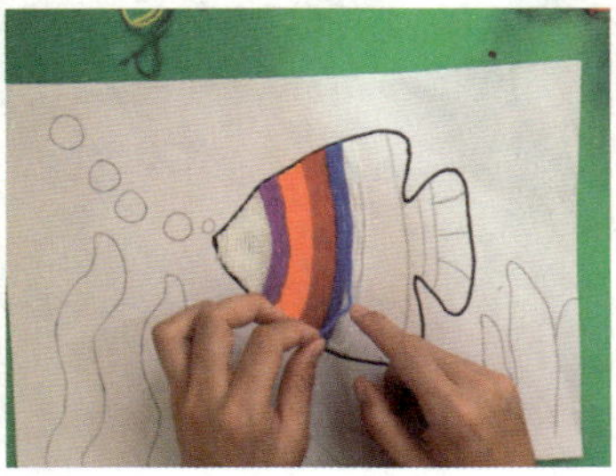

图 2-20

（3）用吹风机的冷风微风将画面吹干（图 2-21），或将作品放在阴凉通风处晾干，作品完成（图 2-22）。

图 2-21

图 2-22

三、布类粘贴画作品欣赏

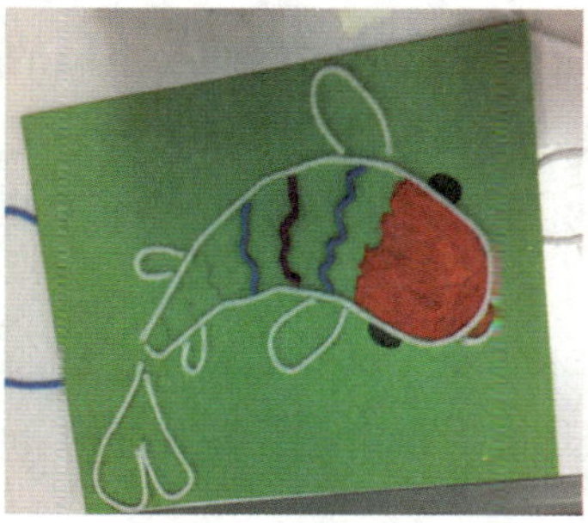

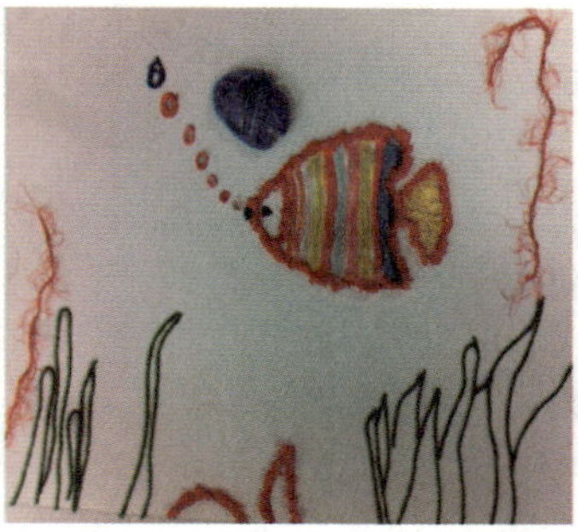

思考与操作

1. 在了解布贴画的基本特征、制作的基本方法、步骤的基础上，结合生活经验，尝试制作一些形象鲜明的布艺作品，体验布艺制作的乐趣。

2. 以“海底世界”为主题创作一幅布贴画。要求造型生动有趣，色彩搭配合理，可以根据需要适当添画。

3. 根据平面布艺作品的造型和色彩特征，尝试使用不同的布材料创造性地进行粘贴组合，要求作品能巧妙运用布材料的各自属性，以体现布制作品的独特性和应用性，并能使作品与教学实际相结合，提高布艺作品在教学活动中的实效性。

第二节　布类立体造型

一、布类立体造型简述

布类的立体造型是最能展现布材料在手工制作中无所不能的优越性能的。早在我国古代，民间在布类材料的立体造型上就有着卓越的发现，如刺绣，只用一根细细的丝线，在银针的牵引下先后、上下、左右、深浅地在平面的布上穿插，通过时间与空间的变化，使得画面层次分明、凹凸有致，形成了极强的立体感。但因布材料柔软、不易定型等属性，在进行布材料的立体造型时要使用和借助一些特定的手法和辅材，因此，布艺的立体制作也是人们创作智慧与技法的集中体现。

布艺的立体制作材料使用的范围很广，所有的纺织布、不织布、毛线甚至是布类的成品、半成品都可以用来进行制作，制作方法主要有缝制、填充、框表等，制作工具也很常见，有剪刀、针线、镊子、画框等，比较容易准备。

二、基本技巧及制作范例

（一）废旧布材料的立体造型

利用废旧材料进行手工制作，其价值体现在“变废为宝”的再创作中和“使旧焕新”的环保意识的传播上。一块废弃的布头、一截捡来的丝带、一双不用的鞋垫、一条用旧的毛巾……在心思灵动的制作者手中都能重放光彩，再具价值。因此，因地制宜地使用废旧材料，通过废旧材料和废旧物品的特性加上个人的思维想像创造设计出能配合教育教学活动，满足教育教学需求的玩教具，是每一名幼儿教师应该掌握的技能技巧。值得一提的是，在用废旧物品进行玩教具制作之前一定要考虑到使用材料的安全性，尤其是要符合幼儿使用卫生方面的要求。废旧布材料的使用也是如此，使用前一定要清洗干净，有的材料甚至需要经过消毒处理后才能使用。

1. 布玩具的制作（以玩偶星星为例）

（1）材料和工具

材料：黄色的布（棉布、绸缎都可）、黑色纽扣两粒、PP 棉。

工具：画笔、剪刀、针线、白纸。

（2）制作步骤

①在白纸上画出要制作的星星玩具的平面图（图 2-23）。

②剪下图样并附在布料的背面，将星星的轮廓图样描绘在布上（图 2-24）。

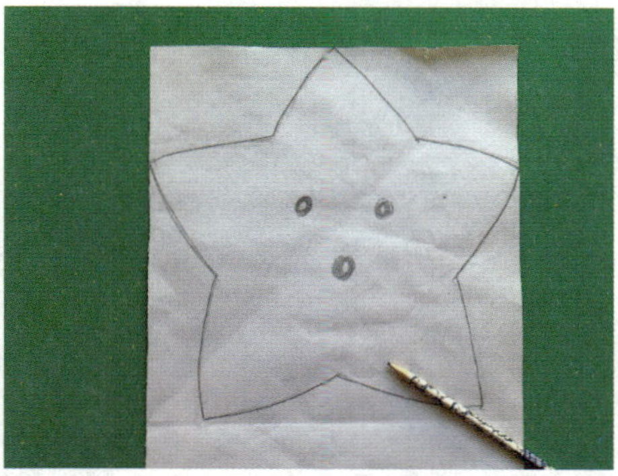

图 2-23

图 2-24

③按轮廓剪下制作成布片（需要两片，注意正反面）（图 2-25），在其中一片的正面订上纽扣（图 2-26）。

图 2-25

图 2-26

④将剪下的两片布洋正面相对用针线缝在一起，并在结束处留 3 厘米长的距离不缝，做成星状的口袋（图 2-27）。

图 2-27

⑤把缝好的布片从预留的缝口处翻过来，在制好的“口袋”中填充 PP 棉（图 2-28、图 2-29）。

图 2-28

图 2-29

⑥填充好后，将预留的缝口缝合（图 2-30），整理各个角，完成作品（图 2-31）。

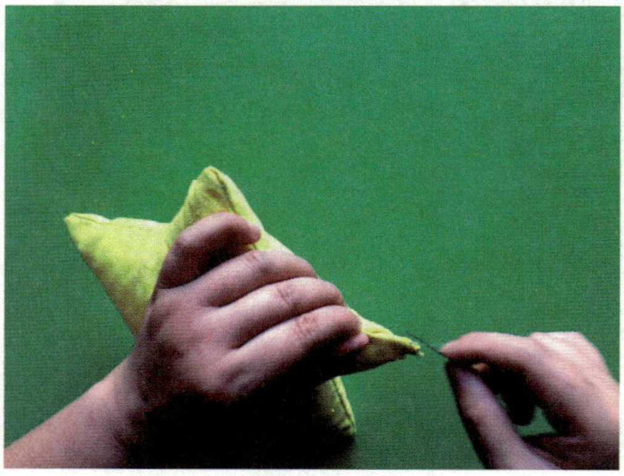

图 2-30

图 2-31

2. 布质废旧物品的立体造型（以“可爱的水母”为例）

（1）材料和工具

材料：白色棉质手套、一次性餐盘等。

工具：颜料、颜料刷、剪刀、大头针。

（2）制作步骤

①一次性餐盘从中间部分剪开，变成两个半圆（图 2-32），在鼓起的一面涂上各种颜色，并添画上五官（图 2-33）。

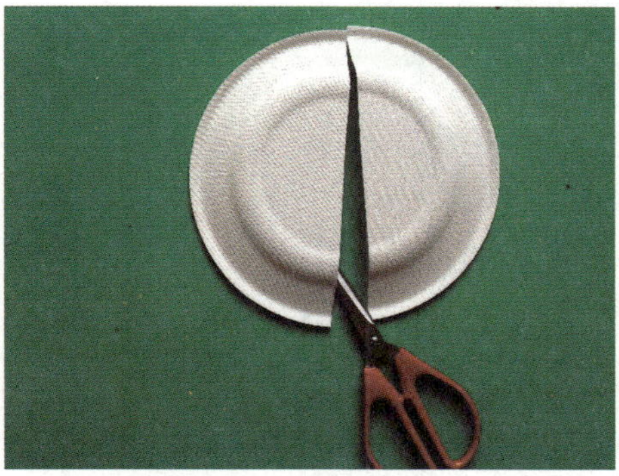

图 2-32

图 2-33

②将白色棉质手套平铺好后，在朝上的一面刷上各种颜色（图 2-34），晾干，做“水母”的腕足（图 2-35）。

图 2-34

图 2-35

③将画上五官的半圆形盘子当作“水母”的冠状身体与腕足连接在一起（图 2-36、图 2-37）。

图 2-36

图 2-37

④制作成“水母”形象（图 2-38、图 2-39）。

图 2-38

图 2-39

（二）不织布的立体造型

不织布相对普通纺织布较为平实、挺括，较好定型，手工制作上更为理想，因此，在玩教具的制作上也可以充分发挥这些优势。

同纺织布一样，不织布的立体造型也多通过缝制、填充来完成，在缝制的过程中，针法的运用起到的不仅是缝合作用，有时更多展现的是装饰作用，因此，制作者对不织布的针法应有一定的了解。

1. 不织布的常用针

（1）接针绣针法：常被用到的针法之一，如图 2-40 所示。

（2）回针绣针法：熟练使用回针缝法的人常常能缝出一个很漂亮的不织布图案，具体针法如图 2-41 所示。

图 2-40

图 2-41

（3）卷边绣针法：在不织布制品的缝合时，常会用到的一种针法，如图 2-42 所示。

（4）锁边绣针法：这种针法在不织布制作时使用也非常广泛，如图 2-43 所示。

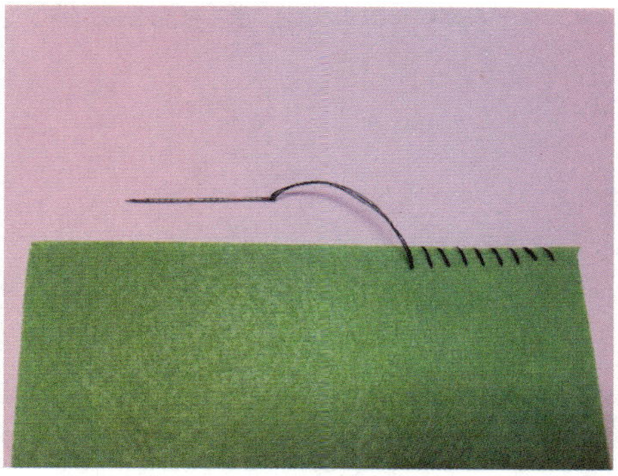

图 2-42

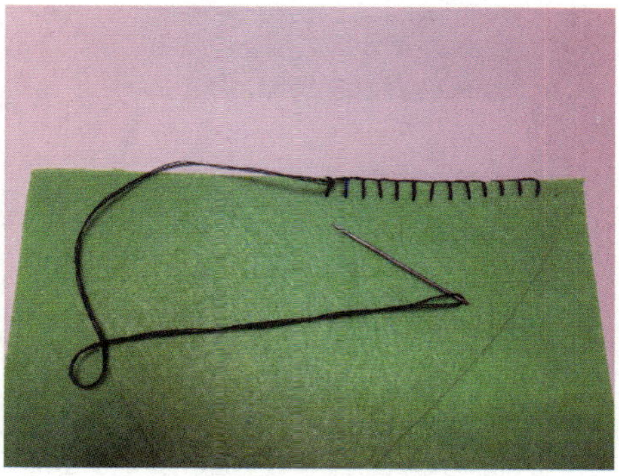

图 2-43

2. 制作步骤（以“长颈鹿”为例）

（1）在白纸上画出所制作动物的分部图（图 2-44）。

图 2-44

（2）选择不同的不织布，将分部图案复印到上面（图 2-45），并沿轮廓剪下（图 2-46）。

图 2-45

图 2-46

（3）在动物面部的一面用贴布绣的方法分别绣上动物的鼻子、眼睛、嘴巴、耳朵的内层等（图 2-47、图 2-48）。

图 2-47

图 2-48

(4) 把制作好的长颈鹿的面部与另一片同样大小的布片用锁针法缝合（图 2-49），缝至一半时，边缝边填充 PP 棉（图 2-50）。

图 2-49

图 2-50

(5) 继续填充 PP 棉进去，保持动物各部分的饱满（图 2-51），然后完全缝合，稍加装饰完成作品（图 2-52）。

图 2-51

图 2-52

（三）毛线的立体造型

毛线的立体制作不同于布类的立体造型，不能直接通过缝制和填充完成。在制作前可以用一些特殊的方法先增加毛线的立体性，再用于制作，以下介绍的是几种常用的方法。

1. 基本技法

（1）编：将毛线分成几根一股，三股或以上编制成小辫（图 2-53）。

（2）拧：编的另一种方法，用两股线缠绕在一起（图 2-54）。

图 2-53

图 2-54

（3）结：即打结，取几根毛线为一束，在上面打结，形成疙瘩状突起（图 2-55）。

（4）束：也就是扎，把几根甚至是更多根毛线用线扎在一起，有长束和短束之分（图 2-56）。

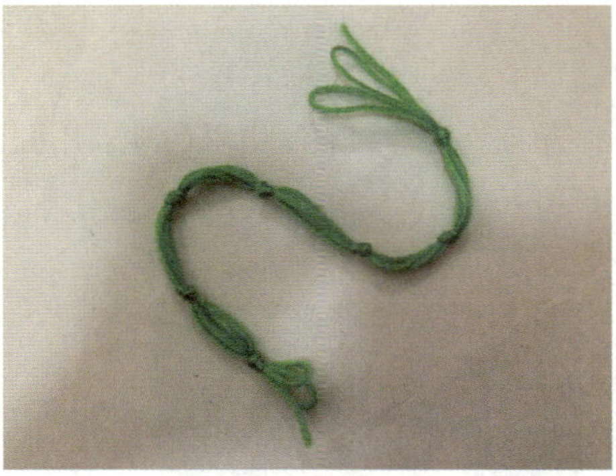

图 2-55

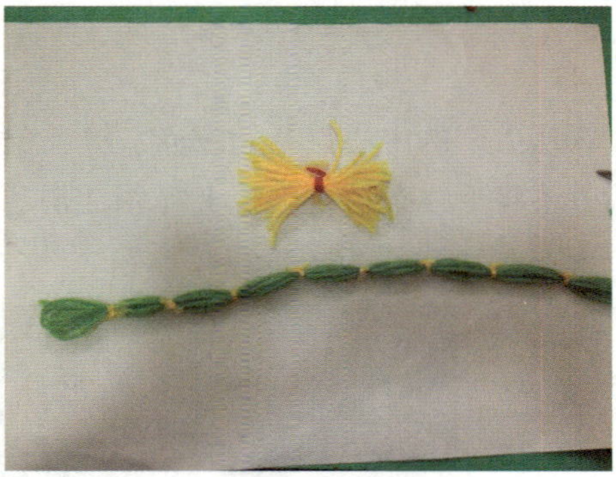

图 2-56

（5）织：将毛线编织或钩织成片，再通过缝制和填充进行造型（图 2-57）。

（6）结网：把毛线编结成网，常用于室内悬挂物品或装饰（图 2-58）。

图 2-57

图 2-58

2. 毛线玩具的制作（以“美丽的太阳”为例）

（1）材料和工具

材料：各色毛线。

工具：白板纸、白乳胶、即时贴、细铁丝、刻刀。

（2）制作步骤

①在 KT 板上画出太阳的形状，用刻刀刻下（图 2-59）。

②将各色毛线取相同颜色拧成粗细相同或不同的条待用（图 2-60）。

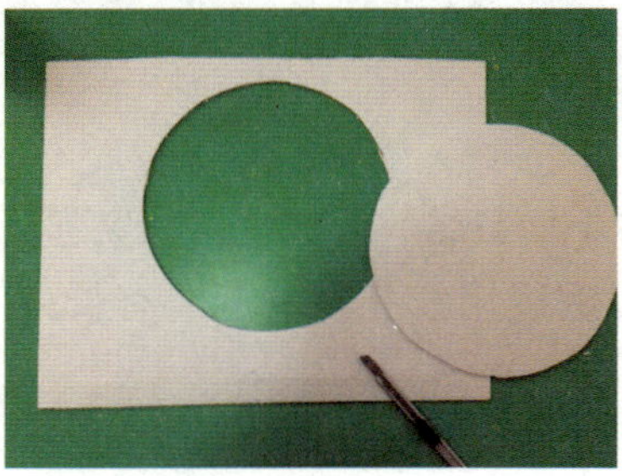

图 2-59

图 2-60

③从太阳的中心点开始按赤、橙、黄、绿、青、蓝、紫的顺序由里向外，用圆形粘贴的方法将毛线条粘在纸板上（图 2-61、图 2-62）。

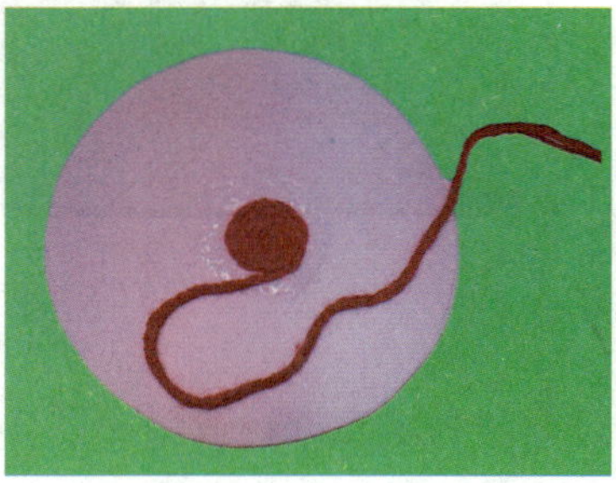

图 2-61

图 2-62

④取各色毛线（用相同颜色和混合颜色都可）编成一条条小辫（图2-63），再穿入细铁丝，做成各色的“太阳光”（图2-64）。

图2-63

图2-64

⑤将“太阳光”用宽胶带粘在KT板后，随意弯成光的造型（图2-65），最后用黑色即时贴剪出太阳的“眼睛”、“鼻子”和“嘴巴”，完成制作（图2-66）。

图2-65

图2-66

三、布类立体造型作品欣赏

思考与操作

1. 掌握布艺立体造型的基本技法——缝制，了解缝制中的一些常用针法，区分各种针法的不同。

2. 利用缝制和填充等技法制作一件玩教具或是生活用品，体会布艺制作在生活中的作用，激发制作兴趣和创作热情。

3. 尝试将纺织布、不织布和毛线的立体制作相结合，运用到幼儿园环境创设的实践中去，并能充分利用废旧物品进行创作。

第三节　布艺花卉

一、布艺花卉简述

花朵是大自然赐予我们美的精灵，它们形态各异、色彩绚烂；它们摇曳多姿、芳香四溢，带给人们美的感受，陶冶着人们的审美情趣。现代人爱花、恋花，更希望生活如花般灿烂，布艺花卉就是这一希望的体现。人们用一块块花布经过简单的捏、缝、叠、粘，制作出布艺花卉，这些布艺花朵不但能够点缀房间，也能够做成各种发饰或胸花，还能够运用到玩教具的制作和活动室的装饰中。

布艺花卉常见的有布质花（包括纺织布与不织布）、丝带花和丝网花，制作方法简单但各有侧重，其中布质花在制作上使用较多的是缝的技术，丝带花重点在组合上，而丝网花更注重造型的手法。此外，三者在制作材料和工具上也有着明显的不同，以下逐一介绍。

二、基本技法及制作范例

（一）布花

1. 材料和工具

材料：各种纺织布和不织布

工具：针线、剪刀、画笔、白纸。

2. 制作步骤

（1）雪纺向日葵的制作

①在黄色的布上画出圆形（大小与多少自定），并剪下（图 2-67、图 2-68）。

图 2-67

图 2-68

②将一个圆形对折两次后，用针线沿带弧度的边平针缝好（图 2-69、图 2-70）。

图 2-69

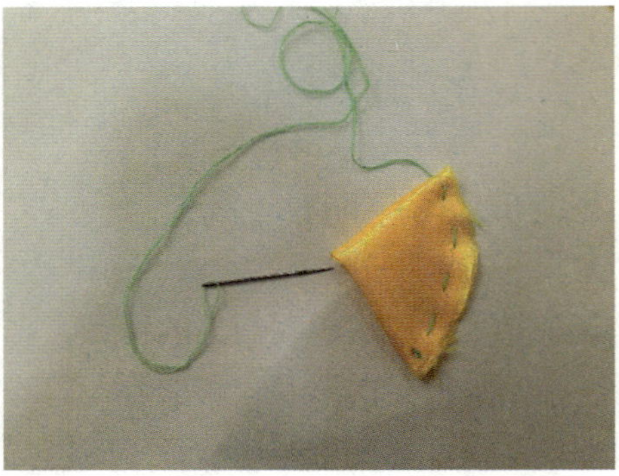

图 2-70

③用同样的方法串起所有对折的圆形（图 2-71）。

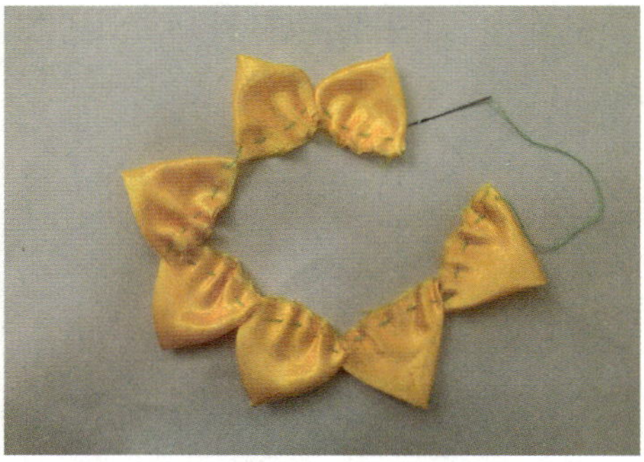

图 2-71

④拉紧线，使边皱起成一个个花瓣，连接两端，用针线固定形成向日葵的花瓣（图 2-72、图 2-73）。

图 2-72

图 2-73

⑤取一块小格子布，剪下一个稍大点的圆，沿圆的边用针线平针缝一圈（图 2-74、图 2-75）。

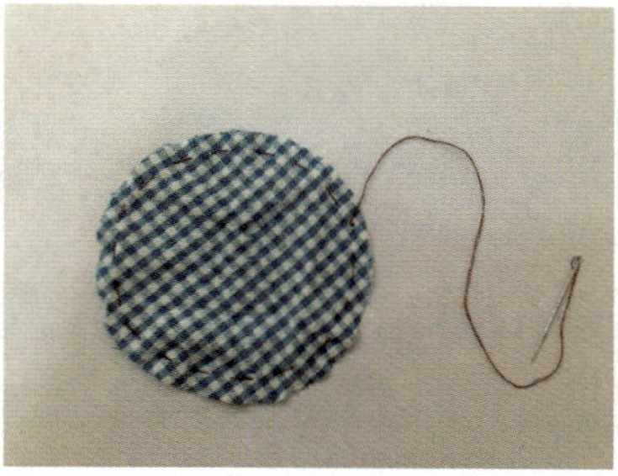

图 2-74

图 2-75

⑥在圆的中间放一些 PP 棉，然后拉紧线，制成向日葵的花盘（图 2-76），将花瓣与花盘缝合，完成制作（图 2-77）。

图 2-76

图 2-77

（2）不织布双层小花的制作

①在选好的不织布上画出花瓣（瓣数自定），剪下（图 2-78、图 2-79）。

图 2-78

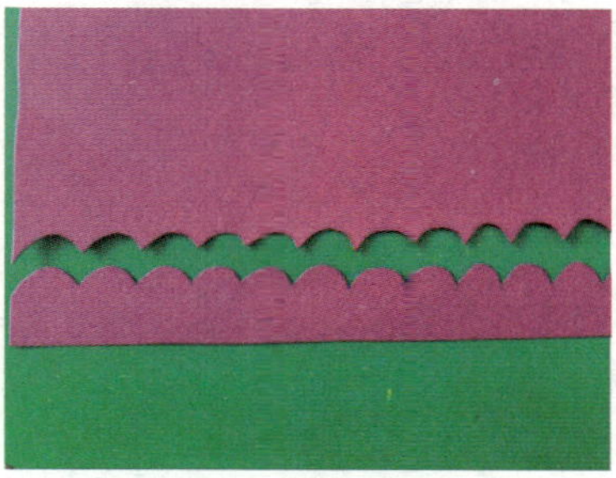

图 2-79

②针线从花瓣下部穿过，拉紧线，使花瓣起皱收缩起来（图 2-80、图 2-81）。

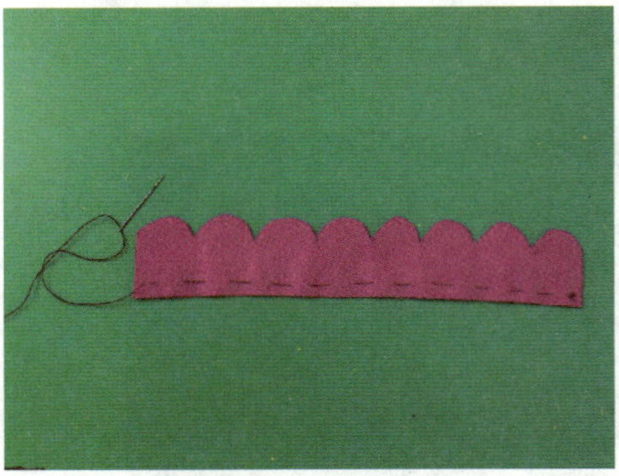

图 2-80

图 2-81

③在两端接头处用针线固定（图 2-82）。

图 2-82

④另剪出较小的花瓣一段（瓣数与前相同），按上面的方法做成较小的花朵（图 2-83、图 2-84）。

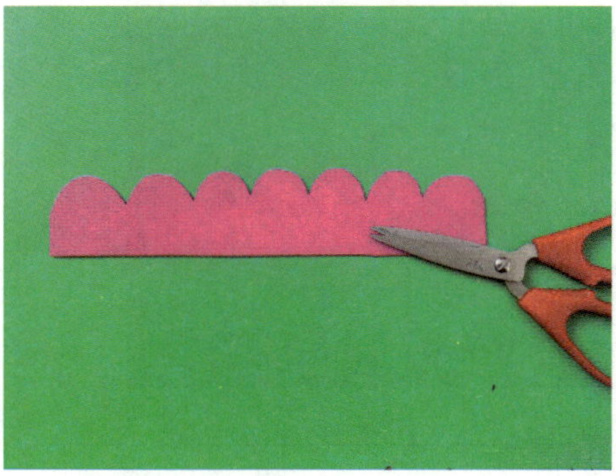

图 2-83

图 2-84

⑤将两朵花缝在一起，稍加点缀，完成制作（图 2-85、图 2-86）。

图 2-85

图 2-86

（二）丝带花

丝带花的制作用料简单，一根根丝带即可，但通过不同的组合，却能变化出千姿百态的花朵来，美不胜收。在这里向大家介绍两种简单的制作方法。

1. 双层丝带花的制作

（1）材料和工具

材料：沙质丝带。

工具：剪刀、针线、白纸。

（2）制作步骤

①首先用白纸剪出与所要制作的小花瓣数相同的多边形，如六瓣就剪成六边形，作为底衬（图 2-87）。

图 2-87

②将丝带按六边形的形状摆好并用针固定（每个转折处翻折一次即可）（图 2-88、图 2-89）。

图 2-88

图 2-89

③两端重合后剪去多余部分，用针线从重合部分开始，沿边缘缝完一圈后，撤掉底板（图 2-90、图 2-91）。

图 2-90

图 2-91

④拉紧线，即收成花朵模样，用针线缝几针以保持形状（图 2-92）。

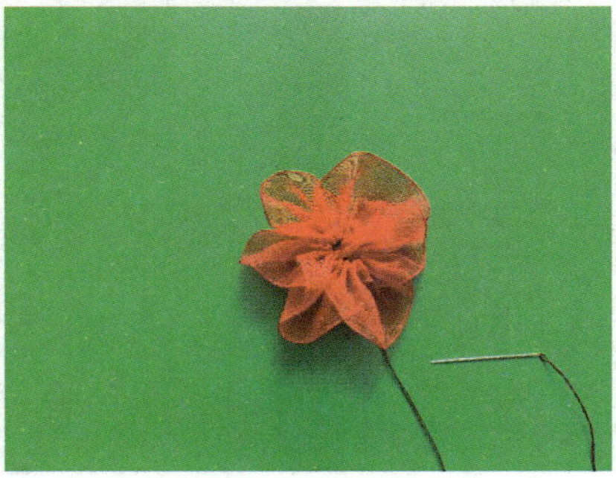

图 2-92

⑤再取同色的丝带一段，90°翻折三次后两端重合（翻折处要用针别住固定），剪去多余部分（图 2-93、图 2-94）。

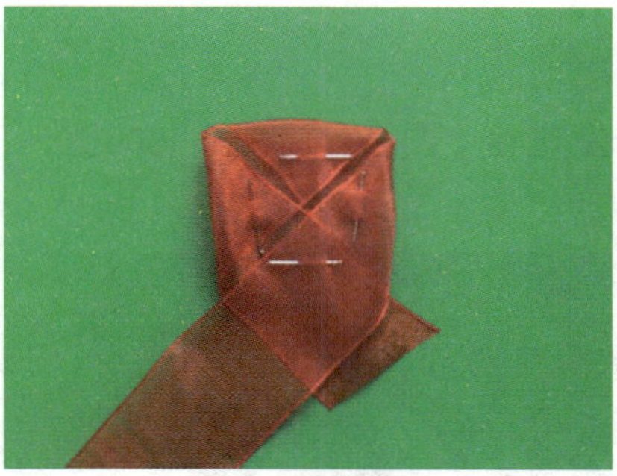

图 2-93

图 2-94

⑥同样用针线沿边缘缝一圈，除去固定的针，拉紧线，使丝带皱起，做成花心（图 2-95、图 2-96）。

图 2-95

图 2-96

⑦将花瓣与花心缝在一起，完成制作（图 2-97、图 2-98）。

图 2-97

图 2-98

2. 丝带玫瑰花的制作

（1）材料和工具

材料：宽丝带。

工具：针线、剪刀。

（2）制作步骤

①将丝带一边对折成三角，然后卷起一半做花心（图 2-99、图 2-100）。

图 2-99

图 2-100

②围着花心将另一半三角向外对折卷起，然后边折边卷（图 2-101、图 2-102）。

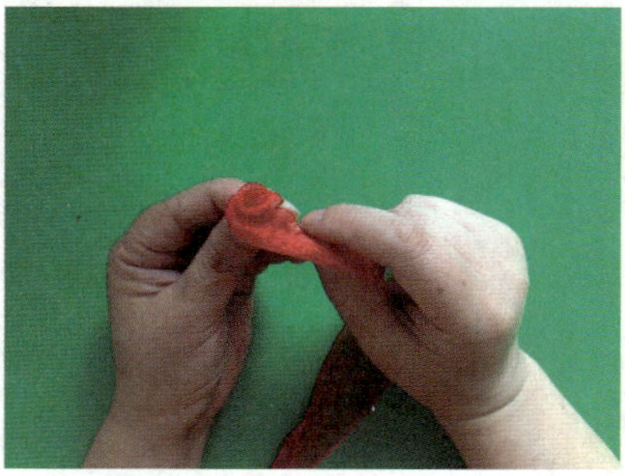

图 2-101

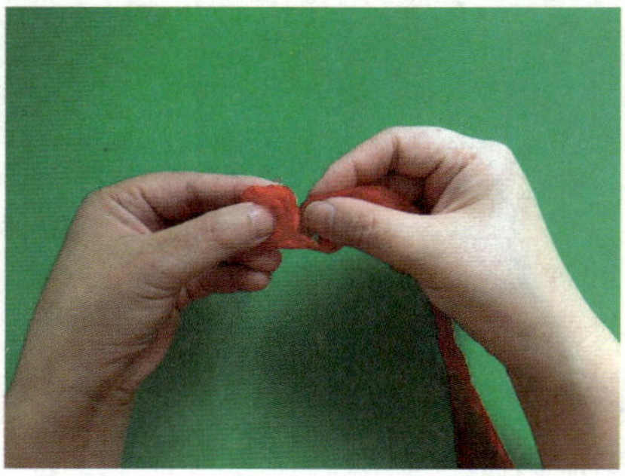

图 2-102

③卷到需要的大小时，剪去多余丝带（图 2-103、图 2-104）。

图 2-103

图 2-104

④在花朵背后缝上几针，固定花朵形状，完成制作（图 2-105、图 2-106）。

图 2-105

图 2-106

（三）丝网花

丝网花源于日本手工艺，以五彩铁丝及丝袜纯手工制作而成，具有极强的质感，花形逼真犹如鲜花一般，欣赏及装饰效果颇佳。

丝网花的材料主要是各色丝网和用于塑形的专用细铁丝，制作简单，易于掌握，而且根据人们不同的感受可以任意变形，往往是一种制作产生多种效果，这是其他仿真花难以做到的。

下面以百合花为例介绍其制作技法与步骤：

1. 材料和工具

材料：浅绿色丝网、银色细铁丝、花蕊（少量）、绿色的花杆、绿色的即时贴。

工具：剪刀、透明胶带、胶水。

2. 制作步骤

（1）制作花瓣：将铁丝套在圆柱形物体上（如有丝网花专用套筒更好），拧成圆圈形状（图 2-107、图 2-108）。

图 2-107

图 2-108

（2）套上丝网，制成花瓣待用（图 2-109、图 2-110）。

图 2-109

图 2-110

（3）制作花心：取深绿颜色的不织布一块，剪出花心形状，用绿色胶布固定在花杆上，制成花心（图 2-111、图 2-112）。

图 2-111

图 2-112

（4）制作百合花瓣：将前面做成圆形的花瓣进行拉伸、塑形，制成百合花瓣形状（图 2-113、图 2-114）。

图 2-113

图 2-114

（5）将花瓣一片一片地围住花心，用弹力线系好后再用绿色及时贴包裹好花托（图 2-115、图 2-116）。

图 2-115

图 2-116

（6）用同样的方法制作好花叶，将花叶与花组合，整理造型，完成制作（图 2-117、图 2-118）。

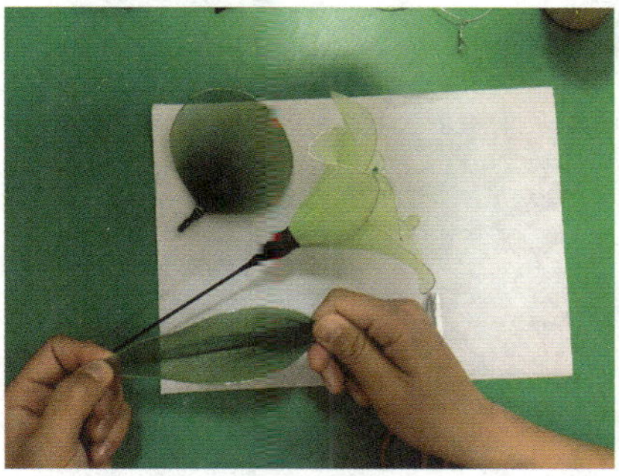

图 2-117

图 2-118

三、布艺花卉作品欣赏

思考与操作

1. 掌握布艺花制作的一些基本技巧，能自己动手制作1~3种布艺花。

2. 了解丝带花的组合变化以及其在日常生活中的作用，尝试用学习到的丝带花的制作技术和对丝带花的认识，积极地发掘丝带花的新制作方法。

3. 更多地了解丝网花，利用丝网花的制作工艺尝试制作各种动植物形象，并能将其运用到实际的教学活动中去。

第三章　泥材料手工制作

本章导读

本章教学内容主要涉及泥材料的制作艺术，先介绍泥材料手工的基础知识和基本技能，再分泥浮雕和泥圆雕两节介绍其塑造方法。建议在熟悉泥材料特性的基础上熟练掌握泥材料手工制作的基本技能，丰富审美经验，体验自由表达和创作的快乐。在泥材料手工制作过程中，要充分发挥想象力、创造力，能根据不同泥材料的特点进行立体或平面造型，要求作品表现技法精练，制作细致，造型美观、生动，色彩搭配恰当。

教学准备

材料：自然黏土、纸陶土、软陶、面包土、多彩面粉泥、橡皮泥、超轻黏土等。

简单工具：各种刀类，如竹刀、剪刀、刻刀、切刀、刮刀等（图 3-1）；模具，如各种动物、植物、碗勺状、蛋糕机、各种基本形状等（图 3-2）；辅助材料，如垫板、牙签、湿布等。

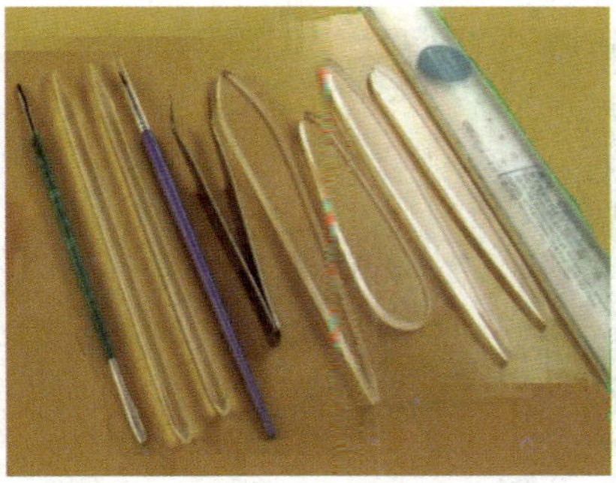

图 3-1

图 3-2

名家作品欣赏

1.《金童玉女》和《老渔翁》

无锡著名传统民间彩塑艺术品。《金童玉女》（图 3-3）获首届中国国际民间艺术博览会金奖，《老渔翁》（图 3-4）获全国旅游产品天马奖。无锡惠山泥人相传已有 400 多年历史，因采用惠山山麓黑泥制作而得名。无锡惠山泥人厂生产的泥塑造型质朴、简练、和谐，色彩明丽，具有浓郁的乡土气息和江南风情。在产品的品种上主要分为“手捏戏文”和“印模泥玩具”两大类。它们做工细致、造型优美、色彩绚丽，注重对人物性格、表情的塑造，富有浓厚的乡土气息，深受人们的喜爱。

图 3-3

图 3-4

2.《惜春作画》（图 3-5）和《踏雪寻梅》（图 3-6）

天津泥人张彩塑作品。作者张景祜，是泥人张第三代传人，先后受聘于中央美院、中央工艺美院任教，在天津建立泥人张彩塑工作室。泥人张彩塑属于室内陈列性雕塑，一般尺寸不大，高 40 厘米左右，可放在案头或架上，故又称为架上雕塑、彩塑艺术。泥人张彩塑作品取材广泛，塑造人物生动，塑与绘的结合使作品更具生命力，其艺术地

图 3-5

图 3-6

位获得国际认可。泥人张经过几代人的传承，俨然成为中国泥塑艺术的又一个高峰。泥人张彩塑创作题材广泛，或反映民间习俗，或取材于民间故事、舞台戏剧，或直接取材于《水浒传》《红楼梦》《三国演义》等古典文学名著。所塑作品不仅形似，而且以形写神，达到神形兼具的境地。泥人张彩塑是一种涉及面极广、运用于各种环境装饰的艺术形式，有着服务社会、美化环境的重要作用。

3.《坐虎》（图 3-7）和《虎娃》（图 3-8）

陕西凤翔彩绘泥塑作品，为陕西省宝鸡市凤翔县的一种民间美术，当地人称“泥货”。凤翔彩绘泥塑是有着数千年历史的传统民间手工艺美术品，是民间艺人手工制作，以创作毛稿制模、团坯、粘合成型，经精抛、彩绘、勾线、装色、上光等数十道工序精制而成。凤翔彩绘泥塑形态逼真，粗犷夸张，简练概括，色彩大红大绿或素描。其种类主要是挂虎、坐虎、卧牛、吉虎、十二属相、五毒、鹿羔、鹦鹉等玩具类，以及八仙、三国、西游记等神话民俗类。凤翔泥塑汲取了古代石刻、年画、剪纸和刺绣中的纹饰，造型夸张，色彩鲜艳，深受人们喜爱。

图 3-7

图 3-8

精讲分析

泥工材料品种繁多，具有可操作性，富有变化性，是美工活动的重要组成部分。小小的一块泥，运用搓、捏、压、划、戳等技能，或辅以简单工具，就可以制作成栩栩如生、鲜明生动的艺术形象。在幼儿园里，泥工活动的开展深受幼儿的喜爱，因为玩泥是幼儿的天性，动手动脑，既能锻炼手眼协调能力，又能发展想象力和创造力。孩子们在玩泥中体验游戏与创造的快乐。

第一节 泥材料手工基础

一、泥材料手工简介

泥材料手工，简称泥工，也叫泥塑，俗称泥玩，是雕塑的一种。泥工是我国一种古老常见的民间艺术，它是以自然黏土或可塑性较强的泥为原材料，以手工捏制成形，还可以借助多样化的简单工具加以修剪、塑造造型的一种艺术活动。

（一）泥工的起源与发展

我国泥塑艺术历史悠久，泥塑的先驱之作可以追溯到距今4000~10000年前的新石器时代。浙江河姆渡文化遗址出土的陶猪、陶羊时间为6000~7000年前（图3-9），河南新郑裴李岗文化遗址出土的古陶井及泥猪、泥羊头时间约为7000年前，可以确认是人类早期手工捏制的艺术品。自新石器时代之后，中国泥塑艺术一直没有间断，发展到汉代已成为重要的艺术品种。考古工作者从两汉墓葬中发掘了大量的文物，其中有为数众多的陶俑、陶兽、陶马车、陶船等。

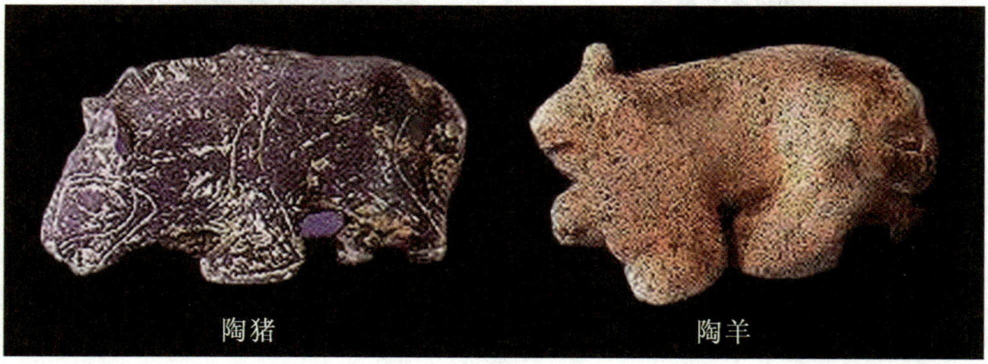

图3-9

两汉以后，中国大地宗教盛行，出现多元化发展的现象。道教不断繁荣发展，佛教慢慢开始传入。由于各类宗教奉祀活动的需要，社会上的道观、佛寺、庙堂兴起，直接促进了泥塑偶像的需求和泥塑艺术的发展。到了唐代，雕塑艺术发展达到了顶峰。最著名的雕塑艺术作品是唐三彩陶俑。唐三彩是一种多色彩（以黄、褐、绿为基本色）的低温釉陶器，它是以细腻的白色黏土作胎料烧制而成，其造型以人物、骆驼（图3-10）、马（图3-11）最为出名。

图 3-10 人物和骆驼

图 3-11 唐三彩，马

泥塑艺术发展到宋代，不但宗教题材的大型佛像继续繁荣，小型泥塑玩具也发展起来，有许多人专门从事泥人制作，作为商品出售。如图 3-12 所示的苏州泥塑童戏像，就是出土的宋代民间小型泥玩。除了泥玩外，宋代常见的泥塑作品的造型还有很多是关于宫廷侍佣的，如图 3-13 所示的北宋的彩塑侍女。

图 3-12 苏州泥塑，童戏像（宋）

图 3-13 彩塑，侍女立像（北宋）

元代之后，历经明、清、民国，泥塑艺术品在社会上仍然流传不衰，尤其是小型泥塑，既可观赏陈设，又可让儿童玩耍，几乎全国各地都有生产，其中著名的产地有无锡惠山、天津、陕西凤翔、河北白沟、山东高密、河南浚县、河南淮阳以及北京。

（二）泥工的分类

泥工可以从多个角度进行分类。根据泥塑作品是否是彩色的可以分为自然土色泥塑和泥彩塑。根据所用泥材料不同可以分为黏土泥塑和彩泥塑。黏土泥塑又可分为自然黏土泥塑和加工黏土泥塑。自然黏土是最传统的泥制作原料。自然黏土泥塑制作出来的作品是泥土本色的，所用材料是大自然中的黏土，如图 3-14、图 3-15 所示。对于自然黏土的选择使用有一些要求，一般选择细腻的、黏度大的、含沙量较少的、无其他杂质的黏土；自然黏土也可以做成泥彩塑，以黏土为原料，先捏制成形等待晾干，再进行简单修整涂上白粉，最后上色涂画而成，如图 3-16 所示。自然黏土在现代美术教学中用的不多了。因为随着现在科技的发展，出现了各种代替自然黏土的材料，如陶土、彩色软陶、纸黏土和树脂黏土（面包土）等。幼儿园常用的黏土是直接购买的经过工业加工装袋后的商品，市场上销售的大部分加工黏土是安全、环保，可以循环使用的。在以黏土为材料的泥工活动中，幼儿通过自由玩黏土，捏塑造型，可以感受到泥的味道、大自然的亲切，体验创造的喜悦。

彩泥塑，即彩色的泥雕塑，指的是用彩色的泥材料如橡皮泥、纸浆泥、超轻黏土、彩色面粉泥等作为加工原材料直接制作而成的泥雕塑。如图 3-17 所示的作品就是用超轻黏土捏制而成。橡皮泥、纸浆泥、超轻黏土和彩色面粉泥都适合在幼儿园使用。

图 3-14 《花》（黏土泥塑）

图 3-15 《春天》（黏土泥塑）

图 3-16 《姑娘》（黏土上色彩塑）

图 3-17 《花》（超轻黏土彩塑）

根据泥塑作品是平面还是立体可分为泥浮雕和泥圆雕。泥浮雕是介于平面和全立体泥作品之间的一类作品，是指对泥材料进行简单立体加工，如刻画、压印、擀平、捏形、造型组合等，使之在视觉上有立体感，但是又附着于背景板的泥材料画作（图 3-18、图 3-19）。泥圆雕是完全立体的泥作品，它不依赖平面背景而存在（图 3-20、图 3-21）。本章第二节、第三节将重点介绍泥浮雕和泥圆雕的制作。

图 3-18　《小鸡小鸭出壳啦》（泥浮雕）

图 3-19　《花》（泥浮雕）

图 3-20　《车子和娃娃》（泥圆雕）

图 3-21　《花和花瓶》（泥圆雕）

二、泥工对幼儿发展的作用

幼儿园泥工活动属于美术教育范畴，是美术教育组成部分之一。泥工活动是幼儿运用手或一些简单的工具进行立体或平面形象塑造的活动。大部分幼儿都非常喜欢参与泥工活动。因为泥工材料色彩鲜艳，质地柔软，可塑性强，可以随意地搓、揉、捏、压、团、压扁、拉等方法来改变它的形状，也可以根据自己的意愿来随意塑造物体的形象，幼儿在玩泥的活动中会充分地体验到创作的乐趣（图 3-22、图 3-23）。

图 3-22

图 3-23

泥工活动对幼儿的发展有着不可低估的作用。首先它能锻炼幼儿的手部肌肉的灵活性和协调性，促进手部肌肉群的发育。在泥工活动中，幼儿可以将泥揉成一团，搓成长条，分成小块，粘成整体，还可以将泥揉成任意形状的物体，需要双手的手指、手掌、手腕、手臂进行不停地做动作，特别是手指、手掌操作。在这个操作过程，幼儿的手部肌肉会得到锻炼。

其次，泥工活动有利于提高幼儿的智力、审美能力以及创造力。在泥塑活动中，幼儿的视觉、听觉、触觉等多种感官都会积极参与配合，对幼儿的脑部发育有着极其重要的影响。同时，在制作泥工造型的过程中，幼儿在不停地感受美、欣赏美甚至在创造美。通过泥工活动，幼儿进行立体艺术的创作，可加强幼儿对大小、比例、宽度、长度、深度、形状、体积等空间概念的认识，比平面艺术更具有启发性，有利于幼儿造型能力、感知能力的提高。

再次，在泥工教学中，老师会要求幼儿专注地制作，这有利于幼儿养成专心的学习品质。同时，老师还会要求幼儿把作品放在指定的位置上，保持桌面和地面的整洁，把手洗干净，不用的泥不能随意乱丢。幼儿会逐渐养成了干净整洁、勤干收拾、讲卫生的好习惯。

三、泥工基本技法

泥工需要靠手的动作完成造型的塑造，有时借助其他工具完成。泥工基本技法是制作者在实践中逐步积累总结出来的基本方法。不管是自然黏土泥塑还是泥彩塑，都需要以下基本技法完成制作。下面以橡皮泥为例介绍泥工基本技法。

1. 团

取一小撮泥，放在手掌心上，两手掌心相对，上手掌圆形打圈，将泥块团成球状或椭圆状（图 3-24）。人物、动物的头以及其他圆形、椭圆形的造型都需要用此方法。

2. 搓

两手掌心相对，前后来回搓动泥块（图 3-25）。或者是将泥块放在平面板上，双手一起像搓洗衣服一样来回搓动泥块。搓的动作搓出的是长条状的造型，比如人物、动物的腿、长的树枝等。

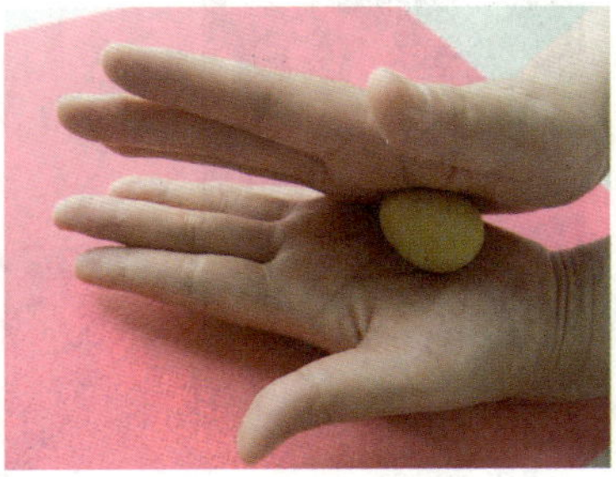

图 3-24

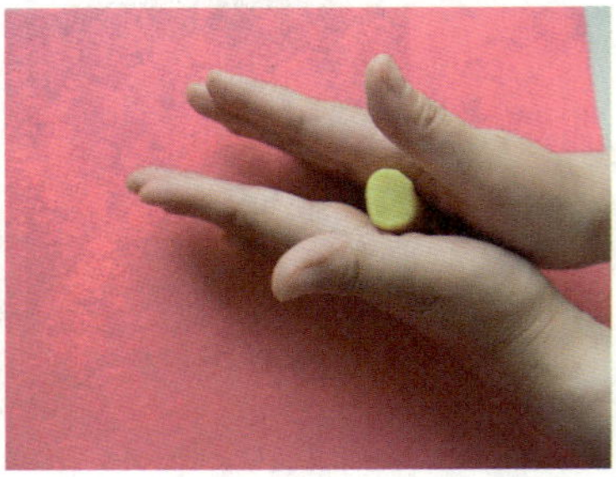

图 3-25

3. 压

压是在团和搓的基础上，先搓出一个造型，然后两手掌心相对用力压扁或压出凹坑（图 3-26）。比如做花瓣、叶子等扁形状的造型。泥浮雕的很多造型都需要用到压的技法。

4. 捏

捏的动作是精细动作，需要大拇指和食指的配合，将某个造型捏出所需的形状，注意捏时用力要均匀（图 3-27）。

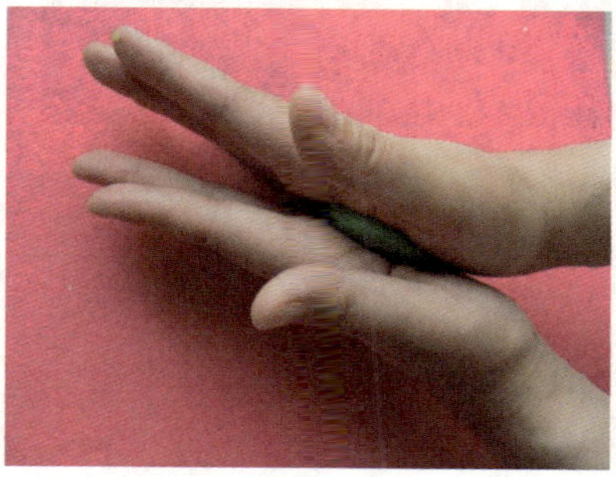

图 3-26

图 3-27

5. 切

在基本形状的基础上再进行切分小块（图 3-28）。如先做好长条形、圆形、长方形等规则图形，然后借助工具切小块。

6. 剪

与切类似，先需要做出基本造型，然后用剪刀剪开，根据需要有时全剪开分块，有时剪开一段连成整体（图 3-29）。

图 3-28

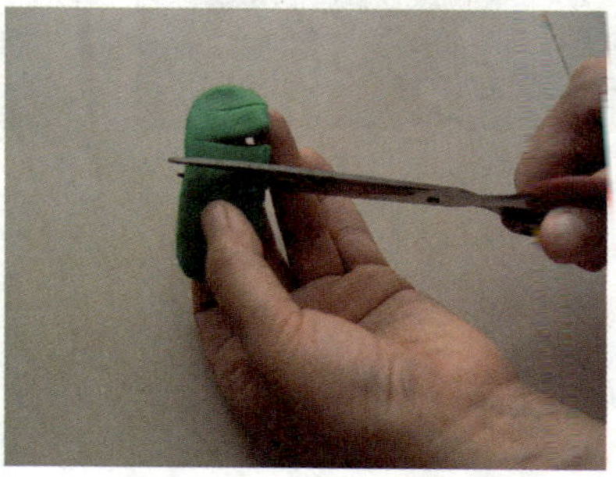

图 3-29

7. 划

在已做好的某个造型上用工具在上面划线或圈等进行细节的装饰，如做菠萝，需要纵横划交叉线（图 3-30）。

8. 戳

戳与划的技法一样，是适合做细节装饰的方法。在基本造型后用尖头的工具如牙签、棉签、笔头等在造型上戳点或洞，如做菠萝（图 3-31）。

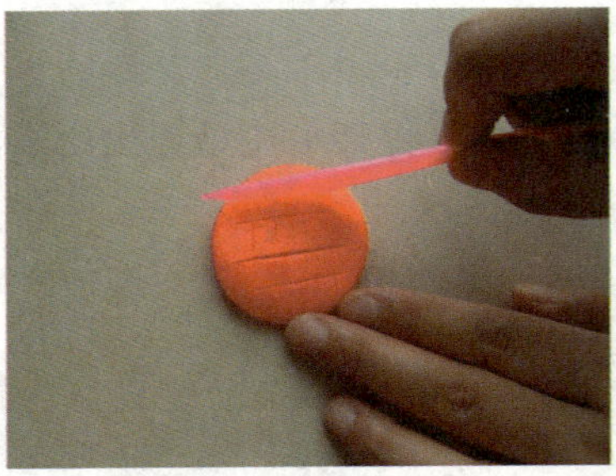
图 3-30

图 3-31

9. 贴

贴是装饰造型的技法，也叫做镶，指将装饰的小造型贴或镶到某个需要装饰的大造型上（图 3-32）。

10. 接

接是将两个部分连成一个整体的方法，中间需要借助牙签等尖细的物体（图 3-33）。牙签接在中间是隐形的，完全插入两个部分中。如做雪人，为了造型的稳固，需要在头和身体中间插入牙签。

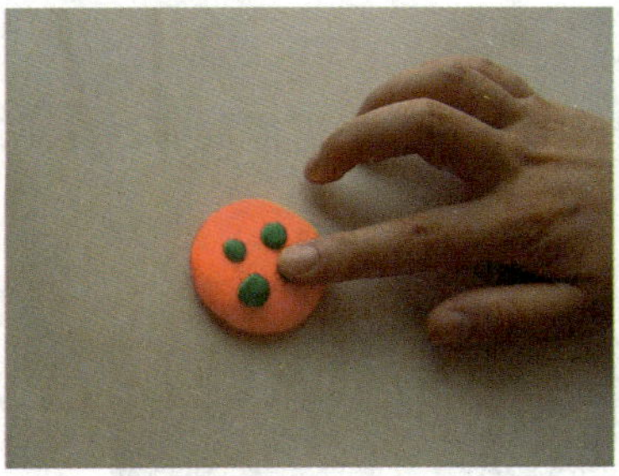
图 3-32

图 3-33

思考与操作

1. 到幼儿园实地观摩，拍摄一些有关泥材料的手工作品图片，说说这些作品都属于哪一类泥塑？制作时用到了哪些泥工基本技法？

2. 泥材料制作对幼儿的发展有着非常重要的作用。讨论在幼儿园美工教学中，如何充分发挥泥材料制作的作用，以促进幼儿的发展。

第二节 泥浮雕造型制作

一、泥浮雕概述

所谓浮雕即从背景中凸出形象的雕塑。创作者在一块平板上将要塑造的形象雕刻出来，或者在背景板上将塑造的形象组合粘上去，使它脱离原来材料的平面或背景。浮雕用压缩的办法来处理对象，造型依托某个背景，同时又有立体感，靠透视等因素来表现三维空间，并只供一面或两面观看。因此浮雕具有绘画与雕塑相结合的特点。泥浮雕，顾名思义，是用泥材料制作出来的浮雕。根据凸出程度不同，泥浮雕可以分为高浮雕和浅浮雕。

高浮雕是指起位较高、较厚，形体压缩程度较小的泥浮雕。其塑造特征和空间构造更接近于完全立体的泥圆雕，甚至部分局部处理完全采用泥圆雕的处理方式。高浮雕往往利用三维形体的空间起伏或夸张处理，形成浓缩的空间深度感和强烈的视觉冲击力（图 3-34～图 3-37）。高浮雕凸出背景较深，立体感比浅浮雕更强。

图 3-34 生命之壶（黏土泥高浮雕）

图 3-35 飞天（黏土泥高浮雕）

图 3-36 幼儿作品一（橡皮泥高浮雕）

图 3-37 幼儿作品二（橡皮泥高浮雕）

浅浮雕起位比较低，更大程度地接近于绘画形式。在浅浮雕中，作品中造型的形体压缩比较大，平面感较强。它主要不是靠实体性空间来营造空间效果，而更多地利用绘画的描绘手法或透视、错觉等处理方式来造成较抽象的压缩空间（图 3-38～图 3-41）。

图 3-38　黏土泥浅浮雕 1

图 3-39　黏土泥浅浮雕 2

图 3-40　橡皮泥浅浮雕 1

图 3-41　橡皮泥浅浮雕 2

关于泥浮雕的背景，可以自制泥板，在泥板上进行创作，也可选用石膏板，还可用硬纸板、卡纸、瓦楞纸甚至是纸托盘等做衬托背景。

二、泥浮雕的创作步骤

不论是泥高浮雕还是泥浅浮雕，在创作时都需要遵循以下几个基本步骤：

（1）准备好泥材料和相关工具，开始揉泥备用。若是自然黏土，要选用无沙、手感好、黏性大的泥土。在揉泥时，如果泥不粘手、不开裂，且手感好没有疙瘩，那么泥就加工好了（图 3-42）。若是购买的彩泥，则轻轻揉捏即可。

（2）若采用自制泥板，则需要拍泥板，做出来的泥板要光滑平整，边缘整齐（图 3-43）。泥板的形状和厚度根据需要选择。若选用其他背景板，如石膏板、木板、硬纸板、卡纸、瓦楞纸、纸托盘等，只需要准备好即可。

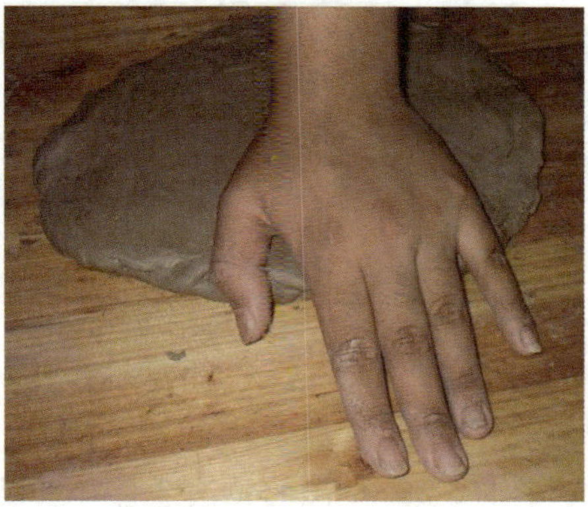

图3-42

图3-43

（3）准备好要制作的泥浮雕图稿，可以先设计并在画纸上画出来，然后参照泥浮雕图稿，将稿子复制到泥板上。若采用其他背景板如硬纸板、卡纸、瓦楞纸、纸托盘等，则只需要用铅笔在其上面设计并绘制。

（4）根据图稿，在泥板上或其他背景板的相应位置上堆出大的形体，或做出小的形体然后在泥板上或其他背景板上进行组合。

（5）利用泥塑工具或者手指，将已经制成的大的形体进行仔细的描绘，塑造形象的局部，也要用到压、剪、刻、画等方法进行装饰才能完整地制作好一个泥浮雕作品。

三、泥浮雕的基本制作技法

（一）泥浅浮雕制作技法

泥浅浮雕平面感较强，接近于平面粘贴画，其造型根据需要被压缩接近平面。在制作时主要有压平法、刻画法和压印法。制作一幅作品时，可以使用单一的方法，也可以多种方法综合制作。

1. 压平

要先在背景板上设计并画好要制作的造型，然后根据需要将泥材料分成小块，用手或借助平面擀压工具如尺子、推子等将泥材料造型压平（图3-44）。

若一幅浅浮雕作品全是压平的造型，就成了泥平面粘贴画了。若想使得浮雕造型有点立体感，就需要在整体扁平的造型上添加一些凹凸的装饰，如《维尼熊与跳跳虎》（图3-45），用压平的方法将维尼和跳跳虎造型做好，然后将黑色泥分成小块稍微压扁添加到跳跳虎和维尼熊身上，立体感自然就有了。

图 3-44

图 3-45

2. 刻画

刻画是指用刀或其他工具在背景板上刻或画出造型。刻画的技法适合背景板是泥板的浅浮雕。泥板可以用彩泥，也可以用自然黏土。基本做法是先用泥拍一块泥板，可以是方形的、圆形的，也可以是其他任何形状的，然后在泥板上用刀刻画出造型（图 3-46）。

图 3-46

3. 压印

先用小圆棒将泥擀平做一个泥板，然后利用塑料积木、笔套、盖子、夹子或者用专门压印工具，甚至直接用手在泥上按压，组合形成各种图案（图 3-47、图 3-48）。

图 3-47

图 3-48

如图 3-49 所示的浮雕作品是由手指轻轻按压形成不同大小、不同深度的手指印组合而成的。

图 3-49

（二）高浮雕制作技法

1. 泥条堆塑

先把泥分出一大块，把泥搓成长条，注意揉搓时泥条要粗细均匀（图 3-50）。

泥条可以自由弯曲和变化，可以通过圈积成型。这种方法方便制作一些比较复杂、不太规整、较随意的物品（图 3-51、图 3-52）。也适合制作一些螺旋状造型，如蜗牛（图 3-53）。

若要制作背景板是泥板的作品，还需要先拍一个泥板，然后用泥条堆塑而成主体形象造型，再用压印法或划切法装饰（图 3-54）。

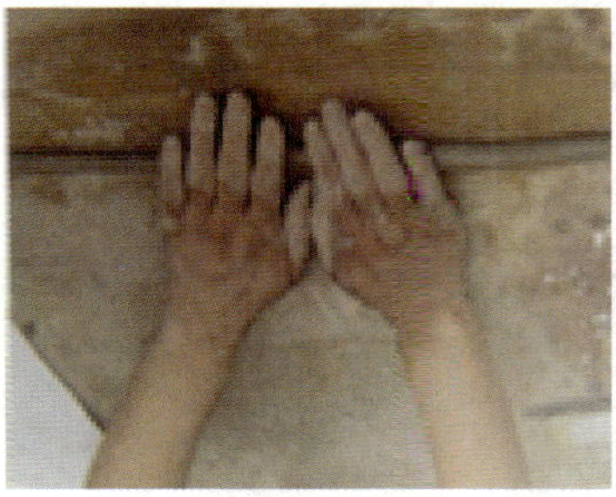

图 3-50

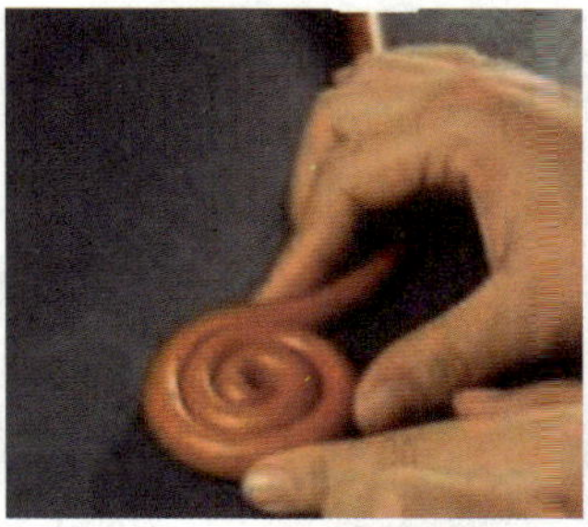

图 3-51

图 3-52

图 3-53

图 3-54

2. 基本形组合法

用泥工制作的某一种基本技法做出一种简单造型进行组合，如图 3-55 所示的毛毛虫，搓几个大大小小的圆进行组合。也可用团、搓、捏、压等技法做出长条、圆形等，再用多种形状组合成房子、大树和小路，形成一幅泥高浮雕画（图 3-56）。

图 3-55

图 3-56

若选用泥板背景，则先做好背景板；然后将泥分成小块，分别用团、搓、压、捏、切、剪、戳、贴等技法分别做出基本形状（见本章第一节），再进行组合（图 3-57）。

基本形状还可以用模型压印法来制作。具体做法是先将泥擀平，再利用工具如盖子、各种中空的塑料积木以及专用的橡皮泥模型等将在擀平的泥上压到底，镂印出模具原形（图 3-58）。这一方法能很快压出各种有趣的形状，比较适合幼儿。若要制作一幅泥圆雕组合作品，则需要将压印出的图形进行组合。

图 3-57

图 3-58

四、泥浮雕制作范例

（一）凤凰

详细步骤见图 3-59。

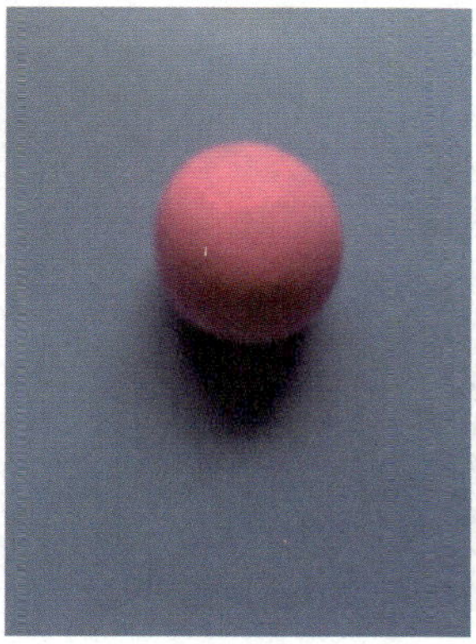

（1）取适量黏土团成球状

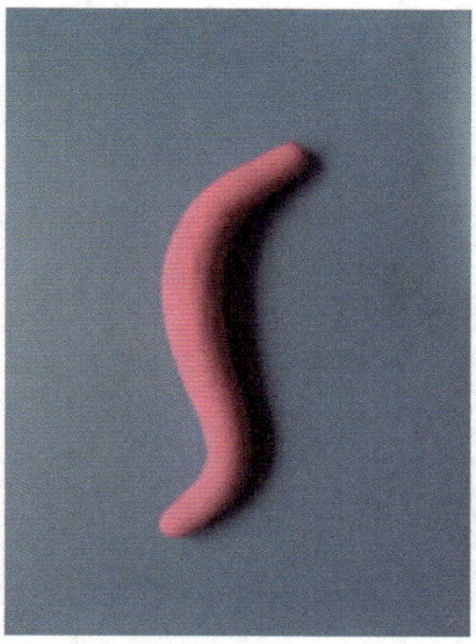

（2）捏出身体的形状

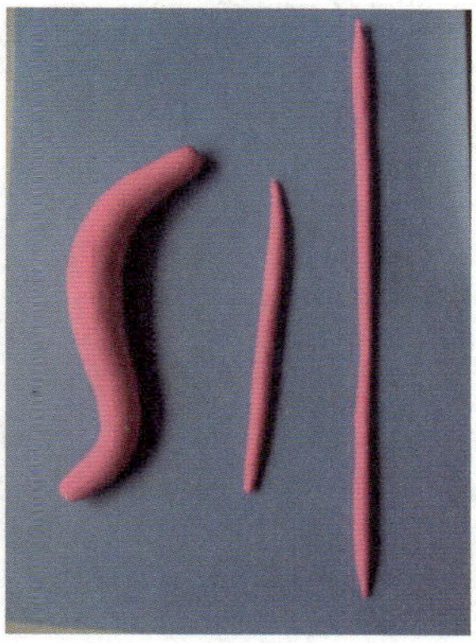

（3）另取两团泥搓成长条

（4）盘成如图的螺旋状

（5）粘在身体的合适部位

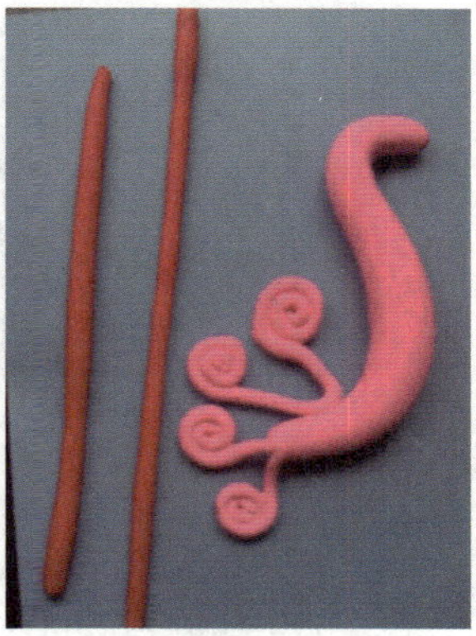

（6）另取泥搓成两个长条

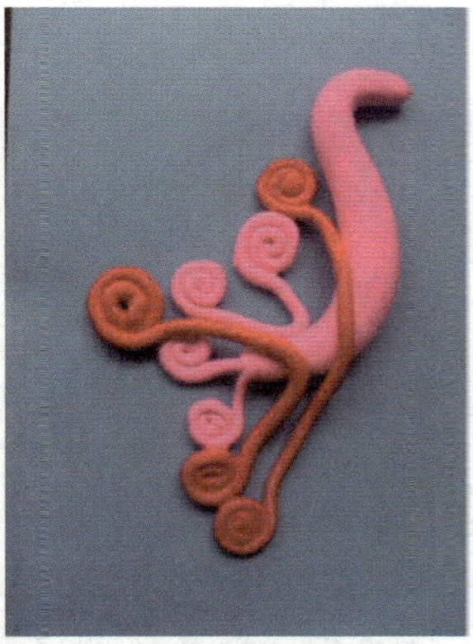

（7）盘成如图的螺旋状

（8）同上方法盘成冠部和腿，搓四个绿色小圆

（9）将四个绿色小圆压扁成叶形并用刀刻出叶脉，完成

图 3-59

（二）猫头鹰

详细步骤见图3-60。

（1）将泥压成板状做成头部

（2）在泥板上用圆形泥塑造出眼睛

（3）将嘴塑造成立体形象粘在合适位置上

（4）装饰眼睛

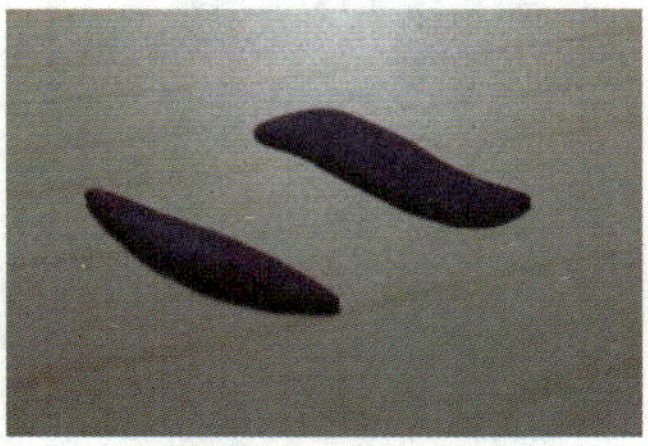

（5）捏出眉毛状

（6）粘上眉毛，完成

图3-60

五、泥浮雕作品欣赏

（一）泥浅浮雕

（二）泥高浮雕

思考与操作

1. 运用泥高浮雕的制作技法制作一幅“龟兔赛跑”主题画，并能根据画面内容用流畅的语言讲出龟兔赛跑的故事。

2. 综合运用所学的泥浅浮雕和高浮雕的制作技法，分别制作一幅以“快乐童年”为主题的泥浅浮雕和泥高浮雕，并说明两幅相同主题的泥浮雕作品的不同之处。

3. 设计一个泥材料制作的幼儿园手工活动，并思考在教学实践中运用怎样的教学方法，既能让幼儿愉快地体验泥材料制作的乐趣，同时又能提高其造型能力和创造能力？

第三节　泥圆雕造型制作

一、泥圆雕概述

泥圆雕是圆雕的一种，又称立体泥雕塑，是指非压缩的，可以多方位、多角度欣赏的三维立体泥雕塑。它要求观赏者从前、后、左、右、上、中、下全方位进行观看。泥圆雕与浮雕最大的不同是泥圆雕不需要依托背景而存在。泥圆雕基本是独立地表现物体的三维立体造型，因此不适合表现太多的道具、繁琐的场景，要求只用精练的物品或其局部来说明必要的情节，以烘托主要形象。

泥圆雕按照创作手法和形式划分，可以分为写实性的泥圆雕与装饰性的泥圆雕；按照造型是否逼真划分，可以分为具体的泥圆雕与抽象的泥圆雕；按照是否为彩色的可以分为自然土色泥圆雕和彩色泥圆雕；按照泥圆雕内容与题材划分，可以分为人物泥圆雕、动物泥圆雕和静物泥圆雕。按照制作造型的数量划分，可以分为单个泥圆雕和系列泥圆雕。有时制作系列同一题材的泥圆雕，更有利于制作者造型能力的把握（图 3-61、图 3-62）。

图 3-61

图 3-62

二、泥圆雕的创作步骤

泥圆雕的制作与浮雕一样，主要靠手部的动作完成，手做不了的细节可借助辅助工具。泥圆雕不管是用手还是借助工具，都是按照以下创作步骤进行：

（1）构思、设计稿。即先想好做什么，在脑海中先确定好做的内容，再查阅资料进行设计并绘制图稿，或者打腹稿。

（2）准备泥和工具。准备好材料，如橡皮泥、超轻黏土、陶土或者自然泥，选择适合的泥。另外，还要准备相关的工具，如刀具、模具、垫板、辅助材料如牙签等。

（3）初步造型。根据所设计的图稿，将泥通过手和工具进行塑造并组合。

（4）处理和修正细节。大致的造型组合好以后，细枝末节上还需要处理，如边、角、面的光滑度、部分与部分的大小比例等都需要仔细观察并修正。

（5）打底色。若使用自然色陶土和自然泥，还需要在上色之前打底色，一般底色喷或涂上黑色或者白色。目的是上色时涂上的彩色在黑底色或白底色的衬托下更加艳丽。

（6）装饰。在白底色或黑底色上还要靠彩绘来进行装饰。

在幼儿园美工活动中，一般使用彩色泥材料如橡皮泥或超轻黏土，打底色和装饰环节就不需要了。

三、泥圆雕的基本制作技法

（一）泥板组合法

把擀平的泥用竹签裁切成方形，再把它们组合成各种立体形象。如用四块黏土板围合成一盒子状，加上屋顶，就变成了房屋（图 3-63）。用三块黏土板围成船身，再用两块黏土板围成船首，就做成了船只。不断变换组合的方式，可组合成不同的作品，如火车、鸟笼、隧道等。

图 3-63

（二）整体捏塑法

使用整块泥，先捏出物体的粗略形体，再加工细部，用捏、雕、抓等方法制成一件完整的作品，如图 3-64 所示的汽车。

图 3-64

（三）泥条成型法

泥条成型是把泥搓成长条，再圈积成型。泥条可以自由弯曲和变化，方便制作一些比较复杂的、不太规整的、比较随意的物品（图 3-65）。

图 3-65

（四）借助辅助物成型法

把火柴棒、瓶盖、冰淇淋匙板、小积木等作为辅助材料表现作品的细部；或者利用各种形状的空瓶子，如牛奶瓶、塑料杯等，在其外面裹上黏土，再涂上色彩或用其他色彩的泥装饰，制成花瓶等（图 3-66、图 3-67）。因为制作的物品可以实际使用，所以幼儿特别喜欢。

图 3-66

图 3-67

四、泥圆雕制作范例

（一）房子

详细制作步骤见图 3-68。

（1）取一整块泥拍成泥板

（2）将泥板等分为四份

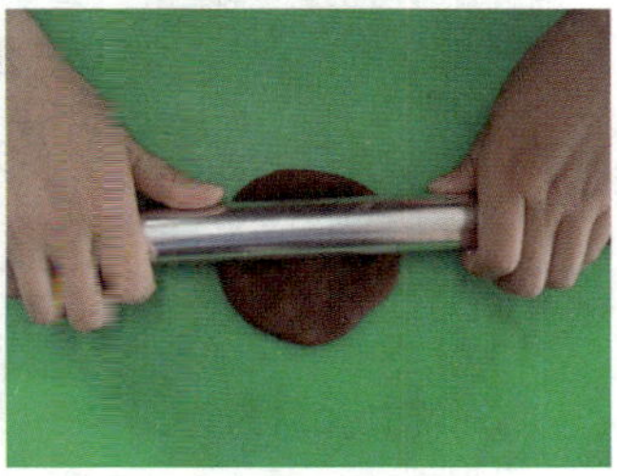

（3）用粗铁棍将四份泥板擀平

（4）用刀分别将其边缘切掉，使其为平整的长方形

（5）将一块长方形靠边切掉一个小长方形做门，然后将四个长方形围合起来做成房子。用同样的方法再做两个长方形和一个粗条备用

（6）将两个长方形架到房子上做屋顶

（7）房子屋顶架上效果图

（8）将粗条放到房顶上合适的位置，若放不稳可用牙签连接

（9）房子整体效果图

图 3-68

（二）乌龟

详细制作步骤见图 3-69。

（1）先选用自然泥，将其拍成泥板

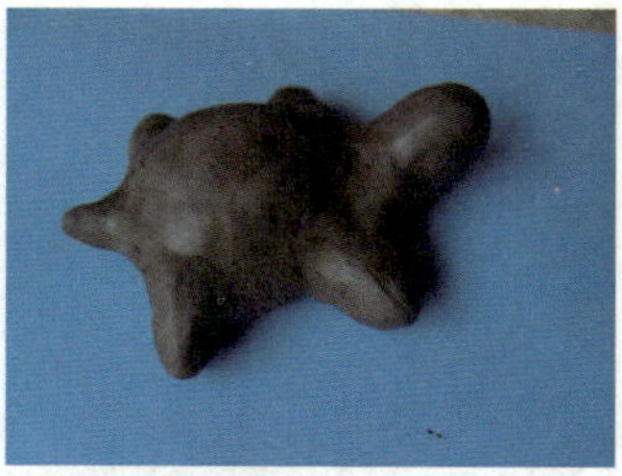

（2）用整体捏塑法将泥板捏成乌龟

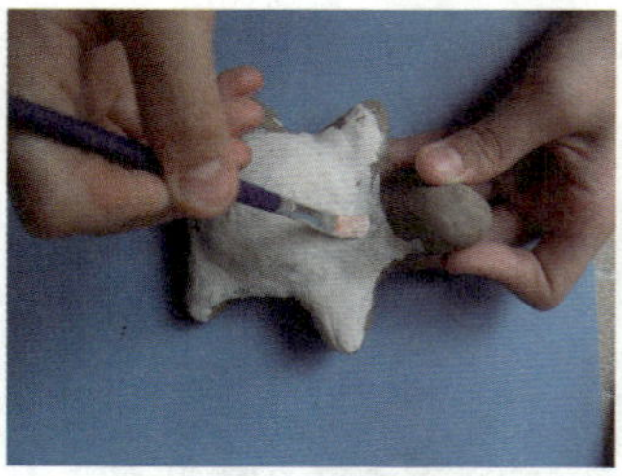

（3）用颜料将乌龟打上白色底色

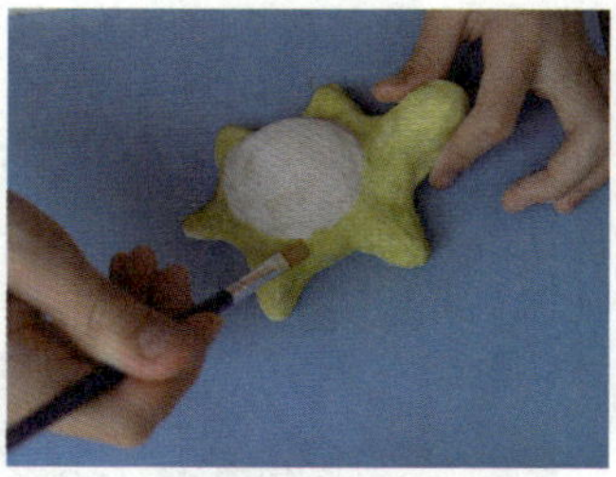

（4）将乌龟除背壳以外全刷成黄色

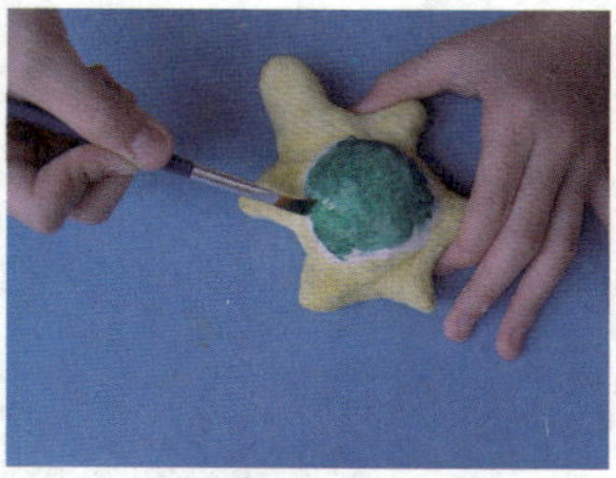

（5）将乌龟背壳刷成深绿色

（6）用红色和黑色颜料分别添上乌龟的背壳纹路、脚趾、嘴巴和眼睛，即可完成

图 3-69

（三）瓶子娃娃

详细制作步骤见图 3-70。

（1）准备矿泉水瓶和各色彩泥

（2）将各色彩泥分小块搓成小圆形

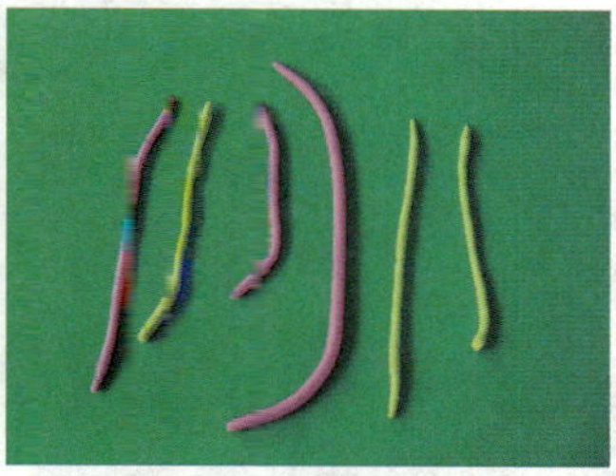

（3）将小圆形搓成长条

（4）做一顶帽子戴上 在瓶颈处粘上长条

（5）再搓一些长条

（6）将长条粘到瓶身上

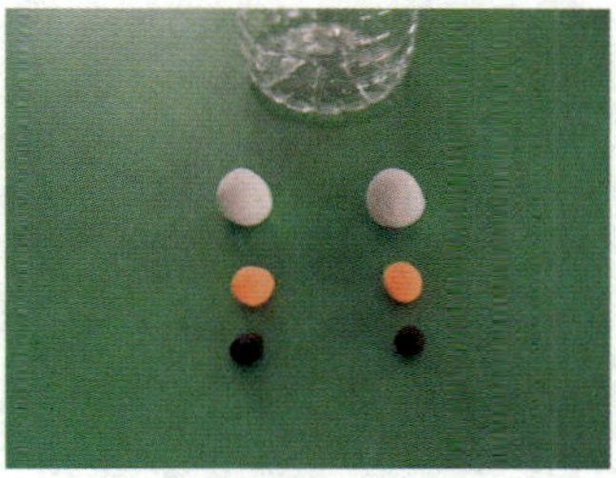

（7）搓三种颜色不同大小的圆做眼睛

（8）粘上眼睛

（9）搓长条围在靠近瓶底部

（10）用长条粘成耳朵

（11）用长条粘成手臂和嘴

（12）完成

图 3-70

五、泥圆雕作品欣赏

（一）食物系列泥圆雕

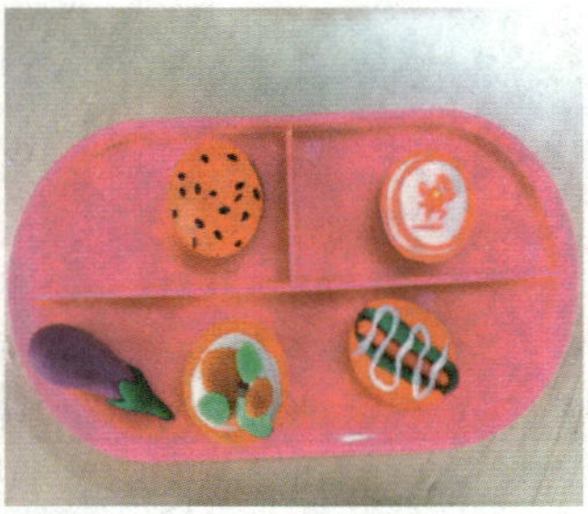

（二）动物系列泥圆雕

（三）鲜花系列泥圆雕

（四）家居系列泥圆雕

（五）动画系列泥圆雕

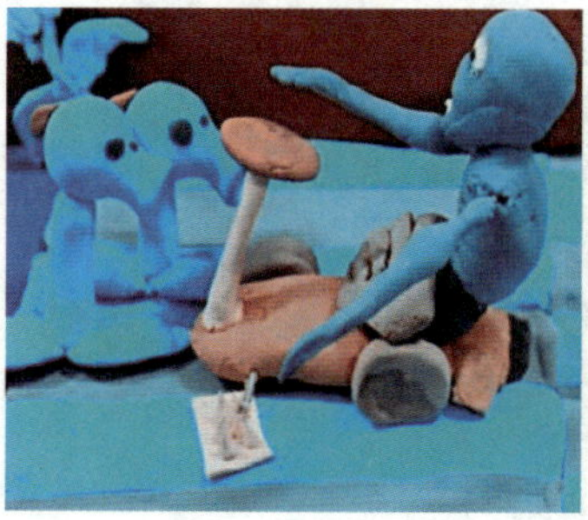

思考与操作

1. 分别用泥板组合法、整体捏塑法和泥条成型法塑造一个造型，并说说在制作时有哪些注意事项？

2. 利用所学的泥圆雕基本造型方法自行设计几种不同的动物和植物，组成一个故事场景，并说明此作品在幼儿园教学中的具体应用。

第四章　废旧材料手工制作

本章导读

本章教学内容主要涉及各类废旧材料的手工制作，包括纸类废旧材料、塑料类废旧材料、木质废旧材料和金属类废旧材料等。通过本章的学习，应了解生活中各种废旧材料的制作技法，使其变废为宝，成为教育教学的工具。建议综合利用所学的技法来设计与制作玩教具。在废旧材料手工制作过程中，注意安全、卫生，作品精美实用，造型可爱生动。

教学准备

材料：废旧纸材料如纸盒、纸箱、纸杯、纸托盘、报纸、扑克牌等，塑料类废旧材料如塑料瓶及瓶盖、塑料药瓶、塑料杯、塑料袋、纽扣等，木质废旧材料如筷子、冰棒棍、牙签等，铁质废旧材料如旺仔牛奶罐、奶粉罐等以及其他生活中的废弃物。还需准备卡纸、手工纸等纸类做装饰用。

工具：彩笔、马克笔、剪刀、美工刀、针线、尺、颜料、双面胶、透明胶带、即时贴等。

名家作品赏析

1.《鱼群》（图 4-1）和《蝴蝶》（图 4-2）

捷克艺术家 Veronika Richterová 用塑料瓶制作的作品。她和她的平面设计师丈夫 Michal Cihlář用生活中丢弃的塑料瓶做的雕塑，被他们称做“PET 艺术”。在他们眼里，这些塑料瓶都是宝贝。“它们在我们身边如此普通，如此触手可及，也如此廉价，可是对于我来说，它们都是可以盛开的花。”这些塑料瓶让他们痴迷多年。到 2007 年，他们从 96 个国家搜集了超过 3500 件 PET 塑料制品，创造出了数百个作品。

图 4-1

图 4-2

2.《书雕》(图 4-3)

美国 Brian Dettmer 的作品。他的雕刻书册作品里面，拥有复杂的分层立体雕塑观念。他在创作过程中利用刀、镊子以及其他材料改造旧课本、字典、百科全书、医疗指南、科学书籍、历史书籍、漫画书以及其他书籍的面貌，那高超的技术如外科医生手术般精确细致，让人惊叹不已！

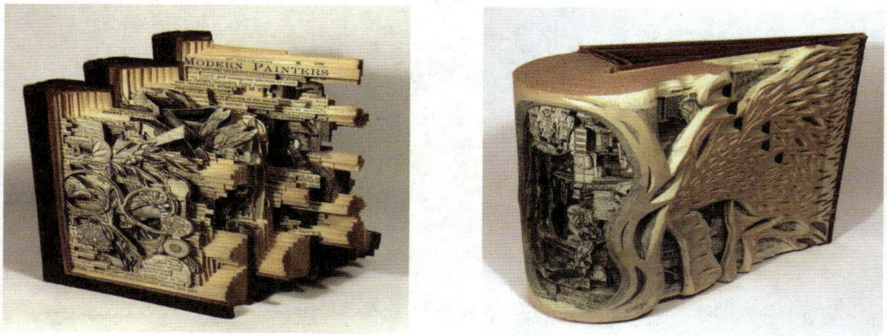

图 4-3

3.《纸筒艺术》(图 4-4)

日本大师 Yuken Teruya 所创作的厕所纸筒艺术作品。他在纸筒上雕刻出大树，寓意着在生活中有些废旧材料可以环保再循环，同时也让我们见识了他精湛的雕刻艺术。

图 4-4

精讲分析

生活中废弃物品非常多，很多都可以收集再利用制作出各种各样的小手工。在废弃物手工制作的过程中，不仅能锻炼制作者的动手操作能力、造型能力和创造力，还能培养一定的环保意识。根据材料类别不同，可以将废旧物品分为废旧纸类材料、废旧塑料类材料、废旧木质材料、废旧金属类材料等。各类废旧材料都可以变废为宝，通过手工设计与制作，变成有用的、好玩的、好看的手工制品和玩教具。本章将分材料介绍各类废旧材料的手工制作，当然，在制作过程中，建议综合利用各类废旧材料。

第一节　废旧纸类材料手工制作

纸类材料用品在生活中最为常见。比如我们的书籍、报纸杂志、卫生纸、物品包装盒、包装袋、包装箱、一次性纸杯、纸盘、纸碗等。废旧纸类材料指的是在生活中已经使用过而失去效用的无毒无味、安全卫生的纸类材料用品。虽然其已经失去了原有效用，但是通过收集一定数量、运用一定的制作方法，可以将其变废为宝，变成好玩的、好看的、有用的手工制品。废旧纸材料与其他废旧材料相比，在材质上具有较软、易塑形的特点，且相对安全卫生，因此在幼儿园玩教具制作实践中较为常见。下面分类介绍其制作方法。

一、报纸杂志、卫生纸等纸类手工制作

（一）折叠

利用废纸易塑形的特点，折叠是最常见的制作方法。废弃杂志在生活中也随手可得，可以利用折的技法将它制作成圣诞树（图 4-5）。

如将废报纸当折纸用，折出一件上衣和裙子，组成套装裙子（图 4-6），可用于幼儿园主题教学活动，当教具给幼儿展示裙类服装。

（1）准备一本旧杂志

（2）将右上角对角折下来

（3）再对角折下来

（4）折完后翻一页到左边

（5）将下面多余的三角折上来

（6）将一本杂志按步骤（1）~（5）全折完，圣诞树上挂点装饰即可

图 4-5

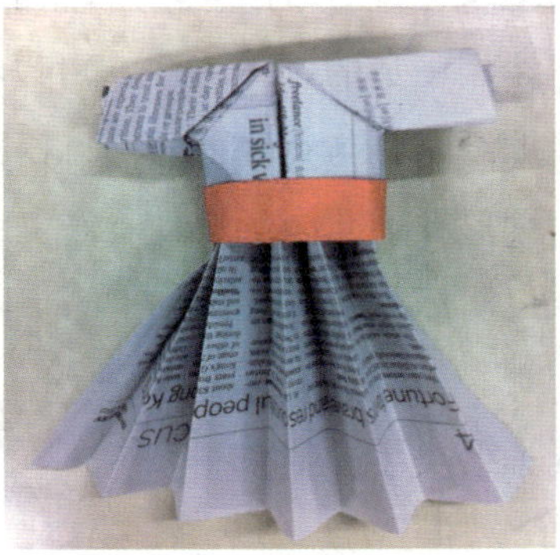

图 4-6

（二）折画组合

有时候废纸折的方法还可以和其他方法结合来进行制作。卫生纸的特点是薄软，将其制作成花，别有韵味。如图 4-7 所示介绍其折剪画组合的方法制作花的步骤。

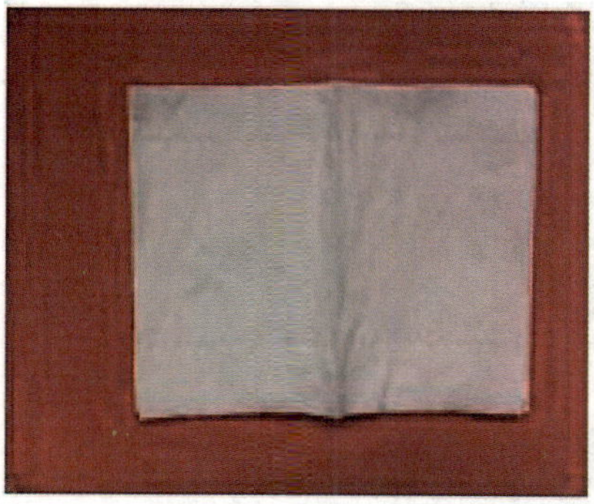

（1）将5~8张抽纸整齐放好

（2）沿短边反正折，中间用橡皮筋扎好

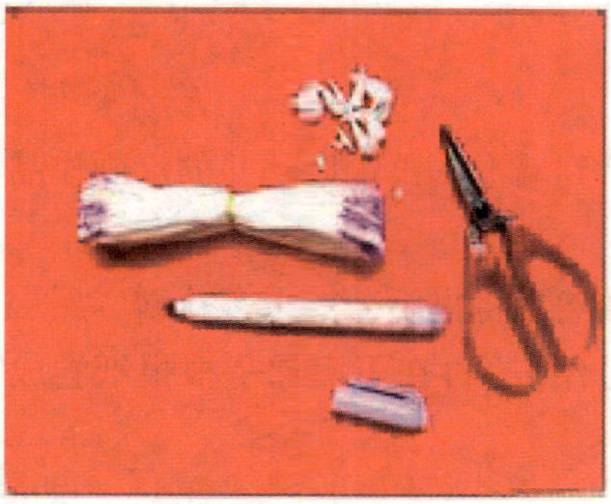

（3）将两头用剪刀剪出弧形，并用彩笔涂上颜色

（4）往两边均匀拉开

（5）将纸最高层往中间拉起

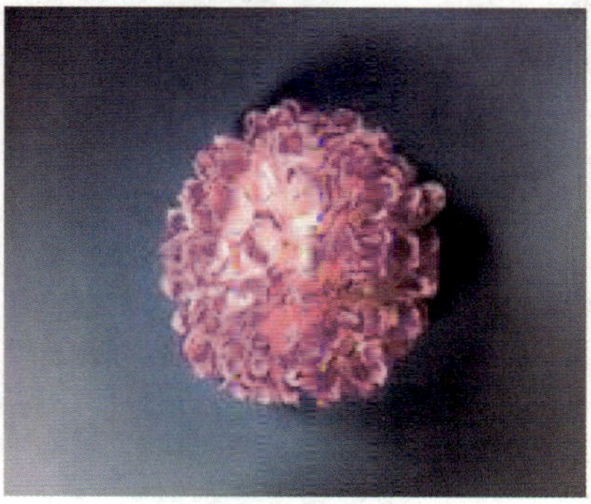

（6）全部拉完整理一下，花完成

图 4-7

可用以上方法制作几朵不同颜色的卫生纸花朵。如图 4-8 所示，用铁丝做花朵枝干；将塑料瓶里面塞上泡沫，外面用纸条装饰；再将一朵朵卫生纸花插到泡沫里即可。

图 4-8

（三）编

可以用编的方法将报纸编成大树，然后粘贴到墙上，再配以幼儿的涂画作品，一面大树墙饰就做好了（图 4-9）。

如将编好的报纸细长条围成一个鞋子花瓶，然后将报纸剪成很多花瓣，层层叠叠地放在一起组成花（参看第一章纸雕塑部分技法介绍），再在下面加一根报纸卷成的花杆子，插到鞋子花瓶里（图 4-10）。

图 4-9

图 4-10

（四）卷形综合制作

废弃的 A4 打印纸可以紧卷成细长的棍体，将其粘贴组合到由卡纸做成的房子上，再将其刷成黄色，这种方法做成的小木屋很有艺术感（图 4-11）。

废弃的杂志纸也可以卷形，粘贴到盒子外围，当花盆用（图 4-12）。

图 4-11

图 4-12

（五）扑克牌做成盒子

废弃扑克牌用折、半切折、组合、粘贴的方法可以做成手工立体纸盒（图 4-13）。

图 4-13

二、物品包装盒、包装箱、包装袋的手工制作

物品包装盒在生活中最常见的有牙膏盒、化妆品盒、月饼盒、牛奶盒、饼干盒、鞋盒等。物品包装箱有大型电器纸箱体、酒类纸箱体、各类零食大箱体等。包装袋也叫手提袋，如衣服品牌纸袋、饰品品牌纸袋、食物纸袋等。每一种盒子都可以经过一定的制作技巧，从而让它们成为教育教学能用到的玩教具。下面分类来说明其制作技巧。

（一）原型利用

最简单的原形利用就是直接将其作为幼儿建构玩具。收集形态类似或者混合型的纸盒，简单擦拭干净，放在幼儿建构角，这些盒子就成为搭建建筑的工具了（图 4-14）。

图 4-14

鞋盒和包装袋可以作为墙饰直接粘贴到墙上，也可以经过简单组合、剪贴，再粘贴到墙上。如图 4-15 所示，鞋盒拿掉盖子，粘到墙上，在幼儿园有时可以作为小壁柜用。

图 4-15

鞋盒可以当壁柜用，鞋盒盖子也很有用哦！经过简单装饰，可以用来展示科学教育活动的彩打照片（图 4-16、图 4-17）。

图 4-16

图 4-17

（二）剪切组合

根据纸盒的造型和结构特点简单设计一下，可以制作很多种玩教具。如牙膏盒，通过简单剪切、粘贴就可以做成一辆卡车（图 4-18）。

图 4-18

根据各类纸盒的造型大小特点，还可将很多纸盒组合在一起。如图 4-19 所示机器人是由大大小小的药盒和牙膏盒组合的，火车是由牛奶盒子和吸管剪切组合而成的（图 4-20）。轮船是由三个纸盒加卡纸装饰组合而成。

图 4-19

图 4-20

（三）添加粘贴

包装袋撑开后是一个立体的盒体。用卡纸剪出小动物的耳朵、眼睛、鼻子、嘴巴、胡须等粘贴在盒体上，或者用吸管、橡皮泥、树叶等多样化的材料，设计制作成卡通盒体。它可以作为纸袋玩偶（图 4-21）。

根据需要，还可以将纸袋玩偶悬挂在教室，成为空间吊饰（图 4-22）。

图 4-21

图 4-22

（四）包装绘画

收集一些牛奶大纸盒或其他小型纸箱可以用纯色卡纸将其包装一下，放置到幼儿美工区域，作为幼儿绘画的材料。幼儿可以在其 6 个面上进行作画（图 4-23）。

图 4-23

三、纸盘、纸杯、纸筒的手工制作

纸杯、纸盘、纸碗和纸筒都有一个共同特点，那就是都是圆状的。根据其造型特点，可以采用以下方法加以制作。

（一）纸盘制作

纸盘由于其平面性，在幼儿园美术教育过程中，可以作为幼儿美术活动的材料，如直接在托盘上绘画、在托盘上制作橡皮泥（图 4-24）等。

图 4-24

纸盘经过简单剪贴可以作为墙饰，也可以作为吊饰。如在纸盘上直接粘贴一些卡纸条和圆形，然后将纸盘排一排，就可以作为墙饰（图 4-25）；将 4 个纸盘周围粘贴上一圈卡纸花，在绿色卡纸上写上“春色满园”四个字，分别粘上纸盘，作为春季的吊饰挂在教室（图 4-26）。

纸盘还可以添画组合形成很多造型，如鱼。制作几种造型的纸盘鱼，用卡纸剪贴一些水草、鱼泡泡等，就可以粘贴出一幅《海底乐园》（图 4-27）。

图 4-25

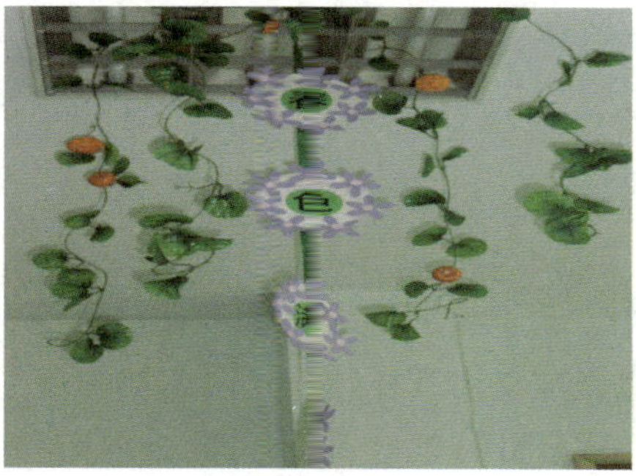

图 4-26

图 4-27

（二）纸筒制作

卫生纸的纸筒、挂历的外包装纸筒等都可以进行制作。关于纸筒的制作，这里介绍两种方法。

一种是收集大大小小的纸筒，用画笔在上面绘制装饰画，然后组合粘贴到墙上（图 4-28）。

图 4-28

另一种是将纸筒装饰成纸筒娃娃，关于装饰材料，可以用毛线，也可以用卡纸。如图 4-29 所示，用毛线做纸筒娃娃的头发、衣服等，然后在纸筒上画出眼睛、嘴巴即可。

图 4-29

（三）纸杯的制作

一次性纸杯可以做很多造型，如纸杯娃娃、家具、灯笼、平面剪贴成花等。

2 个纸杯，通过剪切、粘贴、组合，可以做成立体纸杯娃娃（图 4-30）。

除了做立体的，纸杯娃娃还可以做平面的。如图 4-31 所示，将 2 个杯身剪切开，一个剪成细条卷上来做头发，另一个剪成身体和四肢，再用笔画出五官和衣服上的花纹。

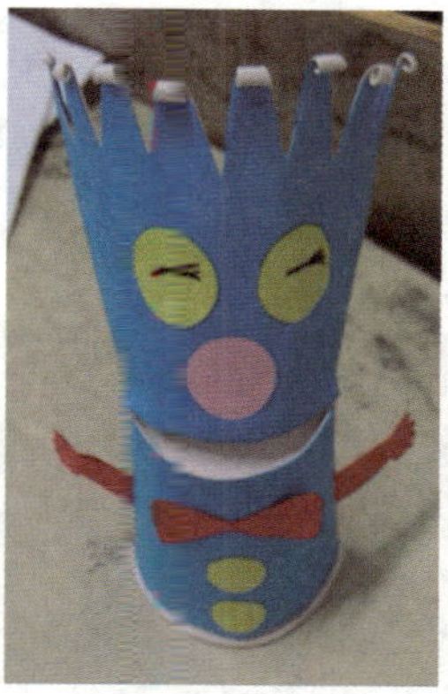

图 4-30

图 4-31

用 4 个纸杯可以做一套桌椅，外层用紫色的皱纹纸粘贴包装一下，配一个剪切掉一个面的纸盒，非常美观（图 4-32）。

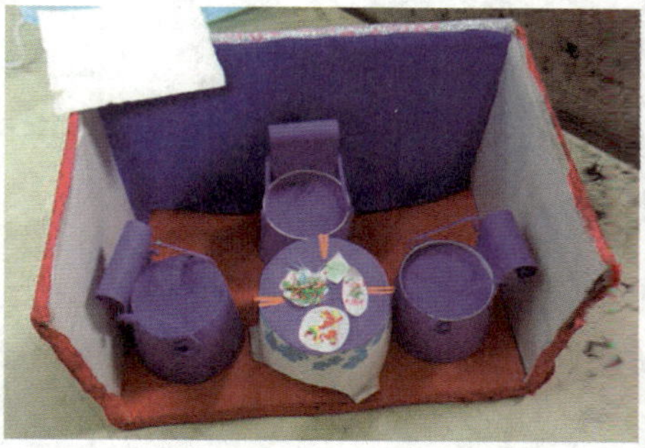

图 4-32

将纸杯的杯身剪开成各种各样的花瓣，再涂上颜色，制作成表情各异的花娃娃（图 4-33）。

图 4-33

四、废旧纸材料作品欣赏

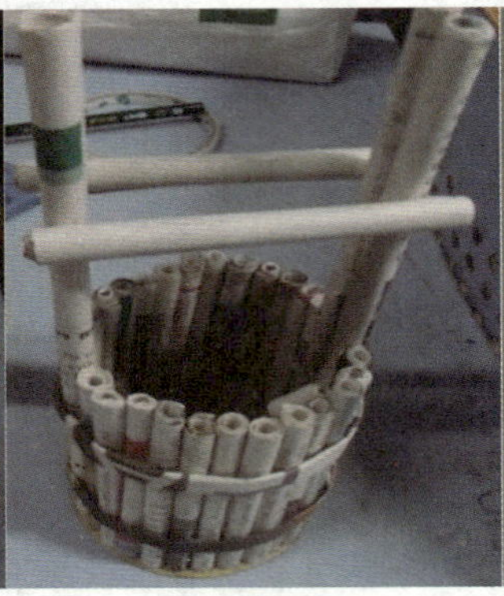

思考与操作

1. 利用一次性纸杯做一面幼儿园主题墙饰。
2. 利用废旧纸材料综合制作出以“我爱我家”为主题的系列玩教具。

第二节　废旧塑料类材料手工制作

在日常生活中，废旧塑料类材料主要包括各种饮料瓶、矿泉水瓶、塑料吸管、塑料扣子以及塑料袋等。利用剪切、折叠、涂画、剪贴的手工制作方法，也能将废弃的塑料类材料变废为宝。

一、塑料瓶类的制作

（一）保留原型

一种方法是保留塑料瓶的原型，然后进行剪贴造型。即将塑料瓶的外形保存完好，然后将卡纸等其他材料剪切成某些造型粘贴到塑料瓶上，如图 4-34 中的瓶宝宝。

另一种方法是用布材料为塑料瓶缝制一件衣服穿上，然后加上一个乒乓球做头，粘上毛线做头发，再用小块布做帽子即可（图 4-35）。

图 4-34

图 4-35

（二）剪切粘贴

剪切粘贴是指将塑料瓶根据需要进行剪切，然后用其他材料进行包装。如图 4-36 中的小黄人种植瓶，先将塑料瓶从颈部以上剪掉，然后用黄色卡纸整体一包裹，用蓝色、黑色、白色纸剪出小黄人的衣服、手臂、眼睛、眼镜等粘上。这种手工种植瓶可以装上土，种上小麦、小葱等植物。

图 4-36

塑料瓶还可以经过复杂剪切做成一个造型，如大公鸡（图 4-37）。

图 4-37

（三）剪切涂画

将大可乐塑料瓶的瓶身进行剪切，然后简单塑形成张开的花瓣，再将瓶子倒扣粘到光盘上，最后用丙烯颜料进行刷色，整体刷完后涂画出几个图案（图 4-38）。

图 4-38

（四）剪切折插

将大雪碧瓶瓶身剪开，开口处均匀剪成长条，将长条斜折，一个插一个，做成花瓶（图 4-39）。

图 4-39

（五）剪切组合

准备 5 个塑料瓶（4 大 1 小），将一个大可乐瓶作为小猪的身体，在合适的位置上挖出 4 个孔；将其余 4 个小一些的瓶剪掉大半，插入大可乐瓶做小猪的腿；将猪全身都刷成粉红色，再添上眼睛、耳朵和尾巴（图 4-40）。

图 4-40

二、塑料瓶盖和纽扣的制作

塑料瓶盖和纽扣虽然小，但是利用恰当，也可以制作出非常精美的、有用的玩教具。将其运用到幼儿园美术教学活动中，会大大增加幼儿的参与兴趣。

（一）平面粘贴画

塑料瓶盖作为平面粘贴材料，可以进行简单组合，如图 4-41 中的太阳；也可以在瓶盖上剪贴卡纸变成卡通的小动物造型（图 4-42）。

图 4-41

图 4-42

纽扣也可以作为平面粘贴的材料，如图 4-43 所示的小鹿。

图 4-43

（二）立体化制作

准备 12 个蓝色瓶盖，将其中间钻一个小孔，用线或铁丝穿起来围合成灯笼；再取 2 个橘色瓶盖，也将其中间钻个小孔，一个放在灯笼上面，另一个放在灯笼下面，用铁丝穿进再固定，这样，立体的小瓶盖灯笼就做好了（图 4-44）。

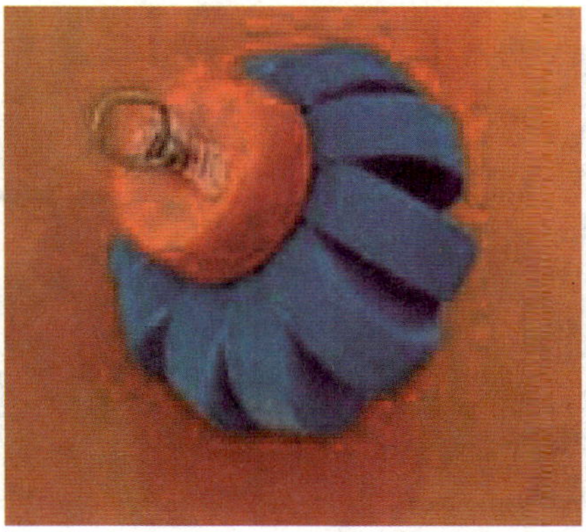

图 4-44

瓶盖与彩笔盒子组合制作一个玩教具，用铁丝将瓶盖串好再串到彩笔盒子上。可以当作串珠让幼儿拨弄，也可以当作数学加法玩具（图 4-45）。

用细铁丝制作一个树干，将纽扣固定到铁丝树干上，做成树的造型（图 4-46）。

图 4-45

图 4-46

三、其他塑料制品的制作

（一）塑料吸管

将塑料吸管剪成一节节的，可用于装饰大树（图 4-47）。
收集很多塑料吸管，将其粘贴组合，可以制作出一个立体场景（图 4-48）。

图 4-47

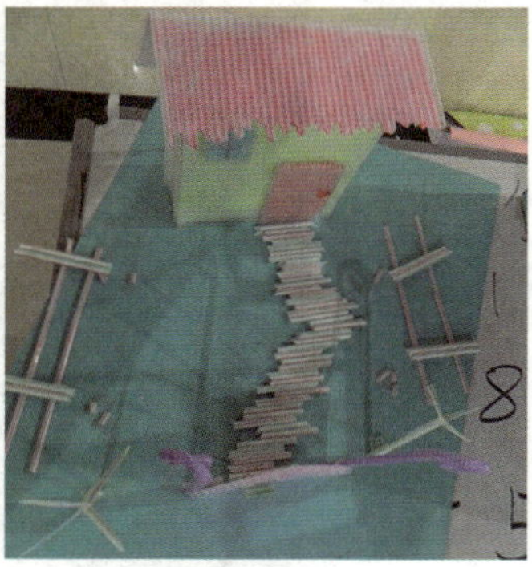

图 4-48

（二）塑料盒的制作

面包点心的塑料盒简单加工，可以放在科学角。如图 4-49 所示，用卡纸剪画出各色小乌龟贴上，塑料盒里装上各种植物的种子即可。

图 4-49

（三）塑料袋的制作

塑料袋可以创意制作出很多种类型的幼儿环保服装（图 4-50）。环保服装将在第八章详细介绍。

图 4-50

四、废旧塑料材料手工作品欣赏

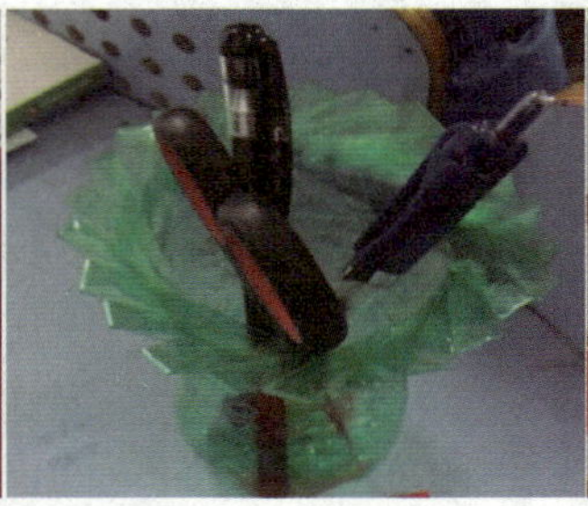

中国人民解放军
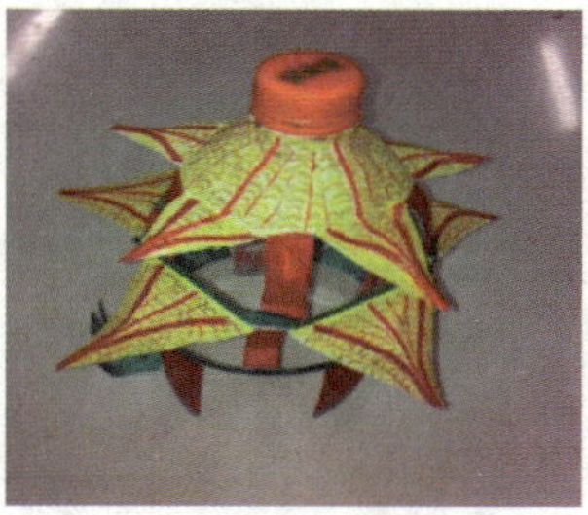

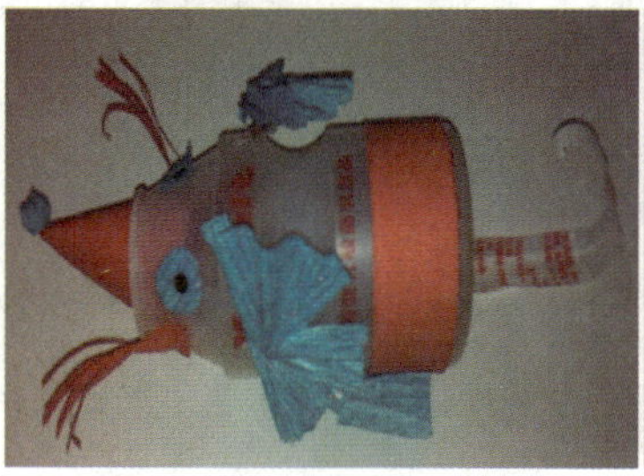
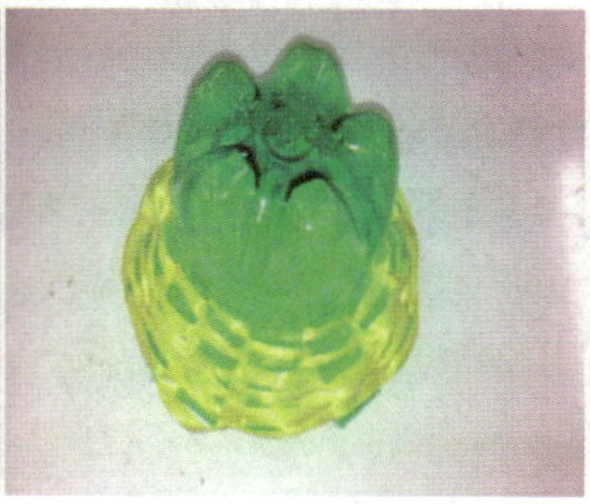

思考与操作

1. 利用塑料瓶制作十二生肖卡通造型。
2. 综合利用所学手工制作技法，将多个塑料瓶制作成一盆塑料花。
3. 收集塑料瓶盖并将其制作成一幅平面粘贴画。

第三节　木质和金属类废弃材料手工制作

生活中常用的废旧木质材料和金属材料比纸质材料和塑料类材料要少得多，因此本节将这两类材料的手工制作放在一起介绍。废弃木制材料有一次性筷子、冰棒棍、牙签、毛线针等，金属材料有奶粉罐、旺仔牛奶罐、啤酒罐、喜糖盒、铁皮罐头盒、饼干盒等。

一、木质材料手工制作

在进行木质材料手工制作时，要根据木质材料的大小、形式进行合理联想来设计与制作。下面介绍几种木质材料手工造型：

（一）粘贴围合

先用铁质的罐子剪掉口部，然后将一次性筷子用胶围成一圈粘到罐子外围，再用绳子系紧，最后给水桶做个把手（图 4-51）。由于筷子是木头色，有点单调，可以剪贴装饰，也可以涂绘颜料。

图 4-51

冰棒棍也能做桶状围合造型。在幼儿园，可以用此方法做个桶状造型，里面种上一些植物放在科学角（图 4-52）。

图 4-52

（二）粘贴组合

小木屋是由冰棒棍粘贴而成。先用厚纸板做好小木屋的造型，然后用胶水将冰棒棍一根根粘上去（图 4-53）。

（三）绑成支架

绑成支架需要长一点的木质材料，如图 4-54 所示，需要八根粗毛线针，借助铁丝或绳子固定成一个展示灯笼。这样制作的灯笼可以展示幼儿作品，也可展示教学内容。

图 4-53

图 4-54

（四）裁剪组合

用木质材料做水车，先设计好水车的造型，然后将一次性筷子裁剪成长长短短的一小段用胶水粘贴组合（图 4-55）。

（五）平面粘贴

平面粘贴与以上方法不同，是将木质材料粘在平面背景上做成粘贴画。如图 4-56 所示，将牙签、铅笔刨料组合粘贴成的一幅平面作品。

图 4-55

图 4-56

二、金属类材料手工制作

金属材料由于其材质比较硬，因此制作时难度比其他材料要大。但是它的坚固性使得它在玩教具制作中比较常见。

（一）原形利用

最简单的原形利用就是收集很多铁罐子放在建构角，让幼儿将其当作建构材料来使用（图 4-57）。还可以将七个罐子用透明胶带绑紧，当桥墩玩具，练习幼儿的平衡技能。

图 4-57

（二）剪切瓶身

将瓶身剪切一截，里面加一些泥土可以种植植物（图 4-58）。

图 4-58

（三）剪瓶底和瓶口

铁罐剪掉底部，将瓶身剪成各种各样的花瓣，对花瓣进行卷曲、修剪等即可做成铁罐花（图 4-59）。

图 4-59

铁罐剪掉口部，将瓶身剪成细条并对其进行卷曲、捏合，就可以做成桌椅（图 4-60）。

图 4-60

（四）添加组合

奶粉罐比较大，而且材质坚硬，做出来的玩教具耐用、好玩、操作性强。如图 4-61 中的奶粉罐火车。

图 4-61

（五）平面剪贴

如图 4-62 所示，将铁罐剪切出狮子的头、身体、四肢、尾巴，然后将其粘贴到平面背景纸上，用彩笔添画几笔，狮子就完成了。

图 4-62

三、木质和铁质废旧材料手工作品欣赏

思考与操作

1. 综合利用一次性筷子和其他材料，设计制作出一个语言教学活动的场景。

2. 利用废旧易拉罐制作一列小火车，幼儿能够拉动玩耍，如果能发出乐音则更好。

3. 制作一幅铁质材料粘贴画。

第五章　自然材料手工制作

本章导读

本章教学内容主要涉及自然材料的多种制作艺术，分别为蔬果类造型、种子造型、树叶类造型、石头造型等。建议掌握自然物造型制作的基本步骤、方法和手工技能。在自然物造型制作的过程中要充分利用自然物形态和色彩，突出表现天然品质 ，因才施艺，根据材料不同特点加工组合，使设计加工起到画龙点睛的作用。

教学准备

工具：马克笔、油画棒、颜料、剪刀、刻刀、尺子、圆规、针线、小镊子、乳胶、双面胶等。

材料：各种水果、蔬菜、植物叶子、种子、树枝、干花、形状各异的石头等。

名家作品赏析

1. 叶亚雄根雕作品

叶亚雄先生从 1986 年开始致力于根雕艺术创作至今，已创作根雕作品 380 多件，并陆续多次在全国各地根雕展中展出，有 10 多件作品被日本、泰国、新加坡等国内外艺术家和知名人士收藏。他创作的根雕《雄风》《舞》《乘风破浪》《震惊世界第一云》《远古的恐龙》《虎踞龙盘》《瞬间》《云峰》《金鱼戏水》《掌上明珠》等一系列作品，在全国各地举行的比赛中获得佳奖，赢得了根雕界行家们的一致赞誉。

如图 5-1 为其以坡垒木为材料，顺原木生长之势创作的作品《丝绸之路》。这件作品如同丝绸随风飞扬，又如女子长袖善舞，流畅相接的线条仿若中国与友国的情谊源远流长，寄托了叶亚雄先生对“一带一路”倡议顺利实施的期盼与欣喜。

图 5-1　《丝绸之路》（叶亚雄）

2. 赵春源食雕作品

赵春源先生经过多年钻研，研究出了一套独特的雕龙技法，雕出的龙在全国堪称一绝，在烹饪界得到了众多前辈烹饪大师和广大食品雕刻爱好者的一致推崇。他雕出的龙威武雄健、姿态变幻万千，具有一种独到的霸气和王者风范，表现出了现代社会男人的阳刚之气，如图 5-2 所示。2005 年在青岛举办的第十届萝卜雕大赛上，赵春源大师进行了现场表演，并接受了中央电视台、山东电视台、青岛电视台的新闻采访，被誉为中国烹饪的“龙王”，因此被业内人士称为中国烹饪界的“神州神刀”。

图 5-2　《龙》（赵春源）

3. Michela Bufalini 石绘作品

石绘家 Michela Bufalini 对石头有着特殊的感情，她喜欢收集各式各样的石头，将石头洗干净、晒干，然后根据石头天然的形状，选取合适的涂料来作画，再将不同的石头摆置在一张画中，这样就大功告成，形成一幅幅山水画、人物画（图 5-3~图 5-6）。

图 5-3　Michela Bufalini 石绘作品一

图 5-4　Michela Bufalini 石绘作品二

图 5-5　Michela Bufalini 石绘作品三

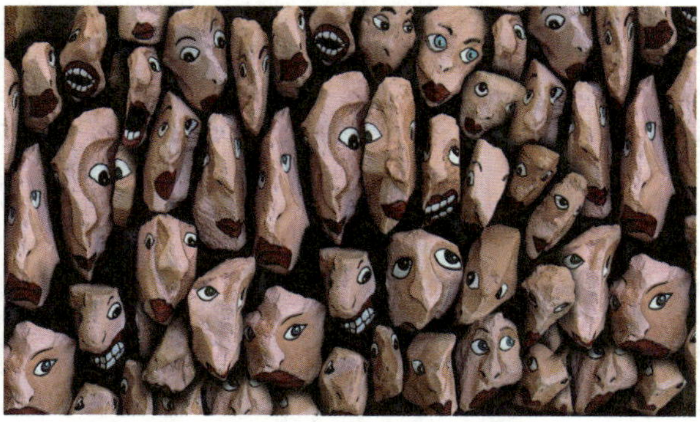

图 5-6　Michela Bufalini 石绘作品四

精讲分析

我国著名教育家陈鹤琴先生早在20世纪40年代就提出“大自然是活教材”的主张：“大自然是我们的知识宝库，是我们的活教材、活教师，我们应该向它请教、向它探讨。”大自然赋予了我们各种草茎、树叶、植物的种子，还有农作物的秸秆，河边到处可见形态各异的蚌壳、螺蛳、飘荡的芦花……这些自然材料都能引起幼儿活动的兴趣，是幼儿的兴趣所向，只有当幼儿对玩具材料感兴趣时，才能最大限度地发挥潜能，在快乐中学习。而且这些独特的材料可塑性强，稍作加工点缀，就是一件惟妙惟肖、生动逼真的作品。

大自然资源向我们展现了它的无穷魅力，合理利用自然材料组织幼儿进行手工制作，不仅可以节省财力、物力，教师组织起来也得心应手，更重要的是可以培养幼儿的创新能力，激发幼儿热爱大自然，热爱家乡的情感。总之，大自然是幼儿的欢乐之源，我们应充分挖掘身边的每一份自然资源，启迪幼儿动手动脑，这样孩子才会变得越发聪明伶俐。

第一节 蔬果类造型

一、蔬果类造型简述

艺术源于生活，那些色彩鲜艳的、造型独特的蔬果在生活中随处可见。寻常百姓家利用各种烹饪技法，把各类蔬果制成鲜美佳肴，而艺术创作者们则可利用各种蔬果的大小、色泽、形状、造型等方面的特性，对其充分联想并进行制作，巧妙地将形色各异的蔬果拼凑、组合起来，可以创作出很多情趣盎然的、富有艺术气息的蔬果类造型。

蔬果类材料比较特殊，制作时无须考虑其结实程度；蔬果类造型的制作与其他手工类玩教具相比，重在制作的过程，而不侧重其实际的应用性。因此，学习蔬果类造型旨在体验蔬果造型的乐趣，在制作过程中养成联想的好习惯，并善于发现、表现生活中的美。通过对蔬果特有的形、色进行联想，运用削、剪、拼、插等方法进行制作，旨在培养幼儿对造型的想象力和创造力，使其从中获得创作的灵感和快乐，在动手操作中提高造型的技能。

二、蔬果类造型基本技法

（一）蔬果类插塑与雕刻作品的制作技法

1. 切割

切割（图 5-7）是蔬果造型的主要方法，常用横刀、纵刀、斜刀、锯齿刀等。造型时要多角度观察、预期考虑要切多少，且要根据设计形象的结构和比例进行切割。

2. 雕刻

雕刻（图 5-8）是蔬果造型中常用的方法，主要有旋、刻、划、转、画、削、扣等。造型时要先构思好作品形象结构再起刀，应特别注意力度的掌控。

图 5-7

图 5-8

3. 穿插

穿插（图 5-9）是蔬果造型中添加局部的主要方法，穿插的位置、角度要事先想好，需要开口的地方要注意刀口的深浅，穿插时常以牙签、回形针或吸管等做钉子。需要注意的是为学前儿童制作教具时尽量不用牙签这种尖锐的物品，以保证儿童的安全。

4. 装饰

装饰（图 5-10）是利用原有蔬果的基本形状进行联想，将蔬果塑造成生活中常见的造型。这些造型的一些细小的局部，如眼睛、鼻头、帽子等，最好以纽扣、布、贴纸、卡纸、巧克力等材料装饰。装饰材料要无毒无味，保证儿童使用时的安全。

图 5-9

图 5-10

（二）蔬果类拼盘与组合作品的制作技法

1. 颜色搭配

蔬果颜色的搭配一般有“对比色”搭配、“相近色”搭配及“多色”搭配三种。红配绿、黑配白是标准的对比色搭配；红、黄、橙是相近色搭配；红、绿、紫、黑、白是丰富的多色搭配。

2. 造型设计

根据选定蔬果的色彩和形状来进一步确定其整体的造型。如水果拼盘造型，整盘水果的造型要有器皿来辅助，不同的艺术造型要选择不同形状、规格的器皿。如长形的水果造型最好不选择圆盘来盛放。另外还要考虑到盘边的水果点缀装饰，也应符合整体美并能衬托主体造型。

三、蔬果类造型基本步骤

（一）选材

1. 工具的选择

主要有工具刀、剪刀、刻刀、镊子、牙签以及其他辅助造型材料等。

2. 材料的选择

生活中各种经济易得的蔬菜、水果。

（二）构思

1. 确定方向

首先要确定制作的方向是人物造型、动物造型还是器物造型；然后根据初步构思，在蔬菜、水果中进行意向选择；最后在脑海中进行构思、组合，从而确定最佳搭配。

2. 研究材料

选定材料后，在具体的造型过程中，要认真仔细研究蔬果的特点，包括观察分析其颜色、形状、肌理等，充分利用其自然条件加以创作。

（三）制作

洗净材料，备用。注意各种技法的运用以及材料的充分利用。

四、蔬果类造型的制作实例

（一）蔬果类插塑与雕刻实例

1.《小小歌唱家》（图 5-11）

（1）材料和工具

火龙果 1 个、苹果 2 个、花儿几朵、卡纸、笔、剪刀、美工刀、胶等。

（2）制作方法

具体制作方法：

①头发：用美工刀切下火龙果的须部。

图 5-11

②头和身体：用牙签将两个苹果连接、固定。

③局部装饰：头发发饰部分用几朵小花装饰。面部用卡纸剪出眼睛、鼻子和嘴巴，并在卡纸上手绘出眼珠、牙齿和舌头等。服饰、手臂及话筒用卡纸剪裁、拼凑、粘贴而成。

④整理：整体造型制作好后，要调整一下看是否美观，局部装饰的纸粘贴是否牢固。

2.《南瓜猪》（图 5-12）

（1）材料和工具

南瓜一个（如图的形状）、牙签、卡纸、塑料盖、美工刀、胶等。

（2）制作方法

具体制作方法：

①耳朵：采用雕刻技法，用美工刀刻出猪耳朵，猪耳朵根部不要刻开，再抠起来并用牙签支住。

②面部：用白色和黑色卡纸分别剪出眼形和眼珠，组合好后粘贴到南瓜的合适位置固定。

③脚部：将南瓜身体用一根粗棍子支起，再将木棍插到红色塑料盖里，当作猪的腿和脚。

3.《鹅》（图 5-13）

（1）材料和工具

大白菜、茄子、辣椒、胡萝卜、牙签、刀等。

图 5-12

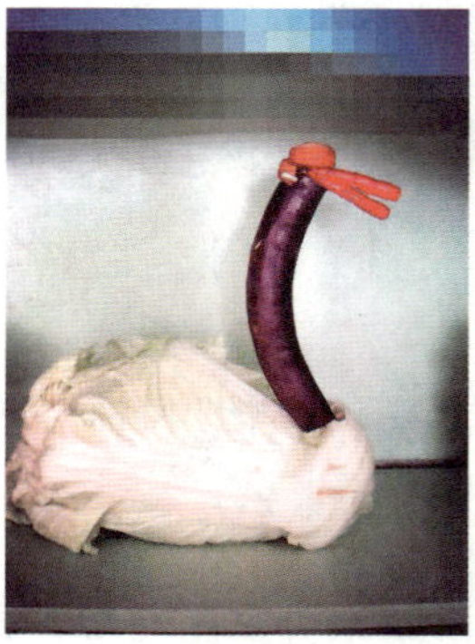

图 5-13

（2）制作方法

具体制作方法：

①身体：挑选一个长的大白菜作为鹅的身体。

②颈部：长长的弯弯的茄子剪掉靠近把柄的那头。

③头部和嘴巴：把胡萝卜削剪成圆饼状做鹅的头顶，将红色细长形的辣椒重叠放在

一起做鹅的嘴巴。

④整体组合：主要采用穿插法，用牙签将辣椒、茄子、大白菜连接固定起来构成鹅的造型。作品充分利用了材料的形状特点，造型形象。

4.《哈密瓜花》（图 5-14）

图 5-14

（1）材料和工具

哈密瓜、刀、托盘等。

（2）制作方法

主要采用切割和雕刻等方法。具体制作方法：

①花瓣：取哈密瓜一个，切下一头，将中心有籽的部分去掉；用刀将其均匀分成七等分，并将每一部分削成花瓣状；将皮切开做第一层花瓣，将哈密瓜肉再均匀地削尖做第二层花瓣；

②花心：取一块哈密瓜将其旋削成小球体，放在花瓣中间做花心。

（二）蔬果类拼盘与组合实例

1.《金鱼》（图 5-15）

图 5-15

（1）材料和工具

蔬果类材料有小西红柿、蓝莓、菜叶、梨、枣、黄瓜；辅助工具有牙签、圆盘、刀等。

（2）制作方法

在制作技法上采用切割、穿插法。颜色搭配上，主要采用对比色搭配，如红配绿，黑配白；另外，梨黄与黄瓜绿、枣红与小西红柿的红构成相近色的搭配。具体制作方法：

①梨子身体金鱼：梨子用刀切掉一半做金鱼身体，取 2 个小红枣用牙签插接到梨子身体上做眼睛。将黄瓜用刀削成 4 个长条用牙签插到身体当尾巴。注意插接的位置一定要符合金鱼的身体造型特点。

②西红柿身体金鱼：取 2 个小蓝莓用半截牙签插接到西红柿身体里当金鱼眼睛；取蓬蒿枝叶一根，将其枝插到小西红柿里当金鱼尾巴。

2.《莲和金鱼》（图 5-16）

图 5-16

（1）材料和工具

黄瓜、洋葱、芹菜、小西红柿、小蓝莓、刀、托盘等。

（2）制作方法

在制作技法上采用剪切、组合法。颜色搭配上，以绿色为主色调，配以紫色和红色、橙色的衬托，另外黄瓜皮和黄瓜肉天然的相近色的搭配，使整体色调突出和谐美。具体制作方法：

①莲叶：将黄瓜用刀先竖着切开一半，然后再横切成一个个薄薄的半圆形，在托盘上一层层地放置做成片的莲叶。

②莲花：将洋葱切成 5 瓣莲花并摆在托盘相应位置，再挑一根芹菜配在莲花下面。

③鱼：将小西红柿、蓝莓和黄瓜组合成鱼儿。

五、蔬果类造型作品欣赏

（一）水果类造型作品

（二）蔬菜类造型作品

思考与操作

1. 赏析图 5-17，说说它主要涉及哪些技法？有哪些值得借鉴之处？

图 5-17

2. 说说幼儿蔬果造型创作时需要注意哪些事项？
3. 尝试创作一个蔬果造型小作品。

第二节　种子造型

一、种子造型简述

谷类、豆类、瓜类食物都有种子，一般种子颗粒不大，属于点状材料，适合平面造型，因此种子造型基本都属于拼贴画类。由于五谷杂粮种子占多数，因此种子造型也统称五谷杂粮画。种子类造型源于民间用五谷做画的习俗，主要通过选粒、浸药、蒸熏、风干、晾晒、阴窖、磨板、慕字、仿形、粘接、增亮、定色、封面、装框科学工艺流程，达到防虫、防腐，保持其自然本色的效果。五谷杂粮画起源于盛唐，当时五谷丰登，国泰民安。“五谷”在佛教和道教规仪中，地位极高，被视为夺天地之精华的吉祥物，民间则将“五谷”作为辟邪之宝，故用之作画。在清代十分兴盛，全国各地形成了很多流派。当代五谷杂粮画的兴起，反映现代社会五谷丰登、国泰民安、民族统一、欣欣向荣。五谷杂粮画因此也成为五谷文化的核心被世代传承。

种子造型是充分发挥种子的外壳、形状、纹路、颜色的特点，拼贴成的有特色的种子平面贴画作品。既可以是谷类、豆类及果壳类种子的单独拼贴，也可以是混合拼贴。

二、种子造型基本技法

（一）基本技法

1. 平铺贴法

运用并列贴、环绕贴、堆积贴等手法，将种子进行有序地粘贴，布满整个画面（图 5-18）。

图 5-18

2. 装饰贴法

先用种子粘贴出主体造型，再采用涂、绘、贴等方法来补充次要造型（图 5-19）。

图 5-19

3. 镂空贴法

用种子拼贴出造型的轮廓，轮廓以内的部分会有留白，从而展现出背景底色的一种方法（图 5-20）。

图 5-20

4. 星点贴法

将种子星星点点地分布于整幅画面，比较松散。在山水、风景类造型中可营造出一种自由、缥缈的视感。

5. 整碎结合

有些造型可先将个体材料进行分解，只选取一部分来拼贴。如蝴蝶身体可用整颗豆子拼贴，而蝴蝶翅膀可用半粒花生米进行拼贴，如此虚实对比，以表现蝴蝶的轻盈（图 5-21）。

图 5-21

6. 正反结合

为增强画面立体感，可将瓜子壳类进行正、反面相结合的对比粘贴。如花卉类造型中，花瓣与叶子的处理（图 5-22）。

7. 装饰法

用省略、夸张、变形几何化的手法构图，在造型的细节处理上，可添加其他材料辅助创作，也可用涂画法进行装饰（图 5-23）。

图 5-22

图 5-23

以上技法可综合运用，造型时要充分利用种子的外形特征，包括大小、色彩、纹路、形状等，注意它们之间的搭配，以及与底纸在色彩上的对比，保证画面的统一与协调。

三、种子类造型基本步骤

（一）选择材料

基本工具：镊子、胶水、塑料、刮刀、工具刀、清漆、画笔、铅笔、案板、纸等。

主要材料：胡椒子、葵花子、扁豆、小麦、亚麻子、菜子、绿豆、蚕豆、豌豆（也可依据实际情况作些改动）等种子各若干。

（二）构思

1. 确定画幅尺寸，设计图案

若你不善于绘画，可选定一个图，然后取一张与画幅同样大小的纸，将它与选定的图案作同样数目的方格等分，据原图方格中的线条，将其准确地画到纸上。方格等分的程度越细，则准确程度越高。

2. 挑选种子，合理搭配

根据种子不同的外观和质地，进行总体构思，确定种子所安排的各个部分。

（三）制作

1. 构图

把画有图案的纸覆在纸板上，用图钉或胶带纸固定，再用笔将图案重重地描绘一遍，使之在板上留下清晰的线条。

2. 粘贴

在板上涂少许胶水，用刮刀均匀地铺开，再采用各技法往各个部分填放种子。

3. 整理

种子全部填放完后，用手把种子按牢，等胶水稍干后修整一下，除去多余的种子。等胶水晾一个晚上，便可喷涂清漆，以便长久保存。

图 5-24

四、种子类造型制作范例

1.《鸟》（图 5-24）

（1）材料和工具

大米、小黄米、红豆、绿豆、干玉米粒、柠檬干片、胶水、彩砂、铅笔、白色大卡纸、刮刀等。

（2）制作方法

先在白色卡纸上用铅笔绘出整幅图的大致轮廓，再构思设计好每一部分使用什么样的材料。

采用平铺贴法、镶嵌贴法来拼贴整个造型，从中间主体造型开始往四周扩散拼贴。拼贴时要先在卡纸背景上抹上胶水，再选择相应的材料往上粘，有时要借助刮刀分隔材料，且拼贴时要细致。

采用装饰法对已拼贴好的造型进行修饰整理，如用柠檬干片、干玉米粒来做翅膀的塑形，大颗粒的豆类做颈部、头饰和翅膀尾部的装饰，用彩沙来做花卉的造型。

最后待干后将整幅粘贴画拿起来倒一倒，倒掉上面没粘牢的小颗粒种子。若有些重要的装饰部分倒掉，还需重新再选择一些种子粘牢。

2.《老鹰》（图 5-25）

图 5-25

（1）材料和工具

瓜子壳若干、胶水、铅笔、黑白卡纸、刮刀等。

（2）制作方法

先构思并在白色卡纸上用铅笔绘出整幅图的大致轮廓，然后采用正反结合法来粘贴瓜子壳做鹰的造型，如翅膀部反贴瓜子壳。用装饰法，如手绘来处理鹰的眼睛、爪子以及背景。最后待干，将整幅粘贴画拿起来倒一倒，看瓜子壳是否都粘牢了，若有掉下来的瓜子壳，则用胶水重新粘上。

3.《小鸡出来玩》（图 5-26）

（1）材料和工具

炒米、瓜子壳、胶水、铅笔、红白卡纸、刮刀、各色画笔等。

（2）制作方法

先构思并在白色卡纸上用铅笔绘出整幅图的大致轮廓；然后将炒米用平铺贴法贴好，将瓜子壳一个个并列粘贴成花枝；再用画笔画出小鸡头上的柳条和瓜子壳做成的花树上的花朵，并用衍纸卷捏的技法制作出 4 只小蝴蝶粘贴在相应位置上。

图 5-26

4.《京剧人物》（图 5-27）

京剧脸谱代表着中国传统文化，一直深受大家喜爱。这幅作品以农作物为材料，也象征着农民的艰辛，传扬了中华民族勤劳的传统美德。

图 5-27

（1）材料和工具

黄豆、绿豆、红豆、黑豆、玉米片、白乳胶、铅笔、卡纸、水彩颜料、各色画笔等。

（2）制作方法：

在白色卡纸上描绘出脸谱女孩的大约轮廓；在所画轮廓内均匀地涂上白乳胶；使用黑豆装饰最内层头发，黄豆装饰第二层，红豆装饰第三层，以此类推；脸部使用水彩颜料图画上即可；空白背景处使用玉米片填充；对所完成作品进行最后装饰，可在作品上适当涂抹喜爱颜色；将白卡纸整体粘到黑大卡纸上即完成制作。

五、种子类造型作品欣赏

思考与操作

1. 谈一谈种子造型的基本技法有哪些？并简单制作一幅进行说明。

2. 综合运用各种技法，制作一幅以“动物来约会”为主题的种子粘贴画。要求主题突出，造型生动，颜色搭配和谐，且作品粘贴牢固、制作精美，运用一定的方法进行装裱。

3. 思考在幼儿园美工教学活动中如何组织幼儿进行种子造型？请设计一个小班的种子贴画教学，并在班级进行模拟教学。

第三节　树叶类造型

在树丛间，那红的、紫的、黄的、绿的树叶，就像画家手中的调色板一样绚丽多彩，人们不禁要采撷一些带回家，当玩物、做装饰都很有趣。对于幼儿来说，树叶是最天然、最易得的玩教具，奇异的造型和缤纷的色彩最吸引其注意力。在玩树叶的过程中，既能锻炼幼儿的观察力和想象力，丰富幼儿的生活，也能培养幼儿亲近自然的情感。

一、树叶类基本技法

（一）基本技法

1. 粘贴

在卡纸上画出所要形状，然后根据需要选择形状有趣、色彩漂亮的树叶，通过并列粘贴、堆积粘贴的组合方法构成漂亮的头饰、面具、扇子等（图 5-28）。直接粘贴就不需要修剪树叶。

2. 剪贴

根据需要将树叶剪成所需要的形状，加以辅助材料构成作品（图 5-29）。

图 5-28

图 5-29

3. 组合

将树叶与其他类果壳进行组合形成造型（图 5-30）。

图 5-30

4. 雕刻

在树叶上描绘出有趣的造型图画，然后进行镂空雕刻（图 5-31）。

5. 捏碎

将树叶洗净，为保色宜夹在吸水性较强的纸中，然后放入厚书中或重物下轻压，让其自然干燥，干制后才能进行捏碎粘贴（图 5-32）。

图 5-31

图 5-32

6. 编织

将树叶剪成条状后 进行交叉编织（图 5-33）。

图 5-33

7. 印染

在树叶上染上喜欢的颜色或使用原色，然后将其放在在两张纸之间，用锤头或手掌击打树叶，树叶上的颜色或绿素就会印在纸上，便得出漂亮的树叶脉络图（图 5-34）。

8. 绘画

用水笔直接在树叶上绘图案、画作品（图 5-35）。

图 5-34

图 5-35

二、树叶类造型基本步骤

（一）选材

1. 工具的选择

剪刀 、美工刀、胶水（双面胶）、固定针、水彩、卡纸 、镊子。

2. 材料的选择

各种干湿树叶。

（二）构思

根据树叶不同的外观和质地进行总体构思，确定一个制作主题和内容。然后根据初步构思，在材料中进行组合，从而确定最佳、最完善的制作图稿，初学者最好将其画出来。

（三）制作

1. 采集与保存

树叶的采集要保证颜色和形状的多样化且呈现系列化，如多菱形的枫叶、圆形的桦树叶、椭圆形的胡枝叶。同种树叶由大到小、颜色由绿到黄。采集后的树叶要先用吸水纸分类夹着，然后用重物压着，隔两三天翻一下。注意要轻拿轻放，不要重压以免破损。

2. 制作过程

（1）材料的研究

仔细观察树叶的特点，抓住其形状、纹理、色彩、大小等进行剪贴组合。如香叶可作为鹅掌，银杏叶可作扇子。在制作过程中若发现其独特之处，可因形而变，从而增加趣味性。

（2）加工塑形

通过粘贴、剪切、组合，再用水彩、丝带、彩泥等辅助材料进行装饰，来充实完善作品。

三、树叶类造型的创作范例

1.《农家小院》（图 5-36）

图 5-36

（1）材料和工具

各种形状和颜色的树叶、樟树果、白卡纸、剪刀、白乳胶、铅笔等。

（2）制作技法

先用铅笔在白卡纸上整体构图，根据构图中的形状选择相应的树叶，有的直接粘贴，如农家小院中树上的叶子；有的需要用剪刀剪出需要的形状再进行粘贴，如树干、房屋、烟囱、烟、门前小路、小草、栅栏等。最后在靠近树的地方用笔画出小鸟，再挑两个樟树果粘贴在鸟的嘴巴处。

2.《金鱼》（图 5-37）

图 5-37

（1）材料和工具

松柏树叶、樟树叶、樟树籽、卡纸、剪刀、白乳胶。

（2）制作技法

先整体设计一下构图，然后选材进行制作。将松柏树叶和樟树叶、樟树籽进行金鱼造型的组合形成，在白色背景纸上粘好；用剪刀把樟树叶剪成两片水草和几个小圆做鱼泡泡，并在背景上粘好；用蓝色卡纸剪一些波浪当水波纹粘上即可。

3.《小兔吃萝卜》（图 5-38）

图 5-38

（1）材料和工具

各种树叶、白乳胶、剪刀、镊子。

（2）制作技法

先整体设计一下构图，然后选材进行制作。根据树叶的大小、形状不同特点，拼接成树和蘑菇；对于兔子和胡萝卜的处理则使用裁剪的方法，然后进行粘贴组合；树叶颜色的搭配也趋向实物性，这样使画面中的形象生动有趣。

4.《鳄鱼》（图5-39）

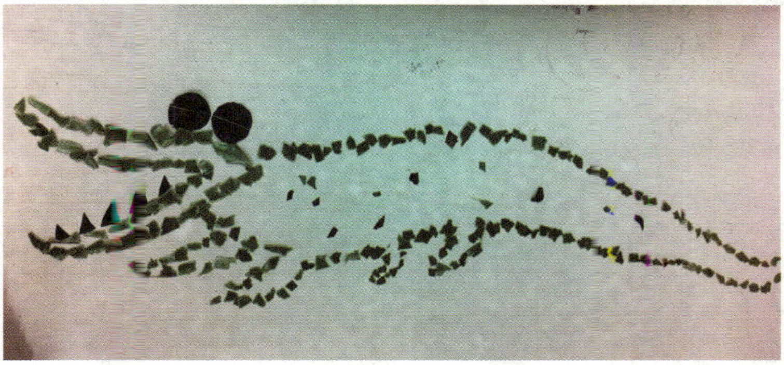

图5-39

（1）材料和工具

樟树叶、白乳胶、剪刀、镊子。

（2）制作技法

先在纸上整体设计一下造型；然后在鳄鱼的造型轮廓上涂上白乳胶，将樟树叶剪碎，用手将剪碎的叶子放到鳄鱼的轮廓上；再剪一些尖尖的牙齿和两个圆圆的眼睛粘到相应的位置上。

四、树叶类造型作品欣赏

思考与操作

1. 谈一谈树叶造型的基本技法有哪些？并尝试用两种技法制作一幅画。

2. 想一想树叶可以和哪些材料搭配，以“快乐的春天”为主题，结合辅助材料进行创作，要求生动有趣。

第四节　石头造型

一、石头造型简述

石头从来就是儿童的一种天然玩具。儿童拿起石头就可以玩很多种类型的游戏，如投掷、打水漂、抓抛、数数等。石头造型，即用天然形成的各种石头壳进行的艺术创作。创作中多以彩绘、拼粘、组合等形式，巧妙利用其特殊色泽及纹理加以造型。或单个造型，或组合造型，或人物造型，或动物造型，亦或风景造型等。在创作者创造性想象下，合理地运用装饰进行拼堆来创造所要表现的物象，赋予石头独特的个性和艺术美感。石头造型作品的诞生有赖于材料的收集，这就要求我们要留心自然生活，发现脚下的“平凡之美”。

二、石头造型基本技法

（一）彩绘

根据石头的形状、大小、纹理、颜色等设计图案，然后用水粉、油画棒或丙烯颜料进行添画来完成（图 5-40）。

图 5-40

（二）组合粘贴

选择不同造型的石头组合粘贴在一起，形成新的幼儿熟悉的、生活中的造型形象。如图 5-41 所示的乌龟。

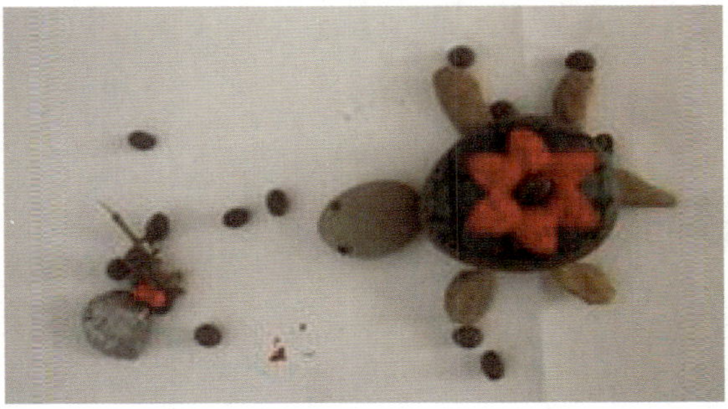

图 5-41

（三）装饰

这里装饰所指的是专门借用泥材料、纸材料或布材料等对石头进行塑形装饰并组合而形成新的形象（图 5-42）。

图 5-42

（四）雕刻

在石块上用笔画图案，然后利用雕刻工具进行刻画、刨画和透雕等技法打形，再用毛笔沿着刻线或造型进行着色晕染（图 5-43）。这种方法在幼儿园用的不多，因为石头比较坚硬，较难雕刻，一般石头艺人会用此法。

图 5-43

三、石头造型基本步骤

（一）选择材料

基本工具：铅笔、画笔、颜料、美工刀、剪刀、刻刀、AB 胶、热熔胶等。

主要材料：不同的石头，以及其他辅助材料如纸、泥、贝壳等。

（二）构思

仔细观察石头的特点，抓住其原始形状、纹理、色彩等进行塑形。如圆鼓鼓的石头可用作企鹅的身体，上小下大的石头可用作雨滴，扇形贝壳用作水母。总之发挥想象，找到石头与物体之间的相似处。在头脑中先进行总体构想，初步确定一个制作主题，初学者可以尝试将其画出来。

（三）制作

1. 挑选与处理

根据构思的内容，选用不同形状、肌理的石头，然后洗净晒干。在清洗时可先用氢氧化钠去污，再用清水洗净晒干，对于有毛角边的石头可用砂纸打磨。还要按照构思的主题挑选并准备好相应的辅助材料。

2. 制作过程

（1）按图制作

按照设计好的主题进行制作，在制作过程中如若发现其奇特之处，可因形施艺，从而达到美观性和趣味性。

（2）整体美化

初步做好设计的造型后，还需对其进行整体美化。如根据需要可对其进行绘画、粘贴、调整等，使作品更完美。

四、石头造型制作范例

1.《爬梯子》（图5-44）

图 5-44

（1）材料和工具

各种椭圆形卵石、各色颜料、画笔。

（2）制作技法

先整体设计一下构图，然后用画笔蘸颜料一笔一笔地涂画。

2.《人物头像》（图 5-45）

图 5-45

（1）材料和工具

小卵石若干个、贝壳 2 个、绿色和橙色颜料、画笔、白乳胶、卡纸等。

（2）制作技法

先在卡纸背景上整体设计一下构图，然后挑出差不多大小的小卵石拼摆、粘贴成人物头部轮廓；选两个大小、形状一样的小卵石做眼睛，选一个长形的做鼻子；再将两个贝壳用颜料刷成橘色拼在人物头部下面当领结；最后画上胡须即可。

3.《鱼》（图 5-46）

图 5-46

（1）材料和工具

大椭圆形卵石 1 个、橡皮泥等。

（2）制作技法

先在大卵石上整体设计一下造型，然后将橡皮泥用搓长条、揉捏、压印等方法做出鱼眼、鱼鳞、鱼鳍和鱼尾，再一步步地粘到大卵石上。

五、石头、贝壳类造型作品欣赏

思考与操作

1. 在掌握石头造型基本技法的基础上，充分发挥联想和想象，尝试创造性地制作一些趣味性的作品，体验创作的乐趣。

2. 以“热闹的小池塘”为主题创作石头贝壳作品画。要求色彩搭配合理，形象生动有趣，可适当添画。

第六章　幼儿园物质环境设计与制作

本章导读

本章教学内容主要包括幼儿园区角活动的环境创设、幼儿园墙面（壁面）环境设计与制作、幼儿园内公共区环境创设等。建议学习者综合利用前面章节所学的纸材料、泥材料、布材料、自然材料、废旧材料等的手工制作的基本技巧和方法，合理地将其运用到幼儿园的环境布置中去，创设出造型独特、装饰美观、符合幼儿心理特点的环境。

教学准备

制作材料：塑料板、KT泡沫板、软木墙板、彩色软橡皮纸、彩色卡纸（平滑类卡纸、雕花类卡纸、纤维类卡纸、仿金属类卡纸等）、瓦楞纸、褶皱类纸、即时贴、吹塑纸、植绒纸、废旧纸类（报纸、杂志、挂历纸、包装纸等）、废旧材料（易拉罐、塑料瓶、牙膏盒、纸盒等）。

黏合材料：海绵胶、双面胶、乳胶、快干胶（502胶）、固体胶、胶水等。

绘制材料：彩色铅笔、油画棒、水粉颜料、丙烯颜料、油画颜料、油漆等。

常见工具：剪刀、美工刀、橡皮、铅笔、尺子、马克笔、圆头笔、水粉笔、排刷笔等。

优秀环境创设作品赏析

1.《宝贝之家》

淮南市田家庵区第二幼儿园区角活动环境创设作品（图6-1）。位于大班走廊活动室外，非露天，上面有一层玻璃透光的屋顶。用木制色板做成很多小隔间，每个隔间放置置物架、桌子、小凳子，并投放相关的操作材料。其特点是室外空间宽敞，光线充足，区角分区明显，有利于幼儿安静操作。

图 6-1

2.《书吧》

上海市荷花池幼儿园区角活动环境创设作品（图 6-2）。这是专门为幼儿设置的阅读室。森林动物背景墙、仿真的绿树，置身其中，仿佛进入了一个安静的远离城市喧嚣的大自然图书馆。阅读室内有书架，放置了幼儿方便取放的各类图书；还有仿树桩的圆形桌凳，供幼儿阅读时使用。

图 6-2

精讲分析

物质环境是幼儿园重要的教育资源。幼儿园内对幼儿发展有影响作用的物质环境非常多，包括园舍建筑、园内装饰、场所布置、设备条件、物理空间的设计与利用以及各种材料的选择与搭配等。本章探讨的物质环境是指能用手工制作并创设的物质环境。根据幼儿园物质环境空间分布特点来看，幼儿园物质环境创设主要包括区角活动的环境创设、墙面（壁面）环境创设、室内吊饰布置和室外公共区环境创设等。物质环境创设是一项综合性的技能，需要制作者熟练掌握前面章节介绍的各类材料手工制作的基本技法和制作步骤，需要制作者熟知把握幼儿的身心发展和审美特点，也需要制作者感知不同物质环境空间特点和位置特征，只有满足以上要求才能制作出造型美观、富有童趣、具有教育性、与空间位置相称的物质环境。同时，在创设物质环境时，教师还应注意引发幼儿的参与性，引导幼儿参与幼儿园物质环境设计与制作，让幼儿与物质环境积极作用与互动，最大限度地把环境因素转化为教育因素，促进幼儿身心主动发展。

第一节 概述

一、物质环境设计与制作的概念和意义

（一）物质环境设计与制作的概念

幼儿园物质环境是指幼儿园中对幼儿产生影响的一切天然环境与人工环境中物的要素的总和，包括幼儿园内的自然风光、园舍建筑、地面绿化、园内装饰、场所布置、设备条件、居室空间安排、物理空间的设计与利用及各种材料的选择与搭配等。本章探讨的物质环境是指能用手工制作并创设的物质环境。

幼儿园物质环境设计与制作是指教育者根据幼儿园教育的要求和幼儿身心发展的规律需要，充分利用各类材料和工具，利用手工设计并创设出造型美观、富有童趣、具有教育性、与空间位置相称的物质环境。

（二）物质环境设计与制作的意义

在幼儿园日常的教育教学活动中，良好的环境创设与利用能使幼儿在与环境的互动中获得各方面能力的发展，在开发幼儿智力、促进幼儿个性发展等方面具有不可低估的教育作用。

（1）良好的物质环境设计与制作能够帮助完成课堂教学的目标。

（2）物质环境的设计与制作可帮助开发幼儿智力，激发幼儿探索兴趣。

（3）物质环境的设计与制作可培养幼儿小主人的精神。环境是为幼儿设计的，教师要为幼儿创造条件，提供机会，使其参与其中，保证幼儿有充分利用环境的自由。

（4）物质环境的设计与制作可以为幼儿提供科技材料操作的环境，培养幼儿的环保意识。

（5）利用自身资源充分发挥环境教育的重要作用，让幼儿感受到美和快乐，提高幼儿对美的感知力、鉴赏力和创造力。

二、幼儿园物质环境创设的内容

根据幼儿园物质环境空间分布特点来看，幼儿园物质环境创设主要包括区角活动的环境创设、墙面环境创设、室内吊饰布置和室外公共区环境创设等。

（一）幼儿园区角活动的环境创设

区角活动是幼儿按照自己意愿，自主选择教师提供的活动材料去操作、摆弄、探索，并主动与教师创设的活动环境进行互动的一种活动。区角活动环境创设就是指教师为幼儿设置一个空间区域，创设一个有目的性的幼儿自主操作互动的环境。

（二）墙面（壁面）环境创设

墙面环境创设也叫壁面环境创设，是指幼儿园墙上的环境布置，比如教室内墙、教室外墙甚至包括门窗上的环境设计与制作。墙面环境的设计与制作基本是平面化的或者是半立体化的，以墙面作为背景，将手工制作的造型组合粘贴到墙面上。

（三）室内吊饰布置

室内吊饰是指教室或走廊空间位置上靠线悬挂于半空的饰物。空间吊饰的制作在第八章会介绍。

（四）室外公共区环境创设

室外公共区环境是指幼儿园内各班级教室以外的公用的一些区域，如院墙、大门、楼体外墙、楼梯、大型公共活动场地和操作玩具等。室外公共区环境创设是指对这些区域的环境和空间进行规划、设计，必要时还要手工制作并摆放一些大型玩教具供幼儿玩耍。

三、幼儿园物质环境设计与制作的原则

幼儿园物质环境设计与制作应遵循的原则有：

（一）安全性原则

保护幼儿的安全健康，是幼儿园的基本责任。因此，幼儿园环境的安全，主要应通过环境的创设，积极主动地消除环境中可能存在的不安全因素，如电线、开关、插座、消毒液等应放置在幼儿伸手不可及的地方。

（二）幼儿参与性原则

幼儿园是老师和幼儿共同生活的地方，幼儿有权参与和自己生活密切相关的幼儿园环境创设，并且能让幼儿在参与的过程中体验其中的乐趣，让幼儿更容易融入其中。教育家陈鹤琴说："用儿童的双手和思想布置的环境，会使他们更加深刻地理解环境中的事物，也会使他们更加爱护环境。"例如，布置教室墙面时，可让幼儿参与进来；布置以"美丽的春天"为主题的环境时，可以让孩子们自己搓柳条、剪柳叶，在天空贴上孩子们绘画的小燕子，河里的小动物也是孩子们的折纸作品，红太阳可以用孩子们的小手印等。

（三）经济性原则

幼儿园环境创设要坚持低费用、高效益的经济性原则，勤俭节约，因地制宜，充分利用社区资源，就地取材。在保证清洁、卫生的前提下，废物利用，一物多用，不浪费宝贵资源，不盲目攀比。例如，可用瓦楞纸、废旧挂历纸等代替吹塑纸、纸绒纸，用一次性纸杯、果冻盒做花篮、风铃等装饰节日环境。

（四）审美性原则

幼儿时时刻刻生活在周边环境中，受着环境潜移默化的影响，因此环境创设首先应给人以美的感受。如室内、室外墙饰画面的人物或动植物要形象逼真，色彩搭配协调，布局合理，富有儿童情趣，以培养幼儿的审美情趣。

（五）目标导向原则

幼儿园是特殊的教育环境，为了充分发挥环境的教育功能，在幼儿园物质环境的设计与制作时，必须明确环境创设所要达到的教育目的，以教育目标为依据设计与制作幼儿园环境，把促进幼儿园全面发展的教育目标落实到月计划、周计划、日计划及每项具体活动中，体现在所创的环境中。如结合 10 月 1 日"爱祖国"主题活动，可让幼儿搜集祖国各地的名胜古迹图片贴在墙上。

（六）发展适宜性原则

幼儿园的环境是幼儿的生活环境和学习环境，因此必须反映幼儿身心的水平和特点，适宜幼儿的年龄特点和个体差异，使每个孩子都有可能在其中获益，在原有水平上得到应有发展。如“提高幼儿动手能力”，小班教室环境可布置一列火车，引导幼儿学习扣扣子，每节车厢学一种系扣子技能；中班可提供“穿线板”，幼儿可根据自己的意愿，大胆想象，穿出不同的形象；大班让幼儿学习“辫辫子”等。幼儿在操作材料的过程中，提高了动手能力，同时操作材料也能引发和幼儿操作相适宜的教育目标和内容。

（七）文化折射原则

在幼儿园的物质环境的设计与制作时，教师可充分利用当地的文化资源，结合本园的优势资源、家长的需求和幼儿的经验等，在材料器具的使用上以及墙面装饰的呈现上，表现出幼儿园独特的园本文化。同时，还应让幼儿从社区的生活中体验到本土文化的深刻内涵和价值，感受到祖国文化的历史悠久和博大精深，从而使幼儿产生对社区文化、本民族文化乃至祖国文化的自豪感。

（八）平等和谐的原则

在幼儿园物质环境的设计与制作时，要特别注意教师与幼儿之间，幼儿与幼儿之间，教师、幼儿与环境之间的互动。

思考与操作

1. 到幼儿园实地观摩，拍摄一些物质环境创设的图片，并请按物质环境创设的内容进行归类。

2. 重点挑出几个物质环境创设的图片，说说在设计与制作的过程中遵循了哪些基本原则？

第二节　区角活动环境创设

一、区角活动及其环境创设的概念

区角活动，也叫活动区活动、区域活动，是指教师根据幼儿园教育目标和幼儿发展水平专门划分的一些区域，有目的地创设活动环境，投放活动材料，让幼儿按照自己的意愿和能力，以操作、摆弄、探索为主的方式进行个别化的自主学习的活动。区角活动是一种开放性的活动，幼儿可以自己选择活动的内容、合作的伙伴，还可以与同伴一起商量活动的规则等。在区角活动中，幼儿自主地学习，增加了幼儿之间的交流与合作，培养了幼儿解决问题的能力，锻炼了幼儿动手操作的能力，更加有效地促进了幼儿社会性的发展。

在幼儿园，常见的区角活动内容大致包括建构区、语言区、音乐表演区、美工区、科学探索区、科学观察区（自然角）、益智区、生活区以及角色扮演游戏区等。其中角色扮演区又可设置为娃娃家、小超市、小医院、邮局、照相馆等。

区角活动环境创设指的就是教师有目的地布置各类区角环境、巧妙地运用室内外空间、有针对性地投放活动材料的过程。区角活动环境创设会影响幼儿区角活动的质量，因此会间接地影响幼儿的发展。

二、区角活动环境创设的要求

区角活动是教师根据教育目标和幼儿的兴趣创设具有游戏性、情景性、操作性、探索性的环境。在宽松、自由的氛围中，幼儿自主选择游戏内容，在与材料的互动中获得直接经验、发展能力和个性的活动。因此，区角活动材料的投放和空间的布置尤为重要。

（一）制作与投放区角材料的要求

在幼儿园实践中，区角活动材料要根据幼儿年龄特点、幼儿的兴趣点进行投放，还可以与日常教学活动有机结合。

（1）区角活动材料要来源于幼儿的生活，符合幼儿的兴趣。如纸编鱼区角材料（图 6-3）和糖果区角材料（图 6-4），都是幼儿非常喜欢的区角操作内容。活动材料数量要充足，满足幼儿尽情探索的愿望。同时材料投放又不易过杂，要根据教育目标、幼儿发展水平以及活动过程中出现的问题，及时进行更换和补充。

图 6-3 纸编鱼

图 6-4 糖果加工厂

（2）不同年龄段幼儿的身心发展特点不同，所以小、中、大班同一区角投放材料的层次也不同。如小班幼儿小肌肉群不够发达，在生活区可提供体积大、方便抓取的材料（图 6-5、图 6-6）。而大班幼儿动手能力强，投放的材料要提高操作的难度，满足大班幼儿发展的需要。如（图 6-7、图 6-8）。同一年龄段的幼儿又存在个别差异性，所以教师在投放材料时，还要兼顾到每个幼儿的发展。

图 6-5　形状配对（适合小班幼儿）

图 6-6　插笔盖（适合小班幼儿）

图 6-7　铺马路（适合中大班幼儿）

图 6-8　给房子贴瓷砖（适合中大班幼儿）

（3）教师制作与投放区角材料时，一定要注意其安全性，确保对幼儿无伤害、无任何安全隐患。废旧利用的物品在使用前要进行彻底的清洗消毒，放置在阳光下暴晒后再使用。如图 6-9 所示的塑料瓶和玻璃瓶手工制品，在制作时将瓶子先要彻底清洗消毒晾晒后再进行制作。在保障安全的基础上，教师还要注意材料的美观性。如塑料瓶、包装盒可用彩纸等材料进行二次改造、加工，使其色彩鲜明，造型美观，引起幼儿对活动材料的兴趣，使其能主动地、积极地参与到活动中来。如图 6-10 所示的矿泉水瓶和彩色吸管的组合玩具，易吸引幼儿观察和操作。

图 6-9　塑料瓶和玻璃瓶手工制品

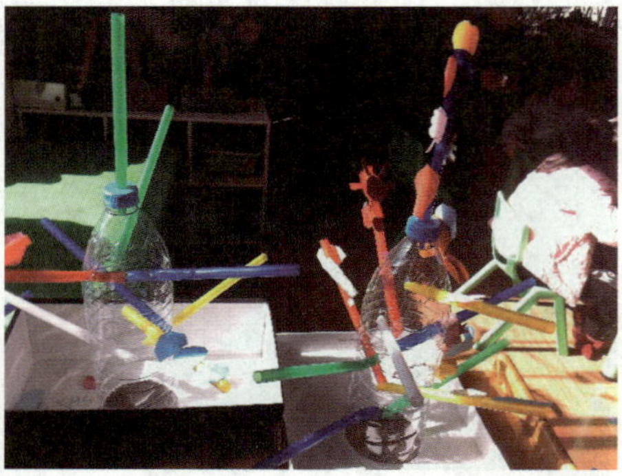

图 6-10　矿泉水瓶和彩色吸管组合玩具

（二）区角活动空间布置的要求

区角活动中，既要让幼儿之间相互协商、共同合作，又要让幼儿能专注投入自选的活动中，进行探索学习。因此，可根据以下原则进行区角划分：

（1）动静划分。动、静区角最好分割开来。如语言区、美工区等属于安静的区角活动，可以安排到一起；表演区、建构区等相对会发出比较大的声音，在划分时可以放到一起。

（2）室内外划分。有些区角适合设置在室外，如体育角；有些区角则适合在室内。区角中所有的材料要方便幼儿取放、整理和保管。

（3）类别划分。教师安排区角活动空间时，要考虑到玩具、材料的用途，不要把材料类似的区角放在一起，以免引起幼儿使用及整理上的混乱。如益智区和科学区可以用其他区分隔开。

（4）有的社会性角色区角，如小医院、小超市等，可以相对固定在教室的某一地点。

三、各类区角活动环境创设与玩教具制作实例

（一）各类区角活动环境创设要求及玩教具制作实例

1. 语言区

语言区可分为阅读区和语言操作游戏区。阅读区提供的图书要丰富多样，也可有自制小图书。有条件的幼儿园可以提供语言复读机或电脑。在语言操作区或语言游戏区，教师还可以制作手偶和图片骰子，让幼儿进行手偶故事表演和故事接龙，或者制作语言类卡片，让幼儿操作学习。

语言区要为幼儿创造一个明亮、舒适的阅读环境，区角要设置在光线充足的地方，地上可以铺上色彩柔和的泡沫垫（图 6-11）。

图 6-11

（1）范例一

用蓝白彩色卡纸剪成屋顶形状粘贴在柜子顶部，然后把涂好颜色的区角名称粘贴在屋顶上。将白纸装订成一本小图书，让孩子们用画笔进行添画、装饰（图 6-12）。

（2）范例二

在废旧的电冰箱或电视机的箱子的六面分别画上不同的图画，让幼儿根据箱子排列顺序创编故事（图 6-13）。

图 6-12

图 6-13

2. 美工区

美工区内教师需要提供多种美工材料和用具，以满足幼儿的创作欲望。如提供彩笔画、油彩画、手指画、刮画、树叶蛋壳贴画、种子画等需要的材料；还可以提供橡皮泥、扭扭棒，各种彩纸、废旧材料，如矿泉水瓶、纸杯等供幼儿进行立体造型。

（1）范例一

把鸡蛋托盘用颜料刷上好看的颜色后贴在墙上作装饰。废旧的饮料瓶、蛋糕盘等可以投放在区角里供幼儿装饰（图 6-14）。

图 6-14

（2）范例二

用深蓝色碎花布装饰墙壁，创造青花瓷的氛围。用 KT 板刻出城墙的模样后粘贴在墙上用作装饰（图 6-15）。

图 6-15

（3）范例三

以黑色 KT 板为背景，用彩色卡纸剪出小丑的脸贴在 KT 板上。投放瓶盖、废报纸和胶水等材料，幼儿将瓶盖和撕捏的报纸粘在小丑头上当头发（图 6-16）。

图 6-16

3. 科学区

科学区可分为科学探索区和科学观察区。科学区的活动要结合日常生活中的科学教育活动。在科学教育中进行的活动，可以在科学区中延伸。如在“沉浮”的教育活动之后，教师可以将材料提供到科学区中，让幼儿继续操作和探索。

（1）范例一

饮料瓶底部或者侧面剪开，用彩纸或即时贴进行装饰。然后按照一定规律粘贴在墙上。幼儿把滚珠放进第一个瓶子里，观察滚珠是否能按照瓶子顺序滚下去（图 6-17）。

（2）范例二

在废旧纸箱上贴上手影的图片。用彩纸制作一个转盘。转盘上贴上手影图。幼儿转动转盘，指针指到哪个手影图，幼儿就做相应的手影（图 6-18）。

图 6-17

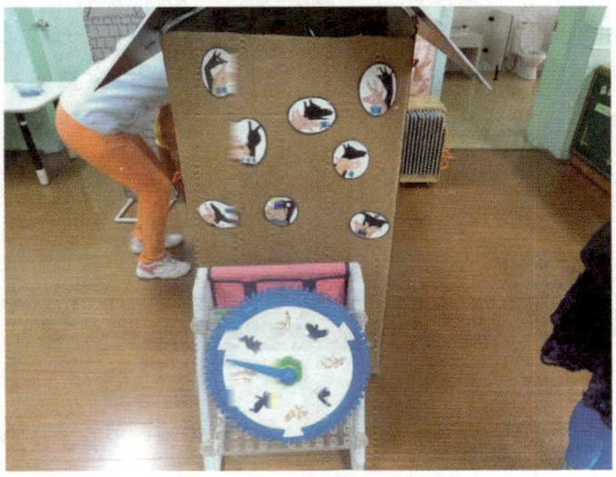

图 6-18

（3）范例三

科学观察区主要让幼儿观察一些科学现象，如通过观察植物的生长、植物的种子、植物的变色实验等了解大自然的秘密（图 6-19、图 6-20）。

图 6-19

图 6-20

4. 益智区

益智区内的活动包括数学的内容，如计算、分类、排序等；还包括拼图、各种棋类等。

（1）范例一

用一整张彩纸做背景墙，把其他颜色彩纸剪成房子形状。幼儿根据图书的内容，将图片贴在相应房间内（图 6-21）。

（2）范例二

在废旧蛋糕泡沫盒上插入钉子。幼儿用毛线在钉子上绕圈，织成不同的图形（图 6-22）。

图 6-21

图 6-22

5. 生活区

如给娃娃喂食物、夹夹子、系纽扣等这种简单的活动适合小班幼儿进行。中、大班幼儿可以投放有精细动作、难度较高的材料，如系绳子、编织、用筷子夹物品等。

（1）范例一

将第一个彩色别针固定在柜子上。幼儿接着往下扣别针，制作“窗帘”（图 6-23）。

图 6-23

（2）范例二

把彩色卡纸剪成毛毛虫的形状。幼儿把夹子夹在“毛毛虫”两边，当作它的脚（图 6-24）。

图 6-24

（3）范例三

把彩色卡纸剪成锯齿状。幼儿用毛线缠绕在锯齿上，进行编织（图 6-25）。

图 6-25

6. 角色扮演区

教师需要根据幼儿的年龄特点设置角色扮演区。小班的角色扮演区的主题以娃娃家为主；中班角色扮演区以医院、超市等区角活动为主；大班的幼儿可以开始自己制作游戏玩具，因此以照相馆等角色扮演区角为主。

（1）范例一

把大纸箱剪成房子的形状，彩纸装饰屋檐。黄色 KT 板剪成任意形状，贴上孩子照片和区角名称后，粘贴在纸箱上（图 6-26）。

图 6-26

（2）范例二

把纸箱剪成公交汽车的形状，用彩色卡纸进行装饰。纸箱里放有小椅子，幼儿坐在里面扮演司机、乘客（图 6-27）。

图 6-27

（3）范例三

把幼儿的家庭照贴在彩色纸上，并摆成小火车样式贴在墙上。再把彩色纸剪成小树和树叶贴在火车周围（图 6-28）。

图 6-28

7. 建构区

建构区可以投放积木、积塑等购买的材料，还可收集生活中的废旧物品，如积木、酸奶盒、易拉罐、纸盒等，让幼儿进行建构游戏，激发孩子的兴趣及积极性，发展幼儿的空间想象力、动手操作及交流合作能力。

(1) 范例一

在鞋盒外部糊上白纸，教师用彩笔将其画成各种房子。彩纸剪出小树、小草、房子的图形，摆放成小区布局。幼儿手持小汽车在小区内行驶，也可将鞋盒拼凑成不同的高楼大夏（图 6-29）。

(2) 范例二

KT 板剪成宽长条，两根棍子用纸箱辅助树立起来当桥架，剪好的 KT 板用绳子固定在上面，组合成“高架桥”（图 6-30）。地上投放各种积木、玩具。幼儿可以在地上拼搭出道路，也可以在 KT 板上玩小汽车。

图 6-29

图 6-30

（二）区角活动的标牌与进区牌

1. 区角活动的标牌

每个区角都应设置一个标牌，方便幼儿区别认知。标牌的设计要符合该区角的内容，突出其特色。一般来说，标牌可粘贴在活动区内明显的地方，或悬挂在活动区的上方。

教师可以根据区角的特点设计标牌的形状与图案。用 KT 板刻出大致形状，再用彩纸剪出精致的图案粘贴在 KT 板上。KT 板可以拴上绳子挂起来，或者贴在小纸盒上放在桌子上（图 6-31～图 6-34）。

图 6-31

图 6-32

图 6-33

图 6-34

2. 区角活动的进区牌

每个活动区可设置进区牌。进区牌是用 KT 板立起来靠近区角的，因此作为区角活动环境创设，进区牌要简单耐用、形象生动。进区牌还要保证其安全性，牌上不能有类似尖角的、锋利的东西。容易撕破的进区牌最好能进行塑封，便于重复使用。

（1）范例一

KT 板做背景。卡纸上画上区角的标志图案，每个图案后面贴上一排吸管。饮料瓶上贴上幼儿的小组数字，用来放进区牌。彩色卡纸剪成心形，粘上吸管做进区牌（图6-35）。

（2）范例二

KT 板做背景。彩纸剪成高楼形状。将彩纸剪成长方形纸条，折弯后粘在 KT 板上，用夹插放进区牌（图 6-36）。

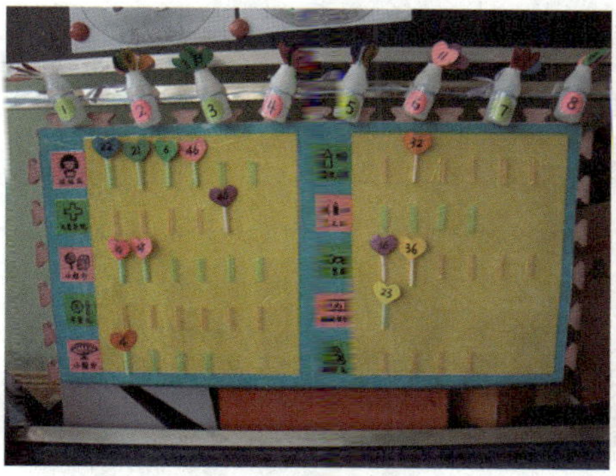

图 6-35

图 6-36

四、区角活动环境创设作品欣赏

思考与操作

1. 利用各色卡纸等材料分别设计与制作一个美工区、建构区、角色游戏区、科学区等区角活动的标牌。

2. 利用废旧大纸箱或纸盒等废旧材料、卡纸为幼儿设计和制作一个角色游戏场景，并制作一些游戏道具。

第三节 墙面环境创设

墙面环境也叫壁面环境，简称墙饰，指的是教师在幼儿园墙壁上所设计与制作的促进幼儿认知、审美等方面发展的物质环境。墙面环境创设是指教师根据一定的教育目标和幼儿身心发展特点，设计并创设的有利于实现教育目标、促进幼儿身心发展的环境。

一、墙面环境内容与设置

幼儿园墙面是环境创设的重要区域，根据墙面的具体空间位置和实用功能不同，墙面环境创设可以分为不同类型。

（一）使用功能分类

从使用功能上来说，墙面环境包括功能性墙饰、教学延伸性墙饰和装饰性墙饰。功能性墙饰有明确的功能要求，如班标、红花栏、家长通讯栏、每周食谱、保健栏、活动安排表、作息时间表、值日生安排表等（图6-37～图6-39）。教学延伸性墙饰是指与正规的教育教学相关联的环境，如教学主题活动的过程性展示、主题活动的结果展示等（图6-40～图6-42）。装饰性墙饰主要以壁面装饰为主要目的，一般表现为没有主题、较随意的，仅为了装饰某一面墙的环境（图6-43～图6-45）。

图6-37

图6-38

图6-39

图6-40

图 6-41

图 6-42

图 6-43

图 6-44

图 6-45

（二）设计性质及分类

从设计性质上来说，包括常规墙饰设计、主题墙饰设计、互动墙饰设计。常规墙饰主要体现为针对幼儿园各区域场所所做的装饰性或功能性墙饰设计，包括“室标”和“班标”设计、各类宣传板（栏）设计、午睡室墙饰设计等（图 6-46、图 6-47）。主题墙饰主要是在幼儿园各班级教室中，以各学期相关教育内容为主题的各类墙饰设计，包括教室主、副墙饰设计，各区角的边饰设计，环境图示设计等（图 6-48、图 6-49）。互动墙饰是让幼儿参与墙饰材料的准备和制作的过程，师生互动共同完成的一种墙饰制作形式（图 6-50、图 6-51），包含作为教学活动后粘贴幼儿作品的展示墙（图 6-52、图 6-53）。

图 6-46

图 6-47

图 6-48

图 6-49

图 6-50

图 6-51

图 6-52

图 6-53

（三）制作材料划分

从制作材料上划分，墙饰可以分为纸材料墙饰、废旧材料墙饰、布材料墙饰以及其他类材料墙饰。在幼儿园墙饰制作中，纸材料使用最为广泛，其次就是废旧材料和布材料。在幼儿园实践中，根据需要可以综合纸材料、废旧材料、布材料或其他类材料。

二、墙面环境设计与制作的要求

（一）选材的多样性

墙面环境的内容应多种多样，尽量反映现实生活和当代世界的发展。在制作材料的选择上也应多样化，给人以新鲜感和真实感，丰富幼儿的感知觉，引发幼儿的想象，并适合各种主题的需要。制作材料可以是自然界的花草、石块、昆虫、贝壳等，还可以是一些废旧的物品。但一定不能太多，以免使人眼花缭乱，并给人杂乱感。

（二）画面的和谐性

墙面的布置要注意形象、色彩、形式、空间等造型要素之间的和谐，给人以美感。一般以柔和的色调为宜。墙面布置不宜过满，应留出空白，不致使人产生拥挤、杂乱的感觉。而且幼儿进行集体活动时经常朝向的墙面，不应作过多的布置，以免分散幼儿的注意力。

（三）感官的审美性

墙面环境应创设幼儿感受美、欣赏美、表现美的氛围。布置具有童趣美、造型美的主题环境要从幼儿的兴趣出发，让幼儿在墙面环境中生活、学习，受到美的熏陶，满足幼儿对美的需求。

（四）布置的参与性

用来布置墙面的东西，不能全是教师的作品或买来的贴画，应有幼儿的参与。幼儿动手参与墙面环境的布置，可以提高幼儿的动手能力，引发幼儿对墙面环境的兴趣。幼儿在展示自己作品的同时，成功的喜悦感更增加了他们的主动性和积极性。在与环境相互作用的过程中，幼儿不知不觉获得新的知识经验。虽然幼儿存在个体差异性，但主题环境创设应尽可能地让每个幼儿在自己原有的基础上获得积极向上的发展。因此，让幼儿发挥想象，参与创设是必要的。

（五）效果的整体性

幼儿园的墙面环境的设计应与自然环境和室内其他的装饰相协调，要注重整体设计，色调要基本统一，风格要整体协调，努力创造一个明朗、活泼、富有童趣的环境气氛。

（六）内容的发展性

墙面环境的发展性是根据当前的教育目标和幼儿的现有水平，分期变换创设的。幼儿园墙面环境的设计必须是一个动态的、发展的过程。墙面环境创设要与当前的教育目标相一致，要与本学期主题或每月主题教育教学相关，充分体现环境的教育价值。设计的内容应随着教育活动的进展而变化，随着幼儿年龄、季节、身边环境的变化而变化，还应根据观察到的幼儿活动现象灵活调整内容，传递给幼儿相应的信息。

三、墙面环境制作实例

下面分别介绍几种按使用功能划分的墙饰。

（一）功能性墙饰

1. 红花栏

红花栏，也叫星星板，是记录幼儿奖励次数多少的墙面（图 6-54）。制作材料是 KT 板、卡纸、班级幼儿照片，备用很多小贴纸。制作方法是将 KT 板剪成方形和三角形拼合，用卡纸剪很多糖果形，上面贴上班级幼儿的照片，再整齐有序地粘贴到 KT 板上。将 KT 板整体粘贴到教室某个墙面上，每天奖励幼儿的物品如小红花、贴纸等，可以分别贴到幼儿的糖果形照片旁。

图 6-54

2. 家园联系栏

家园联系栏，也叫家长通讯栏，是展示幼儿园保教工作的一个窗口，也是家园进行教育交流的一块活动空间。制作材料是软木墙板、卡纸、皱纹纸、装饰小盒子。制作方法是将软木墙板剪成椭圆形，绿色卡纸剪成比软木墙板稍微大点的椭圆形；用卡纸分别剪出云朵、星星、热气球等；用笔给云彩边缘装饰一下；用皱纹纸卷成长纸筒层层叠叠粘在一起稍微弯一下做成彩虹；分别按图 6-55 所示位置粘贴好。

3. 进区卡

这里介绍的进区卡是在墙面上的，属于墙面环境的一部分。进区卡是幼儿进行区角活动的通行证，幼儿进行区角活动前先取卡到相应的区角放卡。它的作用是引导幼儿对号入区，可以有效控制每个区角游戏的人数，使幼儿养成有序、按规则游戏的好习惯（图 6-56）。

图 6-55

图 6-56

进区卡的制作：准备软木墙板、卡纸、各类过塑的小动物图像、吸管、幼儿的照片、图钉等。将软木墙板剪成梯形，上面用图钉插拼成“进区卡”3 个字；软木墙板剪成长方形，将 6 种动物一排一排地粘到上面，上面留有插孔，方便幼儿插自己的图像；用卡纸剪一些纸造型，上面贴上幼儿照片，然后粘到吸管上；用卡纸剪一些造型，上面写上第一组到第六组。使用时，幼儿只要将自己的图像从动物插孔取出，放到自己想玩的区角固定的地方，区角活动结束时再取回，放入进区卡动物插孔。

（二）教学延伸性墙饰

1. 奇妙的蛋宝宝

这是一系列有关“奇妙的蛋宝宝”主题教学活动展示墙，是科学、健康、美工的整合（图 6-57、图 6-58）。科学活动目标是让幼儿认识各类蛋的形、色及其变化；健康活动目标是让幼儿了解各类的烹饪方法和蛋的营养价值；美工活动是让幼儿学会绘制蛋宝宝和母鸡，并用鸡蛋壳进行粘贴。

图 6-57

图 6-58

准备材料是卡纸、各类蛋的照片、蛋类菜品照片、鸡蛋若干个。分成三个区，一个区展示健康活动照片及材料，一个区展示科学活动照片及材料，一个区展示美工活动作品。然后再用卡纸制作出房子、小草、鸡窝、母鸡等。

2. 糖果树

开展教学主题活动“糖果”，可以做一面“糖果树”墙饰（图 6-59）。还可以将主题教学延伸为区角活动——包糖果。在靠近墙饰的角落放置一些桌椅，提供糖纸和泡沫，让幼儿练习包糖果的技能。

图 6-59

准备卡纸、毛线、涤纶纸或皱纹纸、毛线、画笔等。用卡纸剪出大树树干和树叶，将毛线粘在树干上做成树枝，将树叶一一粘在树枝上。用卡纸剪 5 个圆形，粘贴组合成毛毛虫身体，先后粘上毛线做毛毛虫的脚，再在毛毛虫身体上一步步地示范包糖果的过程。

3. 鱼儿水中游

如图 6-60 所示是有关鱼的主题活动展示墙，是科学活动、美工活动整合的教学过程和教学成果展示。科学活动是认识鱼的结构、鱼的种类、鱼的习性等，美工活动是用皱纹纸装饰鱼。

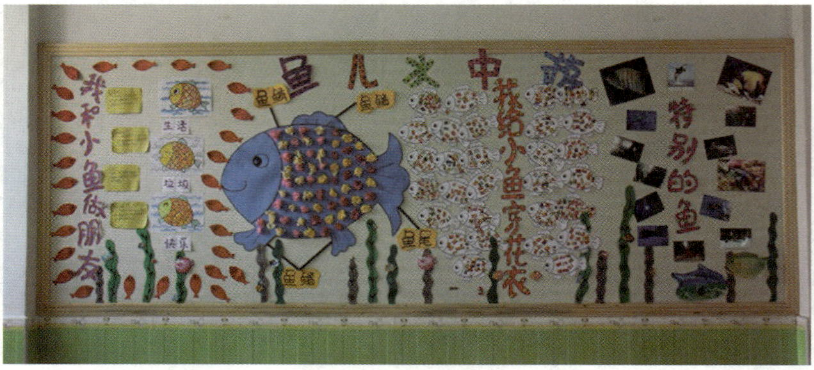

图 6-60

准备材料有卡纸、皱纹纸、各类照片和笔。展示墙分区进行展示，分别是“我和小鱼做朋友”“我给小鱼穿花衣”“特别的鱼”。把剪好的鱼和照片分别按图示粘贴好。

（三）装饰性墙饰

1. 秋菊

准备卡纸、一次性纸杯若干、彩笔、软木墙板等。将一次性纸杯的杯身朝杯底剪开并往下压做菊花花瓣，将花瓣尖部稍微卷一下；杯底用彩笔涂上各种颜色；用卡纸剪成花瓶状，再用绿色卡纸卷小细长管做花枝，然后把这些素材一一粘贴到软木墙板上；剪一些小草粘贴在周围，在卡纸写上秋菊两字即可（图 6-61）。

图 6-61

2. 装饰花

收集多种颜色的水果泡沫包装，将其两头扎到一起做花瓣，然后剪一些泡沫包装作为花心与花瓣绑到一起；再用卡纸剪一些叶子、做一些花枝，按图 6-62 所示组合粘到软木墙板上。

图 6-62

四、墙面环境创设作品欣赏

（一）功能性墙饰

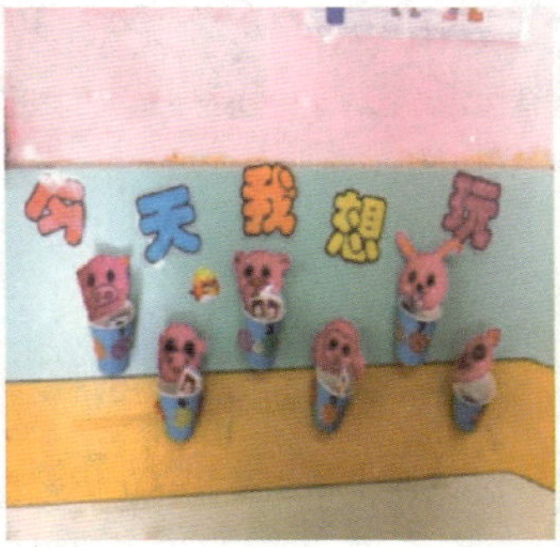

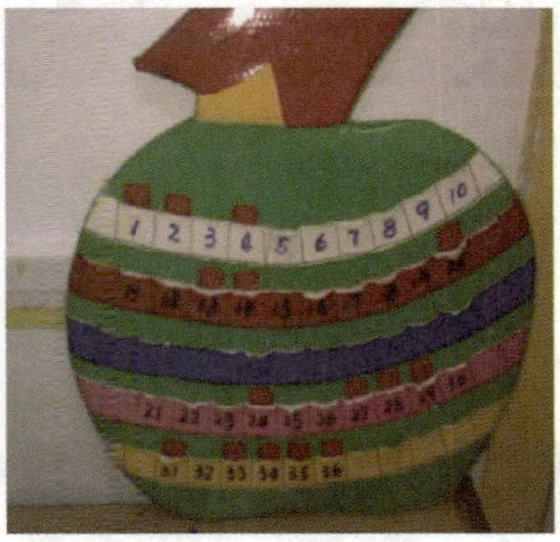

（二）教学延伸性墙饰

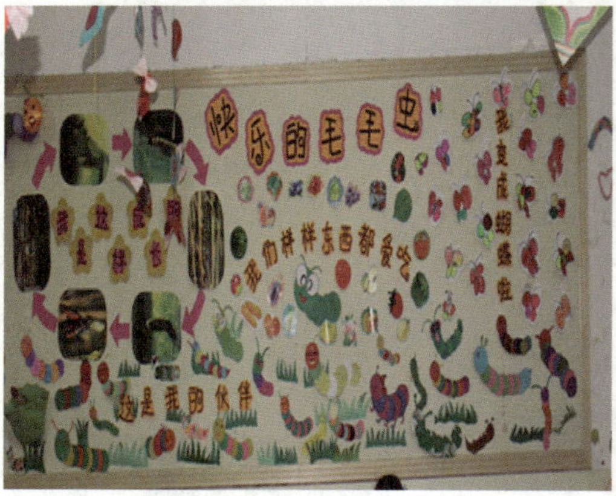

（三）装饰性墙饰

思考与操作

1. 为幼儿园设计并制作一面“每周食谱”或者“保健栏”的墙饰。
2. 利用废旧材料和纸材料等为幼儿园设计并制作一面装饰性墙饰。
3. 以大班教学内容“地球村”为主题进行环境创设。要求主题鲜明，并与教育性、艺术性、幼儿参与性、灵活性紧密相结合，且富有创意与联想。

第四节　幼儿园公共区环境创设

一、公共区环境创设及其构成要素

幼儿园公共区环境是指园内活动室之外每个班级公共活动领地的物质环境，它是由实体构件围合的幼儿园室内外环境。构成要素主要包括：各班活动室门以外的幼儿园公用的区域，包括大厅、走廊、楼梯、户外活动空间、公共游戏场所、室外绿化、室外道路地面等。公共区环境是园内师生共同拥有的环境，是幼儿园物质环境的一大组成部分。公共区环境创设对于幼儿的身体、心理的成长的影响也至关重要。因此，有必要对其进行科学设计并合理规划，巧妙利用幼儿园内的空间、楼梯、拐角、走廊、地面等场所，使园内公共区内的所有设备、物质、材料等都能满足幼儿的发展需要，最大限度地促进幼儿的发展。

二、公共区环境创设的原则

幼儿园公共区环境的塑造是现代幼儿园设计中的重要组成部分，也是幼儿园环境创设应关注的一大区域。整体设计布局应充分体现“幼儿发展为本”的教育思想，在设计规划时遵循幼儿园环境创设的基本原则，使整个环境充满美的气息，使幼儿一走进幼儿园就能感受并融入这个环境之中，在潜移默化中接受美的教育，受到美的启迪。

（一）环境与教育目标一致的原则

一方面，幼儿园教育目标是促进幼儿的全面发展，环境创设要有利于教育目标的实现。另一方面，要依据幼儿园教育目标，对环境设置做系统规划。在制订学期、月、周、日及每一个活动计划时，当教育主题目标确定后，应考虑：为了达到这些目标，需要有怎样的环境与之配合？现有的环境因素中，哪些因素对教育目标的实现是有用的，哪些环境因素是需要创设的？需要幼儿家庭、社区做哪些工作？等等。应将这些列入教育计划并积极实施。

（二）适宜性原则

幼儿正处在身体、智力迅速发展以及个性形成的重要时期，有多方面的发展需求。幼儿园环境创设应与幼儿身心发展的特点和发展需求相适宜。处于不同年龄阶段的幼儿，其身心发展特点和需求表现出不同的特征，环境创设应适应幼儿的这种差异。而幼儿的身心特点和发展需求还会随着年龄增长而发展变化，因此环境创设不是一次就可以完成的，它是一个设计、实施、修正、再实施、再修正的螺旋式发展过程。

（三）幼儿参与的原则

环境创设的过程是幼儿与教师共同参与合作的过程。教育者要有让幼儿参与环境创设的意识，认识到幼儿园环境的教育性不仅蕴含于环境之中，而且蕴含于环境创设的过程中。

（四）经济性原则

应以物质条件对幼儿发展的功能大小和经济实用性为依据。如将废旧的车胎应用于幼儿跳、跨、钻、爬的体育技能养成中，既抓住了幼儿的注意力，又环保耐用，发挥了材料的余热。

三、公共区环境创设的区域及其图例

（一）大厅

大厅是师幼及家长每天必定会接触的场所，是家长了解一个幼儿园的重要场所。可以在各空白处设计张贴宣传幼儿园办园思想及人文管理材料的各种宣传板，让人一进入大厅就充分感受幼儿园开放、向上的办园理念（图 6-63）。

图 6-63

（二）走廊

幼儿园的走廊设计应结合幼儿年龄段的特点，给教师和幼儿留有充分的发挥空间，让各年龄段的师生主动参与，自己设计完成。在走廊两侧可悬挂、粘贴或绘制一些幼儿喜闻乐见的卡通形象、富有美感的造型以及涵盖丰富知识的组图，让幼儿在进进出出的过程中接受丰富的信息（图 6-64）。当开展主题活动后，也可以把主题以图文并茂的形式张贴在走廊墙壁上，让家长及时了解幼儿园的活动情况（图 6-65）。

图 6-64

图 6-65

（三）楼梯

楼梯是孩子上下楼的通道，也是进行审美、认知等教育的重要场所，可在楼梯合适的位置上粘贴一些名家艺术品、教师制作的精美作品以及幼儿绘制的优秀作品；也可以将具有中国特色的民间工艺作品如布艺、剪纸等悬挂于两侧，让幼儿时时处处感受到民间工艺所带来的艺术熏陶（图 6-66～图 6-68）。另外，要不定期地更换内容，使幼儿接触到丰富的艺术手段，不至于审美疲劳。

图 6-66

图 6-67

图 6-68

（四）户外活动空间

在幼儿园的一日活动中，户外活动越来越到重视，每天不少于2小时的户外活动也逐渐成为许多幼儿心照不宣的基本活动之一。随着课改的不断深入，观念的不断更新，我们对幼儿园的户外活动也有了新的理解。积极开展户外活动，不仅有助于提高幼儿的运动能力，促进动作协调发展，而且放松了孩子们的情绪，放飞了孩子们的心灵，从而户外活动空间的作用也越发重要。户外活动空间如图6-69所示。

图6-69

四、公共区环境创设欣赏

生活中探索

思考与操作

1. 到幼儿园实地观摩，重点观察幼儿园公共区的环境创设，并拍摄一些照片，将照片拿到班级相互交流。

2. 在拍摄的幼儿园公共区环境创设照片中重点挑出几张，说说这几个作品在设计与制作的过程中遵循了哪些基本原则？

第七章　各领域玩教具设计与制作

本章导读

本章教学内容主要涉及健康、语言、社会、科学与艺术五大领域玩教具的制作。通过本章的学习，应了解各大领域玩教具的分类、设计要点以及常用的五大领域玩教具的制作方法。建议综合利用前面所学的手工基本技能来设计与制作各领域教育教学活动玩教具。在各领域玩教具设计与制作过程中，要求材料价廉易得，作品耐用美观，造型生动可爱。

教学准备

材料：纸类如卡纸、手工纸、瓦楞纸等，废旧材料如纸盒、纸箱、纸杯、纸托盘、报纸、塑料瓶、木棍、铁棍、筷子等，泥材料如橡皮泥、超轻黏土等，布材料如旧衣服、不织布等。

工具：彩笔、马克笔、剪刀、美工刀、针线、尺、颜料、双面胶、透明胶带、即时贴等。

优秀玩具赏析

1.《小水滴旅行记》

南通市通州区实验幼儿园教师作品（图 7-1）。作品主要材料为木工板、PVC 管、旧电线、废旧链条及齿轮、废旧不锈钢管道、感应器、发光带、一次性杯子、各种废旧盒子和瓶子、不同材质的球等环保材料。作品外形尺寸为 160cm×120cm。使用方法是操作水循环装置，了解水的蒸腾、下降、渗入的循环过程。用不同颜色、不同材质的小球表示小水滴，观察球的运动轨迹，探索小球在水中的沉浮现象。幼儿边操作边讲述小水滴的旅行过程，尝试创编故事、儿歌等。

图 7-1

2.《布龙舟》

镇江市一泉路幼儿园教师作品（图 7-2）。《布龙舟》是一种以运动类为主的玩教具，外观色彩艳丽，造型简洁，美观大气，而且安全卫生，无毒环保，易清洗，可反复使用。这件作品最大的特点就是可以不断变形，可侧立、直立、放倒、折叠、卷曲、收缩等，操作简单，携带方便，每次变形都能变化出不同玩法，可以发展幼儿的想象力。适合小、中、大班各个年龄段的幼儿玩耍，可以发展幼儿的走跑、钻爬、平衡、跨跳等能力，培养幼儿的合作能力、规则意识、竞争意识，使幼儿体验到团结协作、竞赛成功的乐趣。

图 7-2

3.《鼓韵》

江苏省海安县大公镇中心幼儿园教师作品（图 7-3）。所用材料是生活日用品和废旧材料（如塑料盆、雪碧瓶等）以及本地资源——“海林内衣”针织厂的边角料。所用材料环保、低碳、安全，保证了幼儿的身心健康。“花鼓”一可作敲打乐器，二可供大型表演，三可开展舞龙游戏。“多用小鼓”可用作爵士鼓表演、腰鼓表演、智力游戏等，还可用于音乐活动、体育游戏中，更适用于大型集体表演活动。

图 7-3

精讲分析

玩教具按领域划分可分为健康领域玩教具、语言领域玩教具、社会领域玩教具、科学领域玩教具和艺术领域玩教具等。对于教师来说，各领域玩教具是承载各领域教育教学目标的工具，对于幼儿来说，各领域玩教具是好玩的、可操作的有趣玩具。由于自制玩教具与工业玩教具相比有其独特的优势，因此，教师能根据各领域教学需要自制玩教具是非常重要的。在自制各领域玩教具时，教师要将安全性、教育性、实用性、层次性和审美性作为重要的制作原则。

第一节　概述

一、五大领域玩教具制作的概念和特点

许凯、袁爱玲在《幼儿园教学具设计与使用指导》一书中，将教育教学活动玩教具分成健康教育活动玩教具、语言教育活动玩教具、社会教育活动玩教具、科学教育活动玩教具、艺术教育活动玩教具。本章将按此分类从五大领域来介绍教育教学活动玩

教具。

课程的实施离不开玩教具的支撑。为了使幼儿直观地、有趣味地、有效地参与活动，教师经常会设计、制作（也可以购买）玩教具并在教学活动开展时加以运用。对于教师来说，教学活动中的玩教具是承载教育教学目标的工具；对于幼儿来说，教学活动中的玩教具是好玩的、可操作的有趣玩具。因此，教学活动玩教具是达到教学目标、促进幼儿发展的重要手段。

各领域教育教学活动玩教具主要是指在健康、语言、社会、科学、艺术五大领域教育教学过程中使用的教具、学具。各领域教育教学活动玩教具制作是指自己动手制作五大领域教育教学活动所需要的玩教具。

自制教育活动玩教具意义非凡，独具优势。与工业生产玩教具相比，自制教育活动玩教具主要有以下几点优势：首先，自制玩教具更能适应幼儿园教育教学的具体需要，更贴切地为教育教学服务；其次，自制玩教具更节能环保，教师可以有效地利用生活中废弃的或廉价的材料制作有用的玩教具，费用相对低廉；再次，自制玩教具最突出的优势和特点是制作方法简单易行，又具有很强的灵活性，根据教学方法的需要可以更改。基于以上特点，玩教具制作技能是幼儿教师的重要技能之一。

二、设计与制作各领域教育活动玩教具的基本要求

自制教育活动玩教具时要遵循一定的原则，以保证玩教具的价值得到充分利用，这样在实践中教育教学才能取得最佳效果。

（一）安全性

《幼儿园教育指导纲要（试行）》（下文简称《纲要》）指出，幼儿园必须把保护幼儿的生命和促进幼儿的健康放在工作的首位。基于此，在设计与制作教育活动玩教具时必须遵循安全性这一基础原则。

首先，在制作玩教具时应选择无毒、卫生、易清洗、能消毒的材料，确保幼儿不会受到身体和健康方面的伤害；其次，玩教具在选材和制作时尽量不要选用带尖角、危险小零件等容易伤害幼儿的不安全物品，如牙签、铁丝等。若必须要用到，则在制作时一定要包裹严实，防止发生危险。

（二）教育性

制作教育活动玩教具的教育性原则是指在设计与制作玩教具时要充分考虑到玩教具的教育功能，为教育教学服务，为幼儿的身心发展服务。在设计与制作玩教具时，制作者要充分思考其教育价值所在，并结合教育教学活动目标在玩教具中物化这些目标。

（三）实用性

实用性原则是指在设计与制作玩教具时要充分考虑其可操作性和牢固性。教育活动玩教具不是观赏的摆设，不是美化环境的花瓶，而是提供给幼儿操作、摆弄、探索的工具，让幼儿通过操作、摆弄、探索而获得发展的；由于幼儿操作频繁，还要求玩教具足够牢固、结实、耐用，经久耐玩，不至于在操作过程中轻易损坏。

（四）层次性

层次性原则是指在设计与制作玩教具时，要针对不同年龄、不同特点的幼儿设计不同难易程度、不同操作规则的玩教具。幼儿在认知水平、能力、经验、学习方式上存在个体差异，有层次的玩教具会满足不同幼儿的学习需要。

（五）审美性

审美性原则是指玩教具在设计与制作时，造型和色彩必须满足幼儿的审美需要。这是由幼儿身心发展特点决定的，色彩鲜艳的、形象逼真的、造型可爱的玩教具更能吸引幼儿的注意力，激发幼儿的操作兴趣。

三、设计与制作教育活动玩教具的基本步骤

（一）构思

在自制教育活动玩教具的过程中，要先根据教育活动目标和内容的需要进行初步的构思与设计，事先对玩教具有一个总体形态的构想。

（二）选材

在构思的基础上选择相关的材料并思考如何利用这些材料将其制作以附着某些教育功能。同时，根据现有的材料对作品的造型、结构、色彩、装饰等因素再次全面构想和设计。

（三）制作

根据所选材料的特点采取不同的手工操作技法去完成材料的制作。

（四）装饰

手工制作好的玩教具特别是废旧材料制作的玩教具还需要进行美化装饰，让其符合幼儿的审美心理。一般装饰的方法有涂色、绘制、粘贴等，通过装饰，增强玩教具的视觉美感，吸引幼儿的操作兴趣。

思考与操作

1. 到幼儿园实地观摩，拍摄一些玩教具图片，并将其按五大领域玩教具进行分类。

2. 重点挑出几个玩教具，说说在设计与制作的过程中遵循了哪些基本原则？

第二节　健康领域玩教具制作

一、健康领域玩教具的分类及设计要点

健康领域玩教具的设计要以健康领域教育目标为主要参照。根据《纲要》，幼儿园必须把保护幼儿的生命和促进幼儿的健康放在工作的首位。《指南》中提出："发育良好的身体、愉快的情绪、强健的体质、协调的动作、良好的生活习惯和基本生活能力是幼儿身心健康的重要标志，也是其他领域学习与发展的基础。"因此，健康领域教育目标主要包含幼儿身心的健康发展、良好日常生活习惯的养成、精细动作和大动作技能的发展、安全保健知识技能的学习等。其中，幼儿身心的健康和日常生活习惯的培养主要渗透在幼儿在园一日生活中，而幼儿精细动作和大动作技能的锻炼、安全保健知识和技能的学习更依赖玩教具的操作。因此，在设计健康领域玩教具时要围绕三大块来设计：大动作运动类玩教具、安全保健类玩教具、精细动作类玩教具。下面分别介绍其设计要点。

（一）大动作运动类玩教具及设计

大动作运动类玩教具主要锻炼幼儿的走、跑、跳、钻、爬、投掷、滑行、平衡等大动作技能，俗称体育活动玩教具。通过让幼儿操作、体验体育活动中教师所提供的体育类玩教具，可以促进幼儿大动作的发展和大肌肉、小肌肉的发育，提高幼儿感统水平，发展幼儿肢体多方面的协调性，增强幼儿体质。

体育活动玩教具包括大型体育器械、中小型体育器械和手持轻器材，它们在使用场地、操作功能、材料形态等方面都各具特色。大型体育器械是具有锻炼幼儿攀、爬、钻、滑、平衡等多种动作功能的联合器械，一般在体积上都比较大，如滑梯（图 7-4）、充气堡（图 7-5）等大型玩具；中小型体育活动器材以球、绳、圈、车类以及其他废旧材料为主，在体积上比大型玩具要小很多（图 7-6~图 7-9）；手持轻器材是指幼儿能拿在手里操作的小型体育活动操作玩具，如毽子、滚轮、赶小猪玩具等（图 7-10~图

7-13）。其中，手持轻器材形式多种多样，最适合教师和幼儿动手制作，中小型体育活动器材有的也可以用体积大一点的废旧纸箱、纸盒、废旧轮胎进行制作。

图 7-4　大型滑梯

图 7-5　大型充气堡

图 7-6　刷染轮胎

图 7-7　组合轮胎

图 7-8　废旧纸箱组合制作

图 7-9　钻爬矮门

图 7-10　牛奶罐制作的滚轮

图 7-11　薯片盒、光盘制作的滚轮

图 7-12　塑料瓶制作的抛接玩具

图 7-13　废旧材料综合制作的赶小猪

大动作运动类玩教具在设计时要针对幼儿动作技能的各项指标进行多样化的设计。教师在设计制作大动作运动类玩教具时，还要充分考虑不同年龄段幼儿的不同特征。小班幼儿的基本动作整体水平相对较弱，体育活动主要培养幼儿参与的兴趣和锻炼的习惯。用幼儿感兴趣的方式发展基本动作，让孩子体验运动的快乐，在此基础上促进幼儿平衡、钻爬、走、跑、攀、跳跃等能力的发展，这就需要教师在设计小班体育活动玩教具时考虑玩具的简单、好玩、实用、美观的特点。同时，小班幼儿自我保护意识薄弱，在设计制作玩教具时还要考虑到操作性和安全性。随着中班幼儿动作的发展和运动能力的提高，在组织和安排体育活动时，教师可以通过鼓励幼儿"一物多玩""一物多变"来激发他们的想象创造能力，注重引导幼儿自主地进行探索和思考。大班幼儿的动作开始出现协调性和稳定性，基本掌握了主要的全身运动，因此在玩教具的设计上要注重强调多功能性。

（二）安全保健类玩教具

让幼儿获得基本的健康知识和技能，提高幼儿自我保健和自我保护的意识和能力是健康教育的重要任务。由于幼儿认知发展水平有限，学习需要直观地、操作性地完成，教师在进行安全保健知识和技能教育时，就必须借助一些具体的、形象逼真的玩教具，让幼儿观看、操作、摆弄，才能让幼儿获得直观的、感性的经验。安全保健类的玩教具一般包含饮食营养健康类玩教具、交通安全玩教具（图 7-14～图 7-17）、消防安全玩教具和防意外伤害类玩教具。常用的玩教具主要有：营养知识卡片、各种交通标识、消防标识、安全宣传图片、防拐骗类知识图片、常用的消防器具模型等。

图 7-14　交通安全玩教具一

图 7-15　交通安全玩教具二

图 7-16　立交桥玩教具

图 7-17　交通标识玩教具

（三）精细动作类玩教具

精细动作类玩教具是指发展幼儿手部精细动作的玩教具，如穿、脱、绑、拉、系、夹、撕等小动作。教师设计并制作精细动作类玩教具让幼儿操作，可以训练幼儿的基本手指动作，还可以提高幼儿的手眼协调能力，促进幼儿的手部小肌肉发育，同时增强幼儿的生活自理能力。精细动作类玩教具大部分适用于中小班。这类玩教具在设计时要有针对性，首先要针对各项精细动作进行科学化设计，如拉的动作，可以设计成青蛙身上的拉链；其次要有趣味性，将拉、扣、系等动作物化到卡通动物身上，符合幼儿的心理特点，吸引幼儿的注意力并进行操作。教师可以寻找一些生活中的废弃物，或者选择一些价格低廉同时又环保耐用的材料进行制作（图 7-18～图 7-21）。

图 7-18　太阳花扣

图 7-19　小熊和小兔

图 7-20　开门栓

图 7-21　美发屋

二、健康领域玩教具的各年龄段分类

由于幼儿的认知水平和动作水平发展存在差异，因此，大、中、小班幼儿所适用的健康领域玩教具应有所不同。具体分类见表7-1：

表7-1　　健康领域各年龄阶段玩教具参考表

小班	小滑梯、小拉车、小推车、彩色小飞盘、快乐钻、拉力器、接球器、动物拱门、平衡木、小小保龄球、小飞龙、沙包、捉尾巴、小袋鼠、投箱、打地鼠、自制小火车、小小保龄球、自制纸球、抬轿子、压路机、扣扣子玩教具、我会刷牙、好吃的爆米花、我会洗手、喂小动物、旋瓶盖、扫落叶、自制踢足球等
中班	中型滑梯、平衡木、平衡梯、跨栏、轮胎陷阱、瓶子迷宫、自制梅花桩、滚滚乐、呼啦圈、篮球、自制树桩、跳房子、纸盒、独木桥、自制飞盘、自制陀螺、羊角球、自制高跷、小球钻洞、抛接球、报纸、地垫、纸棍、纸板、讲卫生小卫士、串珠游戏等
大班	大型玩具器械、秋千、转桶、平衡木、拱形门、沙包、投掷篮、篮球、跳绳、呼啦圈、保龄球、轮胎、自制梅花桩、自制双人鞋、自制跨栏、袋鼠跳、小飞碟、大坦克、毽子、降落伞、风筝、吊环、区分左右、我爱打扮、安全标志拼图等

三、健康领域玩教具设计与制作案例

（一）大动作运动类玩教具举例

1. 保龄球

（1）材料准备：矿泉水瓶10个、颜料、笔、水、皮球。

（2）制作方法：用笔蘸颜料将10个相同大小的矿泉水瓶刷上漂亮的颜色；将瓶装满水，拧紧瓶盖；然后将制作好的“保龄球”按次序摆放成一个等边三角形放在规定位置，用皮球进行击打；最后，在离摆放好的“保龄球”一定距离处画一条线，游戏就可以玩了（图7-22）。

图7-22

（3）锻炼技能：滚球；肘、腕、指关节和手部肌肉的运动，手眼协调能力，方位、距离、力度的直觉。

2. 举重器

（1）材料准备：奶粉罐8个、铁丝、细棍或竹竿、彩色胶带、卡纸等。

（2）制作方法：将8个奶粉罐洗净晾干，4个一组用铁丝捆绑；在奶粉罐中加沙或土等重物（注意两边的重量要差不多），并将每一个奶粉罐的开口用胶带固定封口；将细棍或竹竿分别插入两组奶粉罐中间，用铁丝绑紧固定；用卡纸将两组奶粉罐分别包裹起来装饰，将卡纸剪成长条卷在棍或竿上进行装饰，最后在卡纸上再粘一层胶带（图7-23）。

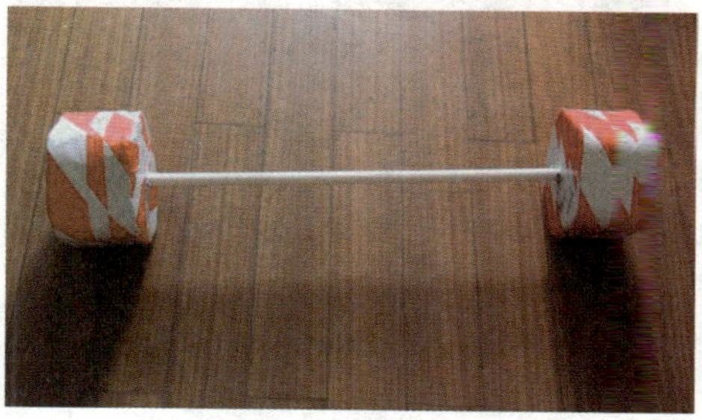

图7-23

（3）锻炼技能：举重；也可以两个幼儿合作推行。

3. 卡通门球

（1）材料准备：废旧纸箱、各色卡纸、球若干个、皱纹纸、彩笔、马克笔、跟球杆差不多弯度的树枝、宽透明胶带、双面胶等。

（2）制作方法：将废旧纸箱的一面剪掉一点做门球的门；剪各色卡纸将纸箱装饰成可爱动物，可画可剪贴；将球外面包上一层皱纹纸，用双面胶粘好，再用马克笔在包好的球上写上数字，再包上宽透明胶带；将一头弯折的树枝外层包上皱纹纸，弯折的一头多包几层做成球杆，在杆上用胶带固定（图7-24）。

图7-24

（3）锻炼技能：动作精准性和协调性。

4. 钻钻圈

（1）材料准备：小型呼啦圈 6 个、透明胶带。

（2）制作方法：将呼啦圈用透明胶带绑好固定成六面体（图 7-25）。

图 7-25

（3）锻炼技能：爬钻的动作。

（二）安全保健类玩教具举例

1. 我会刷牙

（1）材料准备：面巾纸盒、白色卡纸、彩色卡纸、水彩笔、即时贴、牙刷。

（2）制作方法：取废旧面巾纸盒用红色即时贴贴上装饰；在面巾纸盒的上方剪出开口，将白色卡纸剪成牙齿的形状粘贴在开口处，固定好；用水彩笔在彩纸上画出小细菌并过塑；将小细菌上粘上一点双面胶穿插摆放在牙齿上，当用牙刷刷牙时易从牙齿上掉下来（图 7-26、图 7-27）。

（3）锻炼技能：正确地刷牙、怎样保护牙齿。

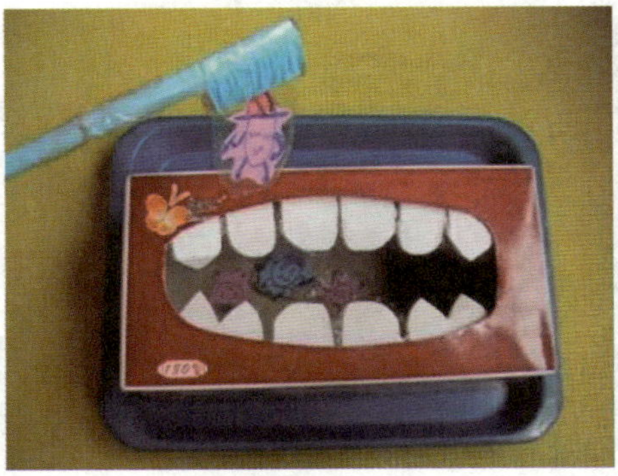

图 7-26

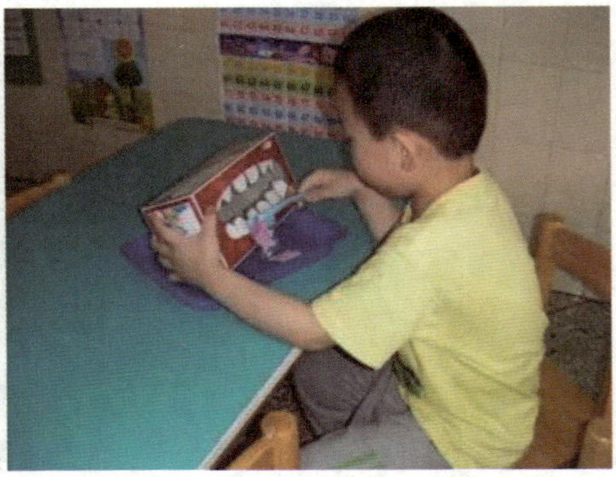

图 7-27

2. 消防车和灭火器

（1）材料准备：

①消防车：牛奶大盒子、月饼盒等小盒子、长吸管、长纸筒、圆柱体铁罐、宽透明胶带等；

②灭火器：1.5L的农夫山泉瓶、红纸、长吸管、胶带。

（2）制作方法：将小盒子放大盒子上，做成车身和车头；将铁罐用宽透明胶带绑住装到车子下面当轮子；长吸管粘到车头上当水管，或纸圆筒绑在车身上，即做好消防车（图7-28）。在矿泉水瓶身裹上红纸，瓶盖处包裹时要放大一些，上面粘上吸管，即做成灭火器（图7-29）。

（3）玩教具作用：了解消防车、灭火器等各类消防安全工具。

图7-28

图7-29

（三）精细动作类玩教具举例

1. 好吃的爆米花

（1）材料准备：废旧纸盒2个、塑料隔盒、彩色卡纸若干、剪刀、双面胶、刻刀、魔幻玉米、筷子、即时贴。

（2）制作方法：取废旧纸盒用彩色即时贴将每一面贴满或黄色，再剪刻出嘴巴的轮廓；取彩色卡纸剪出娃娃的脸、头发、眼睛等粘在相应位置；在塑料盒里装一些魔幻玉米，用筷子喂娃娃吃“爆米花”（图7-30）。

（3）锻炼技能：夹筷子，训练手指灵活性。

2. 毛毛虫粘扣

（1）材料准备：若干颜色的不织布、粘扣、针线。

（2）制作方法：将绿色不织布剪成5个同等大小的圆做身体，再剪一个稍微大点的圆做头，一个小点的椭圆做尾巴；剪一些比身体小一点的红色或蓝色圆；剪出眼睛、嘴巴、耳朵；按图将各个大大小小的圆用针线缝连起来；最后缝上粘扣（图7-31）。

（3）锻炼技能：粘扣技能、小肌肉动作。

图 7-30

图 7-31

3. 给小熊穿衣服

（1）材料准备：不织布、丝绵、暗扣、针线。

（2）制作方法：先用布材料手工制作的技法制作小熊，再剪出绿色的小熊衣服；将 4 对暗扣缝上，用粉红色的不织布剪一些小花缝在暗扣的位置将小熊衣服整体缝到小熊身上（图 7-32）。

（3）锻炼技能：暗扣技能、小肌肉动作。

4. 绕毛线

（1）材料准备：不织布、毛线、大托盘、小盒子。

（2）制作方法：将不织布剪成各种形状，放入大托盘；提供长长短短的毛线，装到小盒子里（图 7-33）。

（3）锻炼技能：有规律地缠绕毛线。

图 7-32

图 7-33

四、健康领域玩教具作品欣赏

（一）大动作运动类玩教具

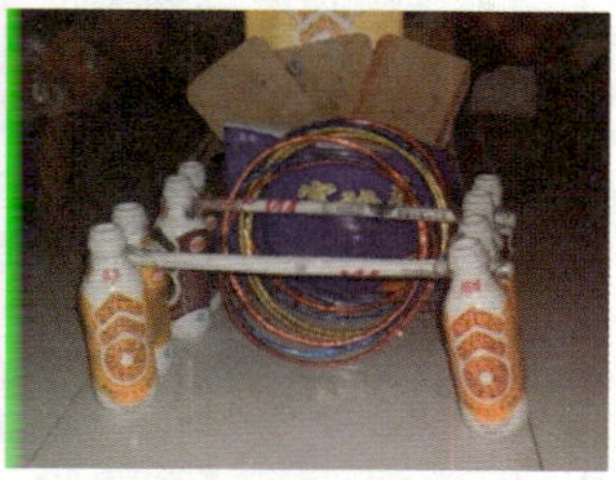

（二）安全保健类玩教具

（三）精细动作类玩教具

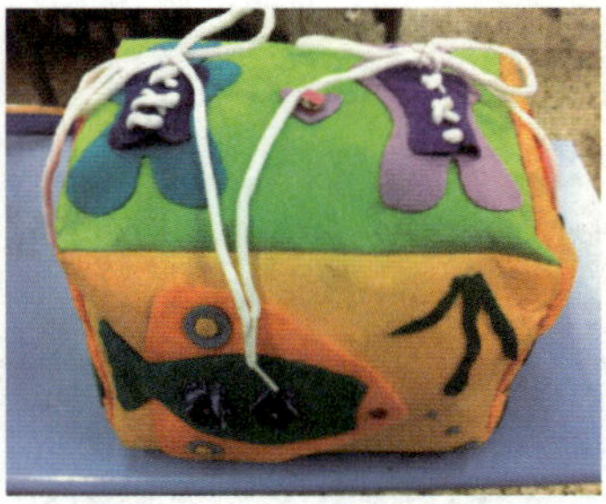
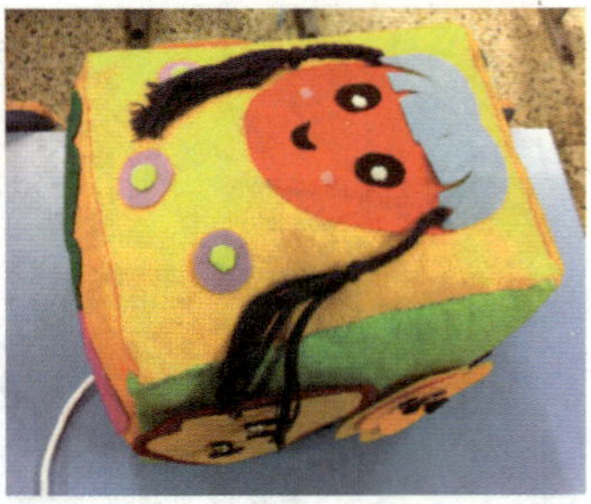

思考与操作

1. 利用废旧物品制作一个幼儿户外体育游戏活动的玩教具。

2. 为主题教学活动“丰富营养的蔬菜”设计一组健康领域玩教具。要求运用所学手工技能采用价廉易得的材料综合制作，设计意图明确，做工精细，能满足教学需要。若有条件，可将其运用到教学实践中去。

第三节　科学领域玩教具设计与制作

一、科学领域玩教具的分类及设计要点

随着《纲要》的颁布和幼儿园课程改革的深入，幼儿园的科学教育活动由封闭走向了开放，由静态变为动态，其价值取向不再是注重静态知识的传授，而是注重儿童探究解决问题的能力。幼儿身心发展特点决定了儿童探究解决问题的能力不能靠说教完成，而是在操作材料和玩教具的过程中达到的。因此，科学领域玩教具的设计与运用至关重要。教师在科学教育活动中要根据教学需要动手制作一些玩教具，让幼儿通过操作、观察、动手而获得科学知识和探究能力。根据科学教育的内容，科学领域玩教具分为两大类：数学类玩教具和自然科学类玩教具。

（一）数学类玩教具及其设计要点

幼儿数学学习内容一般包括数、量、数量关系、测量、形与体及其时间与空间等。丰富的学习内容需要丰富多样的玩教具。数学类教具为幼儿的数学学习提供了各种感观及知觉刺激，为幼儿动手动脑、主动学习创造了有利的条件（图 7-34～图 7-37）。

成功的数学类自制玩教具在设计与制作时有一些基本要求。首先，数学类玩教具物化着严谨的数学概念和数学属性，因此设计与制作时一定要遵循数学原理，不可过多注重外观的精致，多样化的外观会带来操作材料中的某些干扰因素。但同时，为了吸引幼儿的操作兴趣，设计时玩教具形象要尽量是幼儿熟悉的、卡通的造型。其次，教师在设计与制作时，应在“一物多用”上下工夫，比如，数学区内提供的扑克牌材料可以引导幼儿玩配对、记忆、比大小等游戏；数学区内投放的长短不一的毛线，可引导幼儿去测量物体的长短，又或者是用毛线绕在几个小扣子上变成各种形状，有的幼儿还可以用毛线摆成数字等。

图 7-34　数字加减玩教具

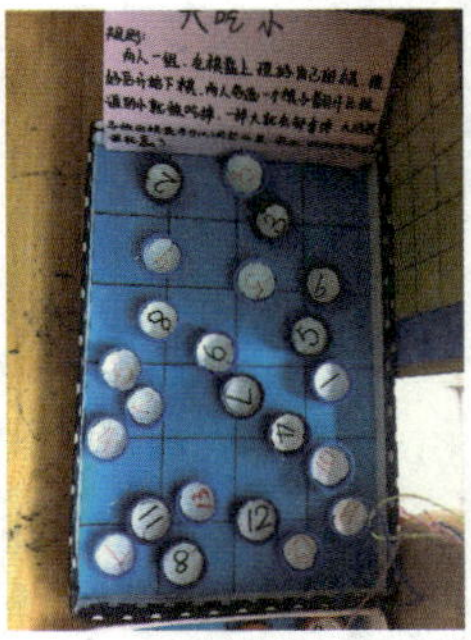

图 7-35　数字比大小玩教具

图 7-36　认识时钟玩教具

图 7-37　按数取物玩教具

（二）科学类玩教具及其设计要点

幼儿科学教育内容主要包括探究和认识植物、关爱和研究动物、体验和了解各类材料、认知自然环境、感受科学技术、经历探究过程、尝试使用工具等。科学类教具能够对幼儿进行科学启蒙，旨在发展幼儿学科学、爱科学及初步学习使用科学的能力和兴趣（图 7-38～图 7-41）。

图 7-38　平衡玩教具

图 7-39　传声玩教具

图 7-40　磁性玩教具

图 7-41　科学知识玩教具

好奇心和兴趣是幼儿进行科学活动的重要心理支撑。因此，科学类玩教具在设计与制作时首先要考虑其趣味性。有趣的玩教具会引发幼儿的操作兴趣，促使幼儿的主动学习。比如磁铁玩教具“鱼儿快快游”，是根据磁铁的原理制成的，将小鱼、大鱼、水草等放在纸板上面，在纸板下面拿另一块吸铁石就可以让鱼儿水平移动，孩子们都非常感兴趣地参与到活动中来。其次教师还要注意设计的科学类玩教具要让幼儿体验到好玩的、惊奇的结果。比如常见的纸杯电话，是通过声音的传播方式原理制作的，两名幼儿各拿一个纸杯把线拉直就可以听见对方说话的声音，孩子们在游戏的过程中惊奇地发现线传声原理。

二、科学领域玩教具的各年龄段分类

由于幼儿的认知水平和动作水平发展存在差异，因此大、中、小班幼儿所适用的科学领域玩教具应有所不同，具体分类见表 7-2：

表 7-2　**科学领域各年龄阶段玩教具参考表**

小班	5 以内点数配对教具、找影子、摩擦起电——有趣的头发、纸杯电话、钓鱼、磁力迷宫、滚珠、不倒翁、吹泡泡、小水车、认识颜色、拼图、找相同、小动物爱吃什么、分花朵、比比大小、谁长谁短、高矮排序、万花筒、图形接龙、图形对应等
中班	传声玩具、音乐杯、橡皮筋琴、凸透镜、放大镜、小孔透光、望远镜、迷宫、叠罗汉、翻跟头小球、阻力赛车、降落伞、沉浮游戏、颜色变变变、七巧板、俄罗斯方块、找不同、水果连连看、开锁、排排队、穿编游戏、10 以内点数配对、扑克牌游戏等
大班	影子游戏、量一量、扑克牌游戏、棋类游戏、接龙、填数、认识日历、自制风铃、自制音乐杯、迷宫、三棱镜、导电实验、自制小台灯、自制天平、自制陀螺、水车、配色实验、追太阳、数字连线、加减运算游戏、图形排序、按规律排序、数图形、认识钟表、棋类游戏等

三、科学领域玩教具设计与制作案例

（一）数学类玩教具设计与制作案例

1.“大吃小”棋子

（1）材料准备：两种颜色的瓶盖各 10 个、卡纸、马克笔、胶。

（2）制作方法：用卡纸剪出 20 个与瓶盖口同样大小的圆；10 个为一组，用笔在圆上依次写上 1～10 的数字；将圆形卡纸背面粘上胶放入每一个瓶盖里（图 7-42）。

（3）玩法：两人一组，在棋盘上理好自己的棋，棋子倒扣，看不见数字，两人各选一个棋子翻开比较，谁的小就被吃掉，一样大就会都拿掉，大的棋子放回棋盘并可以调整位置。最后，谁剩的棋子多谁就赢了。

2. 形状和颜色配对

（1）材料准备：三个大点的废旧纸盒、一个小点的盒子、各色卡纸、马克笔等。

（2）制作方法：将废纸盒的某一面挖掉某个形状，如三角形、正方形、圆形；用卡纸做出三个小动物的头像，用马克笔画出五官，并将嘴巴处也挖掉同样大小的三角形、正方形、圆形，将其粘贴到废旧纸盒上；再用各色卡纸剪出稍微小一些的三角形、正方形、圆形放到小一些的盒子里（图 7-43）。

图 7-42

图 7-43

（3）玩法：幼儿从盒子里挑出不同形状放到对应的卡通动物的嘴巴里，也可以挑出同样颜色的三角形、正方形、圆形放到卡通动物嘴巴里。

3. 小兔种蘑菇

（1）材料准备：卡纸、塑料泡沫（底盘）。

（2）制作方法：用折纸的方法折出很多大大小小、颜色各异的蘑菇，装到纸盒里；

用纸塑的方法做出小兔，剪出小草，如图 7-44 所示进行粘贴组合。

图 7-44

（3）玩法：通过对不同颜色、不同大小的蘑菇进行排列组合，使幼儿了解按规则排序，并选择自己喜欢的排列方式。

4. 记忆力卡片

（1）材料准备：卡纸、日历纸、线、笔。

（2）制作方法：用卡纸做 4 个卡通小动物；用厚日历纸作为底板，以此底板大小为参考裁剪 12 张卡片，分别在卡纸的某一面写上 0～11 的数字，在另一面贴上不同形状或颜色的小卡纸，或者画一些小动物；将 12 张卡片上面打一个小孔，穿线挂到底板上，12 张卡片是可以翻过来的（图 7-45）。

（3）玩法：幼儿选择翻开一排或一竖行的卡片，或者凌乱地翻开几个，看几秒后再翻过去。然后猜测数字卡片后面分别是什么？如数字 2 后面是正方形，数字 3 后面是三角形等。

5. 拖鞋配对

（1）材料准备：黄色大 KT 板、各色小块 KT 板、挂钩若干对、细铁丝、各色即时贴、卡纸、胶、剪刀等。

（2）制作方法：

①背景板制作：先用大 KT 板做背景，边缘用卡纸稍微装饰一下；将挂钩一对一对地粘到大 KT 板上；

②拖鞋制作：用小 KT 板剪成几双拖鞋，注意一双拖鞋用一种颜色的 KT 板；用卡纸剪心形贴在拖鞋上装饰；裁剪细条卡纸交叉粘到拖鞋上，拖鞋做好。将细铁丝剪成一小段围成圈，有几只拖鞋做几个圈，在拖鞋头部钻小孔穿进去（图 7-46）。

（3）玩法：打乱拖鞋，让幼儿根据拖鞋的颜色和装饰的图案进行配对挂到大 KT 背景板上。

图 7-45

图 7-46

（二）科学类玩教具设计与制作案例

1. 天平

（1）材料准备：硬纸板、螺丝钉、塑料泡沫、彩色卡纸、矿泉水瓶、胶水、线绳、剪刀等辅助工具。

（2）制作方法：将硬纸板裁成两个长条，垂直放置，中心钻一个孔，用螺丝钉相连，制作出天平的主轴和秤杆；在秤杆两边距离相等处各钻一个小孔，将矿泉水瓶底剪下，钻 3 个小孔系上线绳，线绳的另一端系在秤杆两端（线绳长度相等）；将硬纸板裁出一个长方形，用塑料泡沫裁出一个方块粘在长方形硬纸板上，再把彩纸贴在塑料泡沫周围，即做好天平的底座。将天平的主轴插在底座正中间（图 7-47）。

图 7-47

（3）玩法：让幼儿挑选物品分别放置到天平的两个秤盘上，初步感知、比较物体轻重，并能自己尝试添减，使物体达到平衡。

2. 多功能屋

（1）材料准备：卡纸、彩纸、废旧纸箱、废旧纸盒、图钉、刀、胶等。

（2）制作方法：用彩纸将废旧纸箱包装一下，纸箱的 4 个侧面做不同的造型：一个侧面做成钟表（图 7-48）；一个侧面做成“动物之家”（图 7-49），不同的小动物分别住在 1 单元和 2 单元的三层楼里；一个侧面做成“春夏秋冬”（图 7-50），分别粘贴对应月份和春、夏、秋、冬的某些特征图片；一面做成形状之家（图 7-51），帮助幼儿认识形状，并能正确地选择形状并送其回家。纸箱上面放一个废旧纸盒，可以将剪好的形状放进去。纸盒上面再用卡纸装饰一下做一个拱起来的屋顶。

（3）玩法：多功能教具，可以让幼儿认识钟表、家庭住址、季节，还可以当作数学教具。

图 7-48

图 7-49

图 7-50

图 7-51

3. 创意投石器

（1）材料准备：彩色雪糕棒、橡皮筋、塑料瓶盖、热熔胶枪、废纸球。

（2）制作方法：准备好 5 根蓝色、2 根黄色的雪糕棒。将蓝色雪糕棒放在一起，两头用橡皮筋紧紧绑好，把绑好的蓝色雪糕棒夹在 2 根黄色雪糕棒之间，并用橡皮筋将黄色雪糕棒的一头扎紧。用十字交叉法再把蓝色和黄色交接的地方绑好，再用热熔胶枪在另外一侧把瓶盖粘上去，就可以通过压下投石器的这一头，产生足够把纸球弹出去的反弹力（图 7-52）。

（3）玩法：尝试、探索投石器，锻炼两手共同用力的协调能力。

4. 多彩万花筒

（1）材料准备：保鲜膜纸芯、铝箔纸、小彩片、废旧塑料瓶盖、包装纸、玻璃瓶、剪刀、双面胶。

（2）制作方法：将铝箔纸粘成三棱柱（铝箔光面朝内）。在瓶盖底部放入彩色亮片。盖上透明亚克力镜片或玻璃片，在包装纸上粘上双面胶。将包装纸贴在保鲜膜纸芯外，把铝箔纸三棱柱放入纸芯中。纸芯一端粘一个挖孔的塑料瓶盖，另一端把装有亮片的瓶盖装入粘好（图 7-53）。

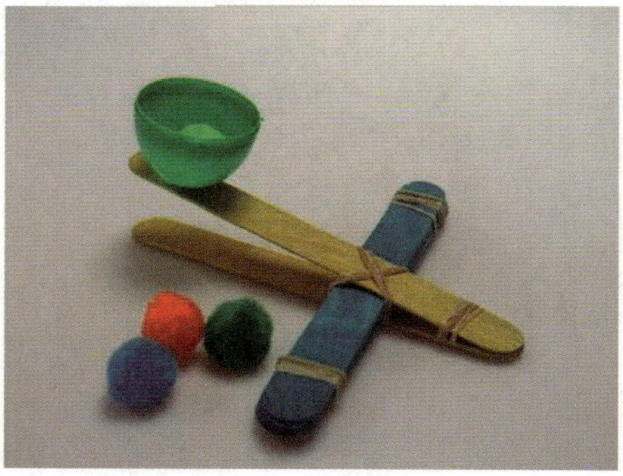

图 7-52

图 7-53

（3）玩法：探索万花筒的主要构造，初步知道反射、透光的简单道理，探究万花筒图像形成原因。

5. 幻灯机

（1）材料准备：放大镜、鞋盒、回形针、铅笔、美工刀、透明胶带。

（2）制作方法：将鞋盒拿掉盖子，在一侧将放大镜放上，用铅笔沿着外圈画出来，是一个圆。用美工刀将圆形刻掉。将放大镜的手柄去掉，用胶带将放大镜粘到圆孔里。用回形针做一个手机支架，将手机放到鞋盒里，打开视频，调整位置，即可在墙上投影（图 7-54）。

图 7-54

（3）玩法：让幼儿体验放大镜的原理。

6. 开锁

（1）材料准备：织网、锁若干个、配对钥匙若干把。

（2）制作方法：将织网挂到一个平面墙面上，将锁锁好挂在织网上，并且在塑料盒里放上锁配对的钥匙（图 7-55）。

（3）玩法：让幼儿尝试将每把锁都打开。

图 7-55

四、科学领域玩教具作品欣赏

（一）数学类玩教具

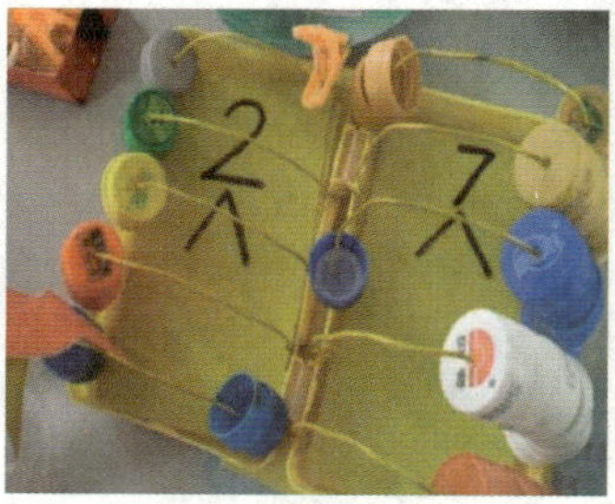

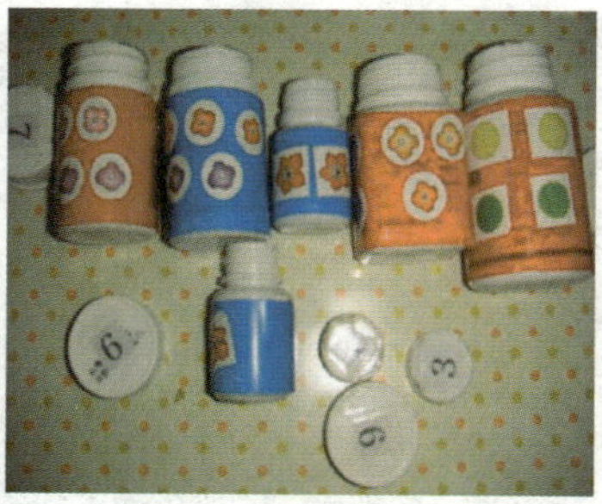

（二）科学类玩教具

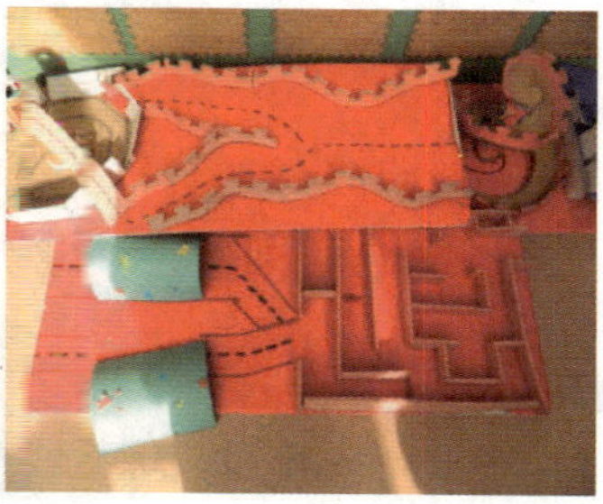

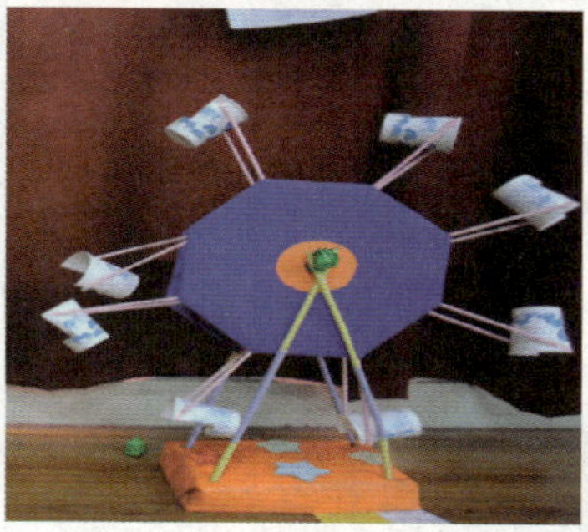
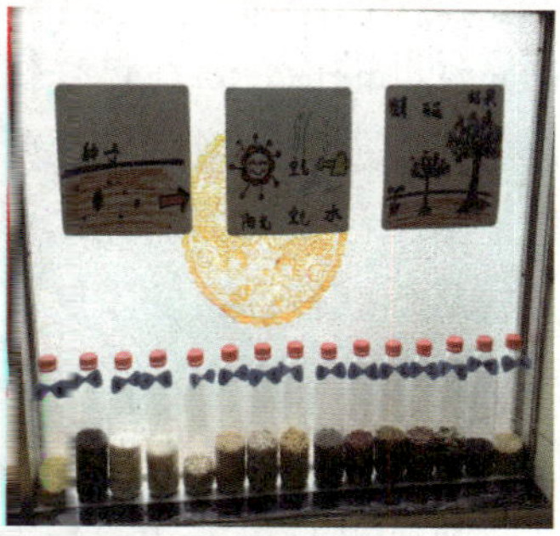

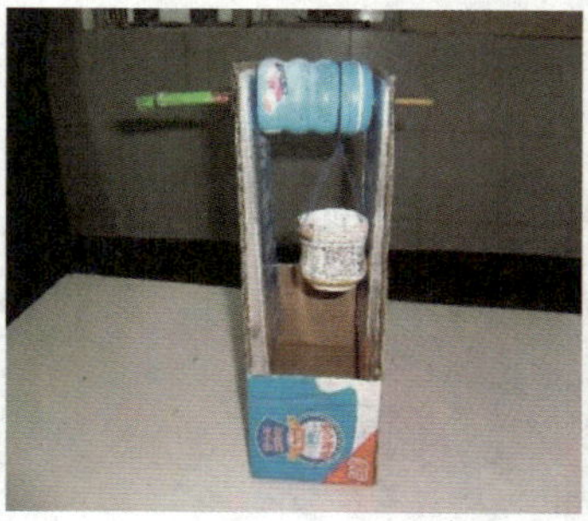

思考与操作

1. 利用卡纸、废旧塑料药瓶（有旋开的盖）等材料分别制作一个有关“点数配对”和一个有关“排列规律”的玩教具。

2. 利用冰棒棍和彩笔作为材料，设计一组拼图玩具。

3. 为有关“滚动”的科学活动设计一组玩教具。结合力学的原理，设计出的玩教具要能让幼儿观察到在不同坡度、不同摩擦力的情况下滚动速度是不一样的。要求运用所学手工技能采用价廉易得的材料综合制作，设计意图明确，做工精细，能满足教学需要。若有条件，可将其运用到教学实践中去。

第四节 语言和社会领域玩教具设计与制作

一、语言和社会领域玩教具的分类及设计要点

（一）语言领域玩教具分类及设计要点

幼儿的语言是通过在生活中积极主动的运用而发展起来的，单靠教师直接的“教”是难以掌握的。教师应充分利用各种机会，引导幼儿积极运用语言进行交往。除了在日常生活中注意培养幼儿的语言能力外，还需要设计多样化的玩教具吸引幼儿的语言参与，从而获得语言的发展。根据语言参与的情景不同，可以将语言领域玩教具分为游戏类玩教具（图7-56、图7-57）和操作类玩教具（图7-58、图7-59）。游戏类玩教具是指引导幼儿参与语言游戏的玩教具，如立体表演场景、偶具、表演道具、模型玩具等。操作类玩教具是指引导幼儿单独操作运用从而吸引幼儿讲述、阅读、理解语言的玩教具，如字卡、图册、图片、挂图、操作图版、绘本图书等。

图 7-56

图 7-57

图 7-58

图 7-59

语言游戏类玩教具在设计时首先要考虑其趣味性，有趣味、好玩的玩教具才会吸引幼儿的语言参与。如立体表演场景的设置和道具的提供，让幼儿自觉不自觉地站到场景中拿起道具进行表演。其次，要考虑到合作性，设计一些可以让幼儿与同伴共同开展游戏的玩教具，能够激发幼儿之间的合作和交流，使幼儿在好玩的游戏中学会表达和倾听，丰富语言经验，在语言运用的过程中培养幼儿的倾听能力和表达能力。设计语言操作类玩教具的首要原则是操作性。操作类玩教具是让幼儿操作的语言类玩教具，如让幼儿摆一摆、贴一贴、插一插、扣一扣等，通过操作习得语言的知识和技能，此外，还要注重多样性，让幼儿持续地、有兴趣地、长时间地操作。

（二）社会领域玩教具及设计要点

幼儿社会教育是以增进幼儿的社会认知、激发幼儿的社会情感、引导幼儿的社会行为为主要内容的教育。社会领域的教育是通过社会活动实现的。玩教具在其中扮演着重要角色。社会类玩教具通过让幼儿模仿、扮演某类社会角色，从而加深幼儿对社会的认知，感受、体会社会角色，丰富社会情感，进而培养幼儿良好的个性和社会性（图 7-60～图 7-63）。

图 7-60

图 7-61

图 7-62

图 7-63

设计社会领域的玩教具时，首先应选择与幼儿年龄特点、经验、能力和需要相适应的材料，能引发幼儿的活动欲望。其次数量和种类一定要充分，丰富的玩教具是发展幼儿思维和想象力的有效途径。当教师设计社会类玩教具时可充分利用周围的资源，可将废旧物品重新在游戏中加以利用，或者改造旧物自制出可用的玩教具。再次，社会类玩教具要综合设计，创设出幼儿扮演、模仿的情景，只要情景布置好了，幼儿自然知道该怎样进行社会性游戏了。

二、语言和社会领域玩教具的各年龄段分类

大、中、小班幼儿所适用的语言和社会领域玩教具应有所不同，具体分类详见表7-3 和表 7-4。

表 7-3　　**语言领域各年龄阶段玩教具参考表**

小班	木偶、手套偶、纸杯玩偶、纸袋玩偶等偶具类；表情卡片；常见动物头饰、面具；话筒、拐杖等表演道具；人物、动物等模型
中班	提线纸偶、皮影偶，或者多个角色的手指偶等；各类表演服装、道具等；多样化的动物头饰、面具；简单字卡、简单连环画等阅读图卡
大班	小剧场表演、天气播音场景、主持场景、故事会场景等；字卡、连画画、操作图板、挂图和图书等

表 7-4　　**社会领域各年龄阶段玩教具参考表**

小班	娃娃家场景，如桌子、椅子、碗杯碟勺、娃娃；厨房场景如蔬菜切切乐，冰箱、锅、铲等；过生日场景，如小蛋糕、生日帽等；理发店场景，如围裙、冲洗台、毛巾、剪刀、吹风机
中班	娃娃家场景，如桌子、椅子、碗杯碟勺、床、枕被、娃娃、推车、奶瓶等；厨房场景如蔬菜切切乐、刀、盆、盘子、冰箱、锅、铲等；过生日场景，如小蛋糕、礼物、生日帽、话筒等；理发店场景，如围裙、冲洗台、热水器、毛巾、剪刀、发卡、定型水、吹风机等
大班	除了比小、中班场景多一些种类外，还可以增加照相馆场景，如相机、服装、化妆品、笔、纸、背景板、人物图片等；蛋糕店，如食品架、面包、蛋糕、工作帽、包装袋、托盘、钱币、购物券、收银机、柜台等

三、语言和社会领域玩教具设计与制作案例

（一）语言类玩教具设计与制作案例

1. 纸袋玩偶

（1）准备材料：各种各样的纸质袋子、卡纸、皱纹纸、剪刀、胶水等。

（2）制作方法：用卡纸画、剪出动物的图样，分别粘贴在每个袋子上（图 7-64），详见第一章纸材料制作部分。

（3）玩法：幼儿手臂插在纸袋内，手指撑起纸袋，使其能张合，仿佛在说话。可以利用纸袋玩偶对所学故事内容进行讲述或创编。

图 7-64

2. 字宝宝找朋友

（1）材料准备：台历、动物图片、卡纸、回形针、铁环（如钥匙扣环）、筷子、毛线、吸铁石。

（2）制作方法：将旧台历用即时贴贴上，并粘贴上动物图片；用回形针弯一个小挂钩粘在动物图片旁边；用卡纸剪出很多形状并在上面写上对应的动物名称；在名称纸片后面也粘上一个铁环；筷子上系上毛线，毛线另一头系上吸铁石（图 7-65）。

图 7-65

（3）玩法：挑选出字宝宝对应的“朋友”，可以用手将字宝宝挂到回形针上，也可以用吸铁石吸住再挂到动物图片旁的挂钩上。

3. 故事手偶《花和蝴蝶》

（1）材料准备：细棍、卡纸、笔、剪刀、透明胶、胶水。

（2）制作方法：先在彩色卡纸画好花和蝴蝶图案并剪下，然后用透明胶在图案表面粘上一层保护膜（过塑）；将花和蝴蝶分别粘在细棍一头，粘好树叶，用胶固定住（图 7-66、图 7-67）。

（3）玩法：通过手偶游戏进行讲述活动。

图 7-66

图 7-67

4. 电视机

（1）材料准备：纸盒、不织布、针线、废纸卷轴（长点的）、白色卡纸、各色彩笔。

（2）制作方法：先用各色不织布裁剪出电视机的不同部分，并用针线缝合，留电视机的正面最后缝，将纸盒放进去；将卷轴用咖啡色的不织布包好，在纸盒上挖两个圆孔穿进去；裁剪白色卡纸宽度小于电视机正面的屏幕，在卡纸上画上几幅连环画，并将其两头卷到卷轴上；将连环画和卷轴整体放到电视机里，再将电视机正面缝上（图 7-68）。

图 7-68

（3）玩法：转动卷轴，电视机屏幕上就出现不同的连环画。幼儿可以根据画面内容创编故事。

5. 布袋手偶《青蛙和熊》

（1）材料准备：不织布、针线。

（2）制作方法：在不织布上画出青蛙和熊，将不织布对折剪出两个造型；然后在边缘将其缝合；剪出青蛙和熊的五官和装饰，再分别缝上（图 7-69）。

（3）玩法：幼儿套在手上，可以进行故事表演。

图 7-69

6. 小动物坐火车

（1）材料准备：各色卡纸、剪刀、胶等。

（2）制作方法：参考第一章纸塑的技法做出一幅森林场景，再做出一列火车，可以做几节车厢，车厢是立体的，能放进小动物；用剪贴的方法做出很多小动物和所需要的其他造型（图 7-70）。

（3）玩法：幼儿根据创编故事的需要选择不同的动物和其他造型放到车厢里。

图 7-70

（二）社会类玩教具设计与制作案例

1. 收银台

（1）材料准备：三个废旧纸盒（两个同样大，一个稍微小点）、不织布、针线、马克笔。

（2）制作方法：将两个同样大小的纸盒相互垂直放置，然后将竖放的纸盒接触横放纸盒的那面挖去，横放纸盒当收银抽屉的那边挖去，再将横放纸盒插到竖放纸盒里面；整个造型用不织布包装，不织布边缘用针线缝合；用不织布裁剪出 2 个不同颜色长方形和 16 个小圆形、1 个椭圆形缝到不织布上面，并写上相应的数字和字母，如图 7-71 所示；最后把小一点的纸盒用不织布包装一下放到横放纸盒里当抽屉用。

图 7-71

（3）玩法：里面放一些纸钱，旁边用架子摆放一些标价物品，幼儿就可以玩买卖的游戏了。

2. 烧烤吧

（1）材料准备：1 个木制台子、3 个托盘、海绵纸、各色卡纸、笔、竹签若干个。

（2）制作方法：先制作烧烤食物：用海绵纸剪出各种食物如薯片、肉串、年糕、千张、藕片、海带丝、豆腐干、香肠等，再插到竹签插上，分别放到 3 个托盘里；用卡纸剪长条纸在上面写上菜名和价格，贴在木制台子上面；在台子下面用卡纸做一个城堡装饰（图 7-72~图 7-74）。

（3）玩法：幼儿玩烧烤的游戏，分角色扮演。

图 7-72

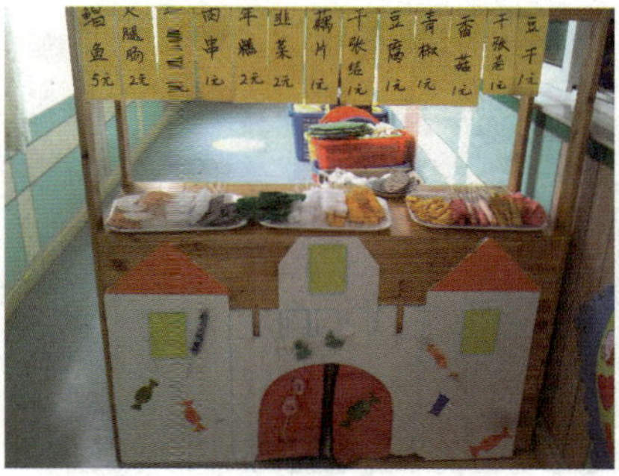

图 7-73

图 7-74

3. 小型娃娃家场景

（1）材料准备：废旧鞋盒、卡纸、细铁丝、粉色纱幔、毛线、剪刀、白乳胶、不织布。

（2）制作方法：将废旧纸盒的盒盖打开，用蓝色和紫色卡纸当内衬；用铁丝做好桌子、椅子、床、台灯、电视机，将毛线粘在外层装饰；用不织布缝一个立方体，里面用毛线塞紧做电视柜；铁丝撑开纸盒，用粉色的纱幔装饰（图 7-75）。

（3）玩法：营造娃娃家的场景，供幼儿摆弄、玩耍，可以拿小手偶配合玩过家家的游戏。

图 7-75

4. 厨房

（1）材料准备：大大小小的废旧纸盒、4 个粗圆棍子、泡沫、包装纸、胶、各色海绵纸、不织布等。

（2）制作方法：将 4 个大纸箱和 4 个小纸箱用包装纸包好分别做灶台和橱柜，再小一点的纸盒做微波炉，将纸箱靠紧粘好，用四根粗圆棍子包装好做支架撑起橱柜；用 1 个小纸箱包装好做蒸笼架，用 2 个纸箱包装好做食物架；用泡沫做 1 个煤气灶；用不织布缝 1 个平底锅，内有纸盒当内衬，外层用锡纸包装；用不织布缝制的方法和海绵纸剪贴画等方法做各类食物（图 7-76、图 7-77）。

图 7-76

图 7-77

（3）玩法：在厨房模拟角色，玩做饭的游戏。

5. 理发店

（1）材料准备："剪刀"、"热水器"、"电吹风"、梳子、镜子、脸盆、围布以及洗发水瓶，发屋标志、发型头像等。

（2）制作方法："剪刀"用硬纸板或塑料垫板制作；"电吹风"用泡沫塑料切割制作或利用坏了的电吹风；"热水器"找一个与热水器相似的纸箱包装一下，在底部穿两个洞，装上"开关"，并在下面装上"水管"，在出"水管"上安装"喷头"。发屋标志、发型头像用卡纸剪出来，再写、画上标志。镜子、梳子、脸盆、围布及洗发水瓶拿生活中废旧物即可（图 7-78）。

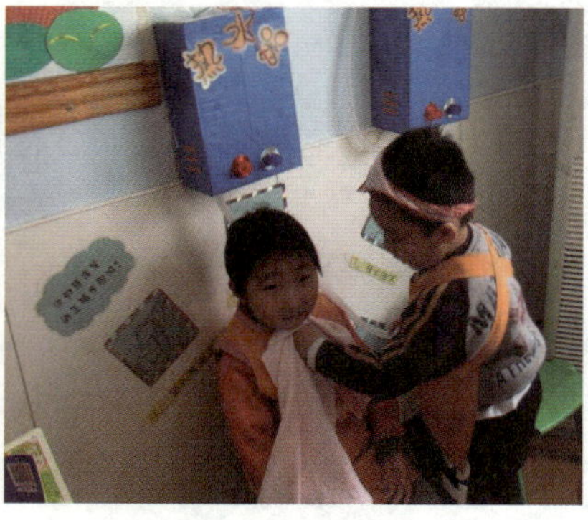

图 7-78

（3）玩法：在理发店模拟角色，玩洗头、剪头发、做头发的游戏。

6. 礼仪小讲堂

（1）材料准备：卡纸、皱纹纸、马克笔、幼儿生活礼仪照片若干、胶等。

（2）制作方法：将皱纹纸裁成 2 个大长方形，分别粘贴到一面墙或大底板的左右两侧；黄色皱纹纸搓长条，将其从中间系一下做成窗帘；用各色卡纸裁剪成长方形并将其一长边剪成波浪状，注意要层层叠叠；再用白色卡纸剪出 5 个花型，在上面写上“礼仪小讲堂”5 个字；将准备好的照片粘在帘子中间，下面配上文字即可（图 7-79）。

（3）玩法：可以作为教师讲解礼仪知识和行为教育的教具，也可以让幼儿模拟礼仪宣传员向其他幼儿进行讲解。

图 7-79

四、语言和社会领域玩教具作品欣赏

（一）语言类玩教具

（二）社会类玩教具

思考与操作

1. 为“小蝌蚪找妈妈”语言故事教学活动设计一组玩教具。要求设计意图明确，做工精细，能满足教学需要。若有条件，可将其运用到教学实践中去。

2. 准备各色卡纸，采用纸雕塑的技能制作一组手指游戏玩偶。

3. 设计一个“我是小小理发师”社会领域区角活动场景，需要制作的玩教具包含区角牌、理发店门、发型头像、热水器、电吹风、梳子、剪刀、镜子、脸盆、围布以及洗发水瓶等。

第五节　艺术领域玩教具制作

一、艺术领域玩教具的分类及设计要点

艺术领域的教育目标旨在激发幼儿对艺术的兴趣、良好的情感以及让幼儿体验审美愉悦和成就感等。艺术活动是实现幼儿发展目标的重要方式；艺术领域的玩教具的选择和投放直接影响幼儿艺术活动的效果。通过对艺术领域玩教具的操作、互动，幼儿体验到快乐、成就，从而对艺术产生兴趣。幼儿园艺术教育分为美术教育和音乐教育。因此，艺术领域玩教具我们将其分为美术类玩教具和音乐类玩教具。

（一）美术活动玩教具及设计要点

美术教育活动分为绘画活动、手工活动和欣赏活动，绘画活动和手工属于美术操作活动，因此美术活动玩教具可分为美术操作类玩教具和美术欣赏类玩教具。美术操作类

玩教具是指教师提供半成品玩教具材料，让幼儿通过工具的操作完成制作（图 7-80～图 7-82）；美术欣赏类玩教具是指教师提供名家作品或自制的精美作品供幼儿欣赏学习（图 7-83）。

图 7-80

图 7-81

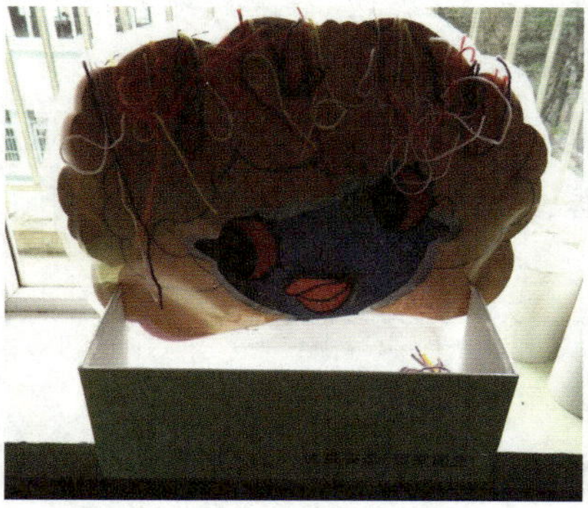
图 7-82

图 7-83

美术类玩教具在设计与制作时一定要满足美术教学与幼儿美术活动的具体需要。关于美术操作类玩教具，教师所提供的半成品玩教具一定要有操作性，根据教师提供的材料，幼儿能操作性地完成半成品玩教具的制作，如让幼儿剪贴、涂画、组合等。教师在制作并提供美术欣赏类玩教具时，要将美感作为选择作品的首要原则，让幼儿在观赏的过程中不仅获得美术要素的常识和知识，更重要的是要获得美感；其次要考虑呈现多样化的原则，不仅可以在美术教学过程中展示让幼儿用心欣赏，还可以在墙面展示栏或专门制作的展示板上粘贴。

（二）音乐活动玩教具及设计要点

音乐活动玩教具是幼儿在演奏、舞蹈、听乐曲、朗诵时可以借助并且能运用在声音、动作、表情上来再现作品、创编作品过程中所使用的玩具、道具。在使用音乐活动玩教具的过程中，幼儿可以充分发挥自己的想象，增强表达力、表现力、自信心，发展个性与创造性，在与同伴的交往、合作中，获得愉悦、快乐的体验。音乐活动玩教具根据其功能主要分为节奏表演玩教具，如碰铃、三角铁、响板（图 7-84、图 7-85）、歌舞表演玩教具，如表演服饰（图 7-86）；音乐教学辅助教具，如录音机、磁带、音乐图谱（图 7-87）；木偶表演玩具等。由于木偶表演玩教具在语言领域中也有涉及，这里就不介绍了。

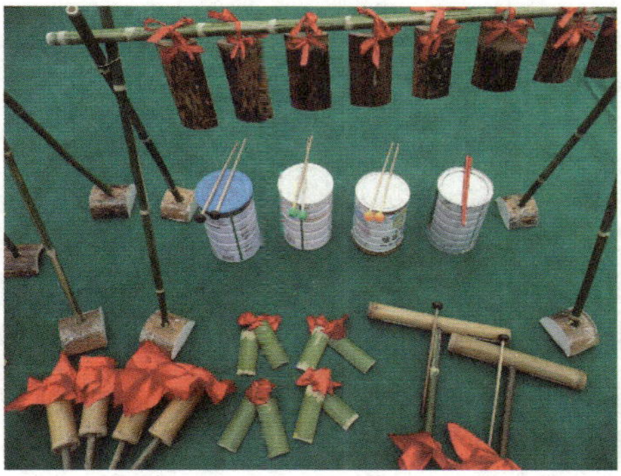

图 7-84

图 7-85

图 7-86

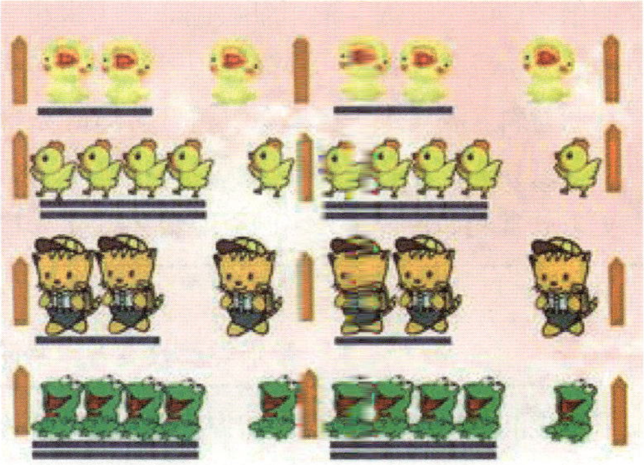

图 7-87

设计与制作音乐活动玩教具也要根据幼儿园音乐教育的多样化需要。节奏表演类玩教具在设计与制作时一定要考虑到音质、音高等要求，而且选择在生活中易得、不易损坏的竹、铁质等材料；歌舞表演玩教具要靓丽、卡通，能激发幼儿的表演欲望；音乐教学辅助教具要根据教学内容需要设计与制作。

二、艺术领域玩教具的各年龄段分类

大、中、小班幼儿所适用的美术类和音乐类玩教具应有所不同，具体分类详见表7-5和表7-6。

表7-5　　美术类玩教具各年龄阶段分类参考表

小班	美术操作类：绘画类如各类画笔、棉签、颜料、画纸、蔬菜切面、瓶盖、棉花、纸团等；手工类如各种纸类、布类，树叶、果壳、蛋壳等自然材料，纸盒、瓶罐、纸杯碗等废旧材料，剪刀、胶等辅助工具 美术欣赏类：自然景物画，教师优秀示范作品，名画如米罗、蒙德里安的画等
中班	美术操作类：绘画类如各种画笔、国画颜料、水彩、水粉、蜡笔、毛笔、马克笔、粉笔，画纸、刮画纸、宣纸；手工类如泥材料、面状材料包含卡纸、糖纸、树叶、果壳、石头、棉花、瓶盖、废旧纸盒纸杯、瓶类等，石子、沙子、瓜子壳、珠子、纽扣、粮食种子等点状材料，硬纸条、不织布条、毛线、筷子等线状材料 美术欣赏类：如传统年画、布老虎、兔儿爷、灯笼、风筝、剪纸等；梵高、马尔蒂尼、马蒂斯等的作品；齐白石、郑板桥等的作品
大班	美术操作类，绘画类如各种笔类如荧光笔、马克笔、毛笔、粉笔、彩色铅笔等，画纸、刮画纸、砂纸、宣纸、油画纸、画布等，水粉、水彩、彩墨、丙烯、油画颜料等；手工类如沙、石、谷物、扣子、小壳等点状材料，各类纸条、牙签、绳子、筷子、金属线、毛线等线状材料，各类纸、废旧布、树叶、即时贴等面状材料，石头、玻璃瓶、蔬菜、水果、鸡蛋，纸杯、纸盒、瓶罐等块状材料；剪刀、胶、订书机、打孔机等常见工具 美术欣赏类如古今中外名画、雕塑、建筑、工艺美术作品等

表7-6　　音乐类玩教具各年龄阶段分类参考表

小班	节奏表演类玩教具如铃鼓、沙锤、串铃、摇铃、木鱼、木制响板、口琴、音乐架子鼓、腰鼓等；歌舞表演类玩教具如小舞台、动物头饰、自制服装和饰物、道具等；音乐教学辅助教具如磁带、录像带、光盘、简单图谱、情景图画等
中班	节奏表演类玩教具如铃鼓、碰铃、串铃、摇铃、三角铁、双响筒、沙锤、大口琴、鸣筒、铁琴、腰鼓、钢鼓、落地鼓等；歌舞表演类玩教具如舞台、多样化的头饰、化妆台、各类表演服装等；音乐教学辅助教具如磁带、录像带、光盘、图谱、情景图画等
大班	节奏表演类玩教具如各类乐器、鼓类、琴类、铃类都可涉及；歌舞表演类玩教具如舞台、化妆台、动物服装、民族服装、戏剧服装等；音乐教学辅助教具如磁带、录像带、光盘、复杂图谱等

三、艺术领域玩教具设计与制作案例

（一）美术活动玩教具设计与制作案例

1. 拼贴画

（1）材料准备：硬纸板（KT板）、各色卡纸、剪刀、画笔、胶水、塑料托盘若干。

（2）制作方法：将硬纸板裁成一个屏风样，上面刻出一些花纹，放到桌子旁边；在桌上放几个塑料托盘，分别放置纸、画笔、剪刀、胶水等工具和材料（图7-88）。

（3）玩法：幼儿在卡纸上先画出造型，如水草、各类小鱼等，然后将其剪下，并拼贴到硬纸板上。

图 7-88

2. 绳贴画

（1）材料准备：硬卡纸（做底衬）、白纸、纸绳子、剪刀、胶水等。

（2）制作方法：将白纸剪出各种形状（如圆形），粘到硬卡纸上。

（3）玩法：幼儿将纸绳子通过各种造型方法粘贴到白纸上（图7-89）。

图 7-89

3. 糖果加工厂

（1）材料准备：各色手工纸、橡皮泥、塑料盒若干、糖果盒若干、画笔、剪刀。

（2）制作方法：制作一个区域标牌，写上“糖果加工厂”；放置一个桌子，几把椅子；手工纸是用来做糖纸的，画笔是用来设计并绘画糖纸的；橡皮泥是做糖果的（图7-90）。

（3）玩法：幼儿先将纸裁剪成小长方形做糖果纸，并拿笔在糖纸上进行绘画装饰；用橡皮泥可以做成圆形的、方形的、心形的、小动物造型的糖果；用糖纸将糖果包起来放到糖果盒里。

图 7-90

4. 编服装

（1）材料准备：各色不织布、剪刀、美工刀。

（2）制作方法：用各色不织布裁剪出某个造型，如衣服，在衣服上刻划出一条条平行的线条，注意不要划断；再用剪刀剪出不同颜色一样长、宽的长条（图 7-91）。

（3）玩法：幼儿按照编织的原理根据所提供的造型和长条进行编织。

图 7-91

（二）音乐活动玩教具设计与制作案例

1. 自制打击乐器——编钟

（1）材料准备：木架一个，绳子若干，旺仔牛奶空罐子若干。

（2）制作方法：旺仔牛奶罐子洗干净，挖一个孔拴好绳子备用。把旺仔牛奶罐按顺序挂在架子上固定。幼儿在演奏时可在牛奶罐里倒上不同深度的水，敲击演奏时会有音阶变化（图 7-92）。

（3）玩法：运用不同方法，体验打击乐器敲击的声音，还可以配合其他打击乐器，感知声音的强和弱。

图 7-92

2. 简易话筒

（1）材料准备：长纸筒、卡纸、透明胶、皱纹纸、橡皮筋。

（2）制作方法：将长纸筒用卡纸包一下，外面再用透明胶全部粘一层；纸筒一头用皱纹纸包起来，再用橡皮筋扎一下（图 7-93）。

（3）玩法：放在模拟小舞台上，演员可以拿着简易话筒唱歌或主持。

图 7-93

3.“中国好声音”小舞台

（1）材料准备：卡纸、皱纹纸（做舞台）、木棍或铁棍、粗口矮身玻璃瓶、橡皮筋、长纸筒等。

（2）制作方法：用卡纸和皱纹纸在靠墙角落布置一个小舞台；将棍子用卡纸包装，一头插进一个铁丝包装的支架（支话筒），另一头插到塞满沙石的玻璃瓶里，玻璃瓶再用皱纹纸包装，瓶口用橡皮筋扎紧（做的话筒架应不易倒）；做一个话筒夹在支架上。再用卡纸做几个打分牌，旁边放置几个乐器。

（3）玩法：模拟中国好声音舞台，有观众和演员（图 7-94）。

图 7-94

4. 表演头饰

（1）材料准备：硬卡纸条、废旧塑料袋、装饰贴画、剪刀、透明胶带。

（2）制作方法：将硬卡纸条围合成幼儿头围大小做头箍，用透明胶带粘住两头，并用废旧塑料袋将头箍全部包住；将塑料袋剪出很多长条挂在头箍上，并用透明胶带固定；用装饰贴画贴在塑料袋上装饰（图 7-95）。

（3）玩法：放到表演区供幼儿表演用，也可以在舞蹈和歌唱教学活动中当教学道具用。

图 7-95

5.《小老鼠和泡泡糖》音乐律动活动图谱

（1）材料准备：大卡纸、白纸、画笔、双面胶、透明胶、剪刀等。

（2）制作方法：将白纸裁剪出 12 个小老鼠，20 个小脚印，8 个眼睛，14 个波浪线当拉长的泡泡糖，1 只猫咪和 1 个小房子，然后按图 7-96 所示分别涂上颜色；红色卡纸剪出 4 个大圆点；粉红卡纸剪出三个泡泡糖爆炸的符号；用拿黄色大卡纸当底板，将各个造型根据《小老鼠和泡泡糖》用双面胶粘上；最后用透明胶将整个图谱封上一层。

图 7-96

（3）玩法：作为音乐图谱，配合《小老鼠和泡泡糖》音乐教学活动。

四、艺术领域玩教具作品欣赏

（一）美术活动玩教具

（二）音乐活动玩教具

思考与操作

1. 制作几幅树叶粘贴画作为树叶粘贴画的欣赏材料，可以用在手工教学活动中。

2. 用旺仔牛奶罐制作一组音乐打击乐器玩教具。

3. 为小班音乐歌唱活动“蝴蝶花”制作一个教学图谱。

第八章　幼儿园节日活动玩教具制作

本章导读

本章教学内容涉及幼儿园节日饰物（包括吊饰和其他节日饰物）、表演类道具（包括头饰、面具和舞台道具）和演出服装（包括纸材料服装和环保材料服装）的手工制作。建议学习者掌握有关节日活动玩教具制作的基本经验和技能，为将来的幼儿园教学实践做好充分准备。

教学准备

材料：各种购买的纸类材料、布类材料、废旧材料及其他能收集到的材料。

工具：彩笔、马克笔、剪刀、美工刀、针线、尺、颜料、双面胶、透明胶带等。

优秀作品赏析

1.《环保服装秀》

图 8-1

《环保服装秀》是安徽省淮南市淮南师范学院 2013 级学前教育专业本科生设计的环保服装作品（图 8-1）。作品主要由皱纹纸、卡纸、塑料袋、废旧布材料和一些装饰物制作而成。服装造型风格各异，设计新颖，展现了学前教育专业本科生精湛的手工制作技能。

2.《蔬菜水果造型服饰》

《蔬菜水果造型服饰》是江苏省级机关实验幼儿园幼儿和父母一起设计的作品(图 8-2)。作品主要由纸材料、布材料和环保材料制作而成，模拟生活常见的蔬菜和水果造型，可爱生动，色彩靓丽，让幼儿体验乐趣的同时，宣传了一种“绿色环保”思想。

图 8-2

精讲分析

幼儿园节日活动是幼儿园生活的重要组成部分，也是幼儿重要的课程资源。幼儿园开展丰富多彩的节日活动可以有效地促进幼儿健康、全面地发展。节日活动的有效开展离不开教师的精心设计、制作与布置，这些都与手工综合应用有着密切的关系。幼儿园节日活动玩教具制作指的是节日活动中用手工制作出来的节日装饰物、表演类道具以及表演出服装等。本章将分节探讨这些方面的手工制作技能。

第一节　幼儿园节日饰物制作

为了营造、烘托各类节日氛围，教师们需要对幼儿园环境进行装饰，这时就需要制作一些节日装饰物，如节日彩带、拉花、彩球、花球，花灯等吊饰类和手工制作的圣诞树、粽子、灯笼等立体饰物类。

一、吊饰类节日饰物的制作

悬挂在天花板上的吊饰或彩带，不仅为单调的活动室上空增添美感，而且可以让幼儿感受节日的气氛。吊饰的制作可以用多种材料，最常用的材料是各类纸，也可以用废弃的盒、瓶、杯、碟等制作。

（一）纸材料挂饰

纸材料易得，价格便宜，颜色丰富，制作简单，因此彩色纸类挂饰在幼儿园的应用比较广泛，可用于教室的日常装饰和各类节日装饰。下面介绍几类纸质挂饰的制作。

1. 折纸类挂饰

折纸类挂饰是用折的方法将纸塑形制作成的挂饰。如可以折叠很多千纸鹤、蝴蝶、星星、花朵、折扇、风车等，然后用线连接起来做成挂饰（图 8-3、图 8-4）。

图 8-3

图 8-4

折纸花球吊饰是节日装饰时布置环境的一种常见饰物。如春节、国庆节等一些热烈、喜庆、欢快的节日适合用花球做吊饰。把它们吊在教室既美观，又能烘托节日的气氛。花球吊饰制作起来简单便捷，基本部分是制作花球，可参看第一章介绍的折纸组合花球。

下面介绍一种翻折花球吊饰的制作，需要的材料有各色薄彩纸（皱纹纸、薄色纸等）、细铁丝、绿色卡纸、剪刀、长线等，具体制作步骤见图8-5。

（1）取5张左右正方形纸（由纸的厚度决定），整齐地叠放在一起

（2）将叠好的纸反正折

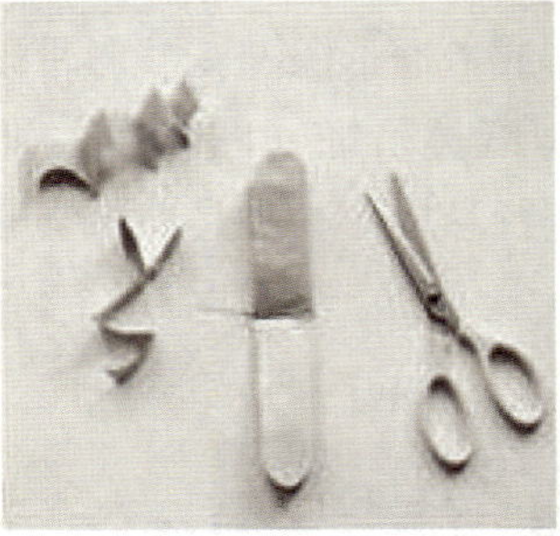

（3）折好后在中间用细铁丝固定，然后用剪刀将两头剪成圆弧形

（4）把纸往两边展开，尽量靠拢一点

（5）从一侧开始用手将每一层纸轻轻地往上拉，注意调整每一层纸的位置，另一侧同样操作

（6）完成图

图8-5

按以上步骤用多种颜色纸制作出多个花球，再用剪刀将绿色卡纸剪出很多叶子，用长线串起来挂在教室即可，实物如图 8-6 所示。

图 8-6

2. 剪纸类挂饰

剪纸类挂饰是用折剪、刻的技法将纸塑形制作成卡通形象、花、彩带以及其他造型的挂饰。剪纸类挂饰一般可以分为两种，一种是剪纸类吊饰（图 8-7），即先剪出一个立体造型，再将剪好的造型用线或纸圈连接起来进行悬挂；一种是剪纸类彩带，即剪出长条形进行悬挂。

图 8-7

下面介绍一种剪纸类吊饰的制作，需要各色薄彩纸、胶水、剪刀、线等，具体制作步骤见图 8-8。

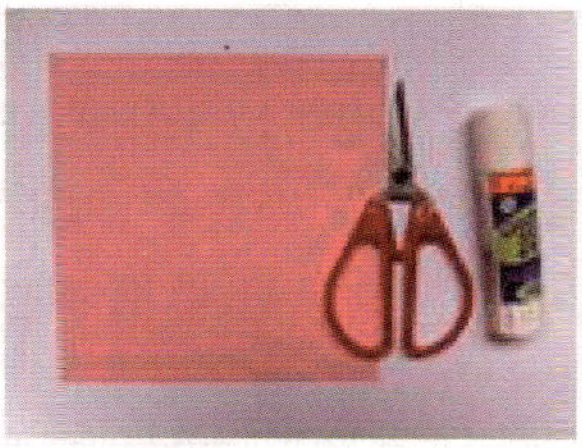

（1）准备正方形纸、剪刀和胶

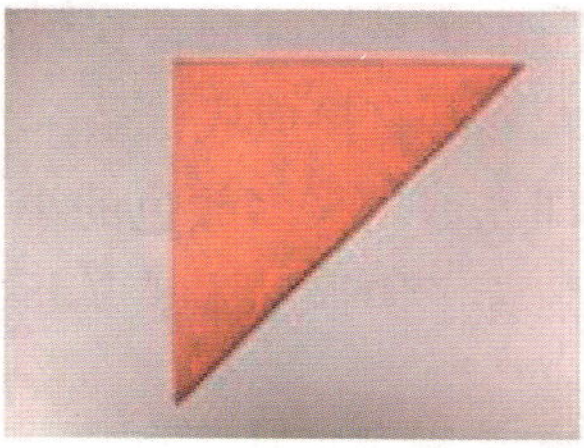

（2）正方形纸对角折

（3）再对角折一次

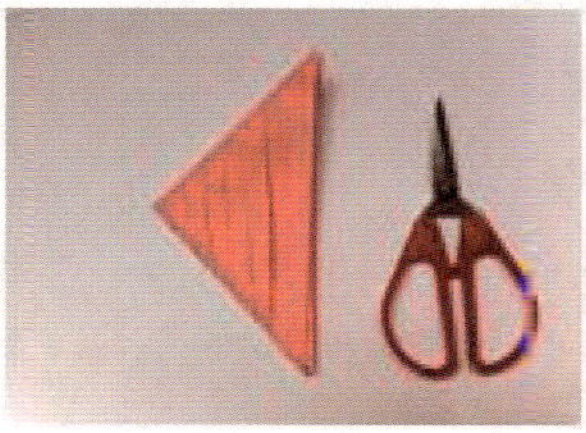

（4）用剪刀剪平行线，注意不要剪断

（5）打开到原来正方形

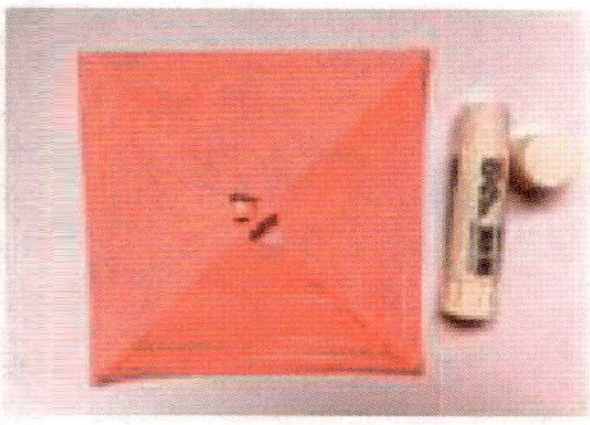

（6）将剪开的形状相对粘贴

（7）翻过来再相对粘贴一次

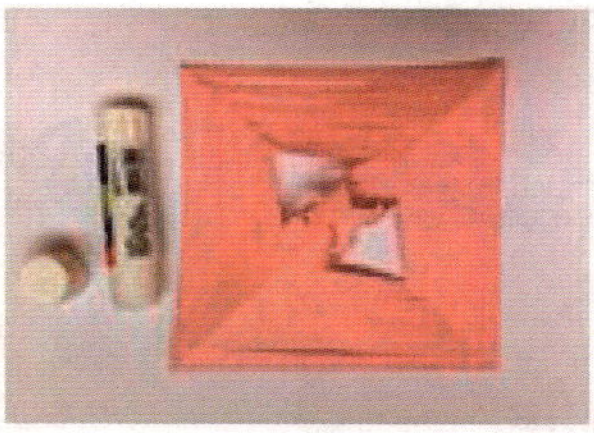

（8）再翻过来相对粘贴一次，重复翻、粘

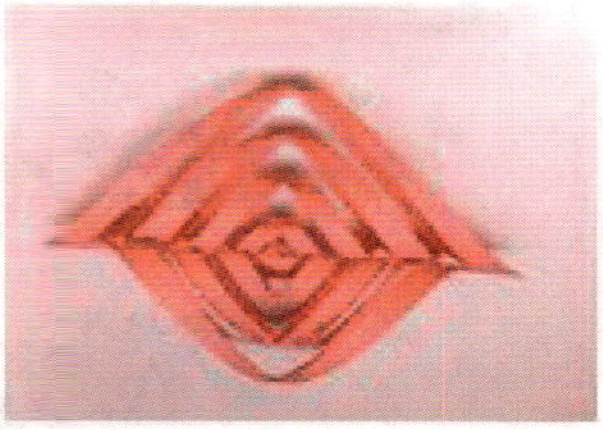

（9）完成

图 8-8

这种剪纸类吊饰可以单个悬挂，也可以多个粘贴组合再用线悬挂（图 8-9）。

图 8-9

除了剪纸类吊饰外，剪纸类彩带也是老师们喜欢制作的一类装饰物。最简单的制作方法就是用各色纸如皱纹纸、涤纶彩纸直接剪成长条，交错挂到房顶。也可以采用剪粘的方法制作长条作为彩带悬挂，即先剪出很多颜色的小花、小熊、爱心、蝴蝶等图案，再一个接着一个将其粘贴成长条。为了增强立体感也可双层粘贴，长度和大小根据需要决定（图 8-10~图 8-12）。

图 8-10

图 8-11

图 8-12

采用折剪法还可以将长条纸剪成拉花彩带（图 8-13）。拉花彩带的制作方法是先将纸张进行折叠，然后有规律地相对叉开剪切，打开后纸张相互粘接，便制作出了富有变化的拉花彩带。拉花彩带的具体折剪方法如下，不同的方法会产生不同的艺术效果。

图 8-13

（1）长条对折剪拉花，制作步骤详见图 8-14。

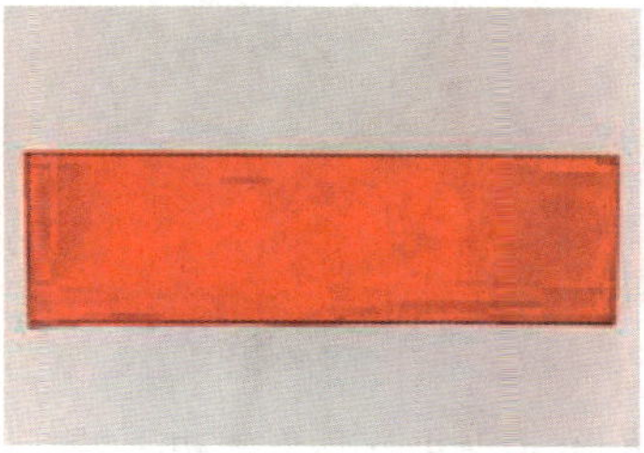

① 准备一个长纸条

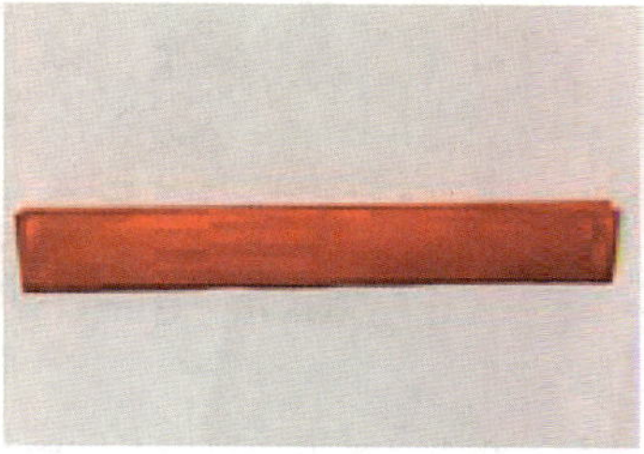

② 将长纸条对边折

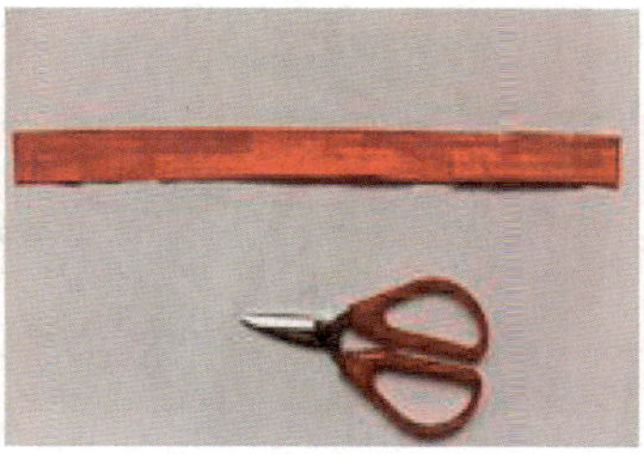

③ 用剪刀上下有序地剪开，不能剪断

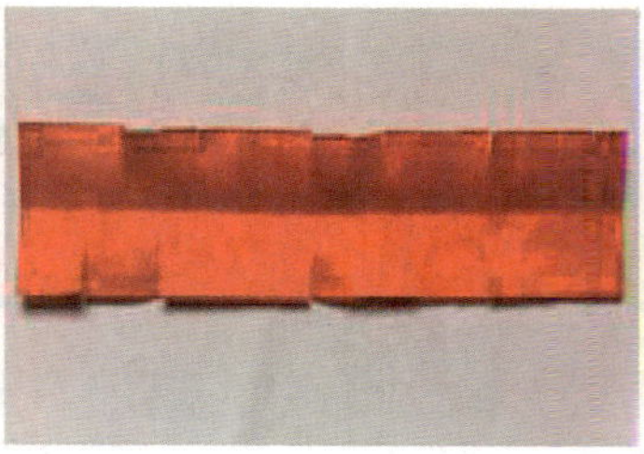

④ 剪完打开

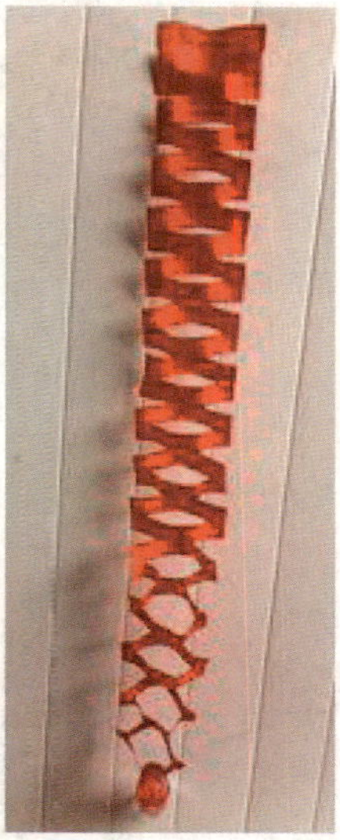

⑤ 在下面悬挂一物自然拉开即可

图 8-14

（2）宽长条对折剪拉花，制作步骤详见图 8-15。

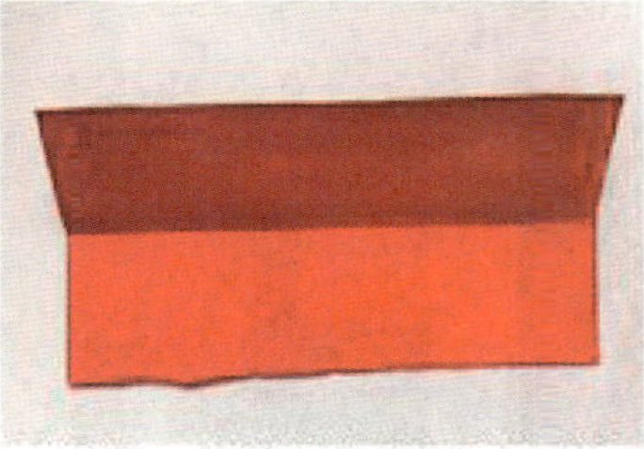

① 准备一个稍微宽点的长纸条，将其对折

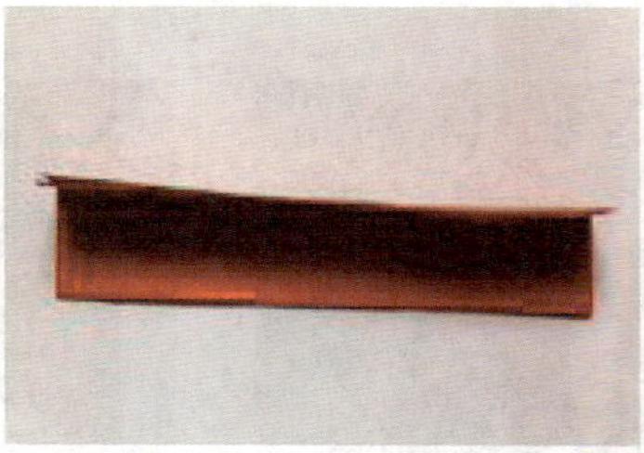

② 再对边折

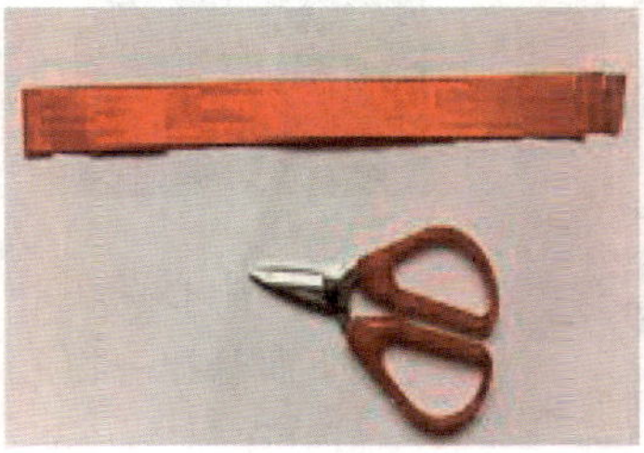

③ 用剪刀上下有序地剪开，不能剪断

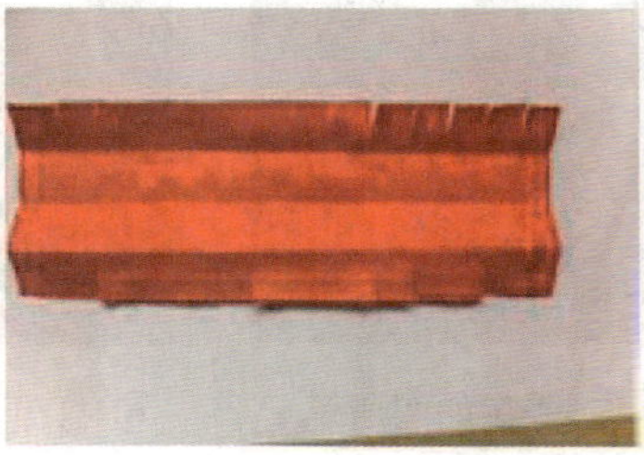

④ 剪完打开

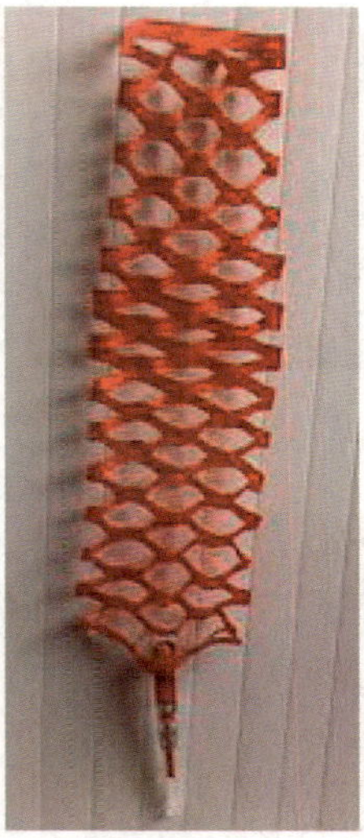

⑤ 在下面悬挂一物自然拉开即可

图 8-15

（3）方形对角折剪拉花，制作步骤详见图 8-16。

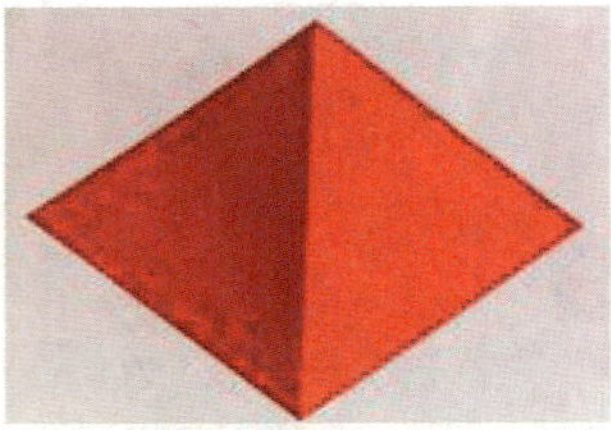

① 正方形对角折

② 沿三角形斜边上的高对折

③ 再沿小三角形斜边上的高对折

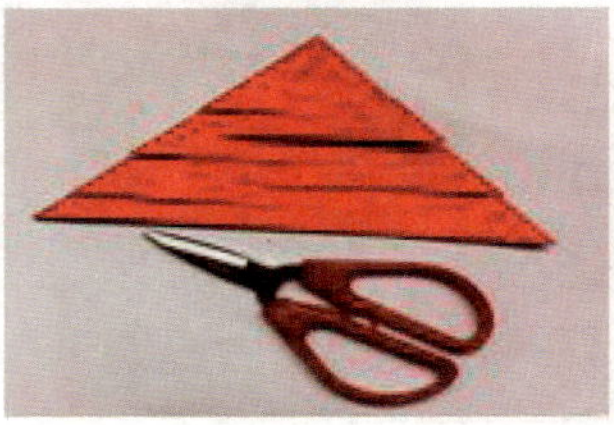

④ 左右有序地剪斜边的平行线，直到剪到靠近顶点

⑤ 剪完打开恢复到正方形

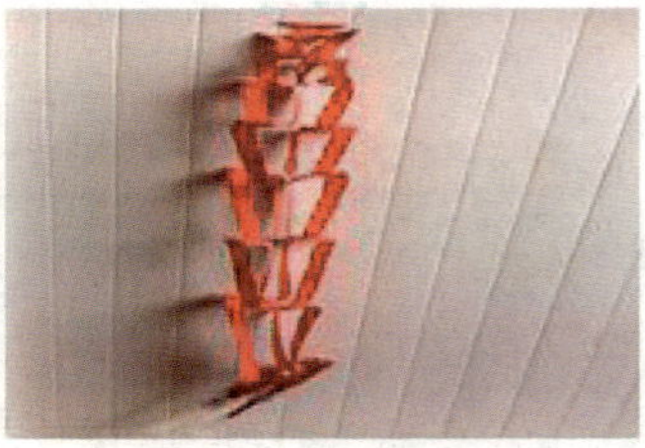

⑥ 拎起中心点在下面悬挂一物即可

图 8-16

（4）方形对边折剪拉花，制作步骤详见图 8-17。

① 正方形对边折

② 再对边折

③ 折成小正方形

④ 小正方形沿蓝线剪

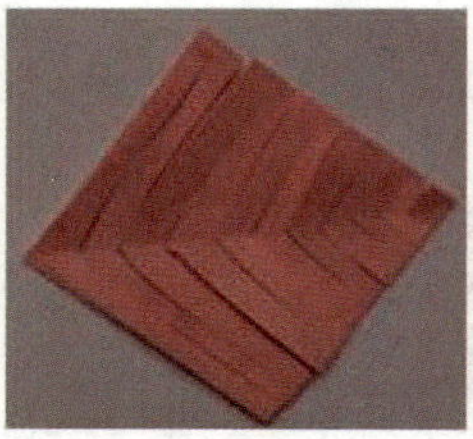

⑤ 剪完如图所示

⑥ 打开恢复到原来正方形

⑦ 拎起中心点在下面悬挂一物即可

图 8-17

（5）方形对角折曲线剪拉花，制作步骤详见图 8-18。

① 正方形对角折

② 沿三角形高对折

③ 再沿三角形高对折

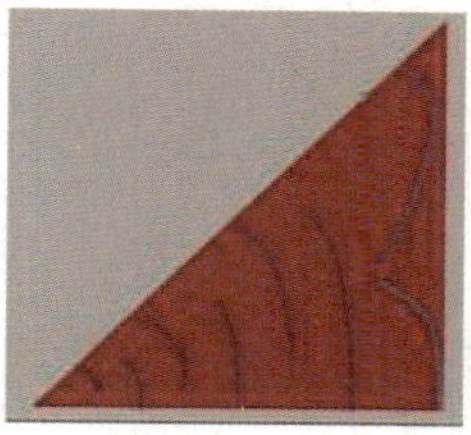

④ 小三角形沿虚线剪曲线

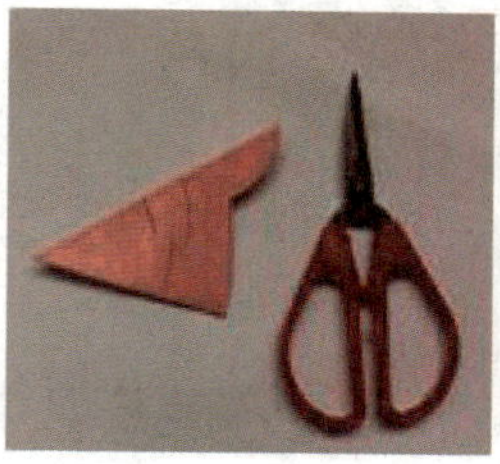

⑤ 剪完如图

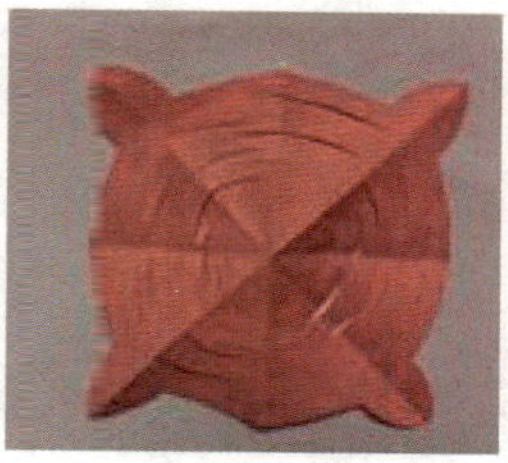

⑥ 打开恢复到原来正方形

⑦ 拎起中心点下面悬挂物即可

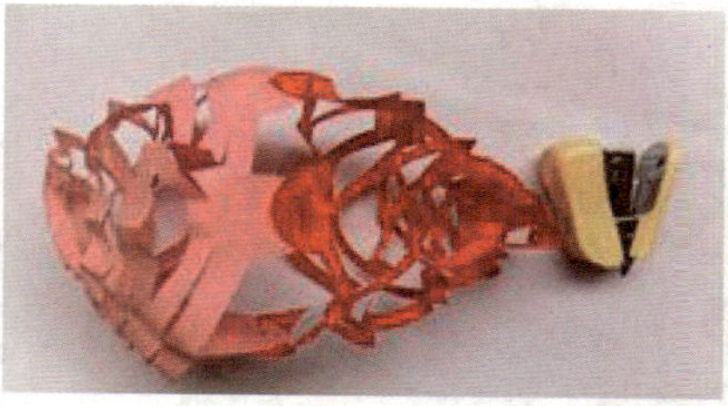

⑧ 也可多折剪几个，用订书机进行对接

⑨ 再进行悬挂更长更美观

图 8-18

3. 纸塑类挂饰

纸塑类挂饰是将纸材料利用纸雕塑的基本技法制作出来的挂饰。根据需要，可以制作半立体的纸浮雕串起来用线悬挂；也可以制作全立体的几何体造型，用剪贴或涂画的方法进行装饰，再穿线或用长条纸进行悬挂；还可以制作仿生立体造型进行悬挂。下面介绍几种简单的纸塑类挂饰的制作：

（1）纸条类挂饰

对多个纸条进行简单粘贴、装订塑形而制成挂饰，制作步骤详见图 8-19。

① 剪成长条，两头粘贴

② 拿另一同样长的长条，从粘贴好的圆形里穿过粘贴

③ 用同样的方法一个穿一个并粘贴

图 8-19

用以上方法做很长的纸套圈圈，根据需要可以直接垂下悬挂，也可以如图 8-20 所示波浪线悬挂。

纸条除了可以制作以上吊饰外，还可以制作简易纸条灯笼悬挂（图 8-21）。制作方法是裁剪 7 根长短有序的纸条，用订书机将两头订起来，系上线即可悬挂。

图 8-20

图 8-21

（2）纸筒类挂饰

对平面卡纸进行简单加工，可以绘画，可以剪刻，也可以剪贴，然后再围合成规则或不规则的柱体、锥体等。它们可以作为吊饰在教室或走廊悬挂。

如图 8-22、图 8-23 所示，在平面卡纸上先设计图案，用美工刀将图案剪刻出来，再将其围合成柱体。

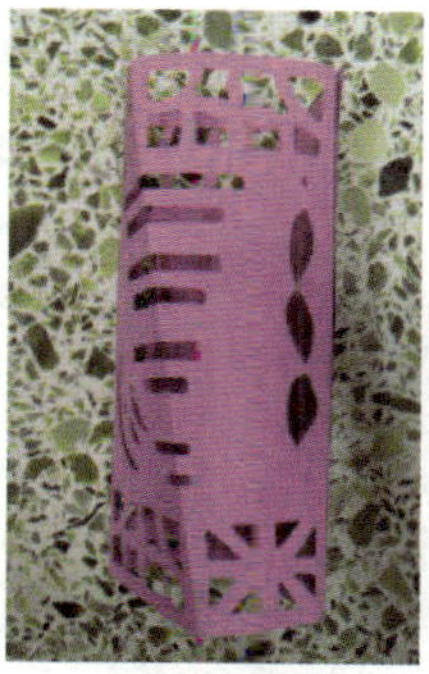

图 8-22

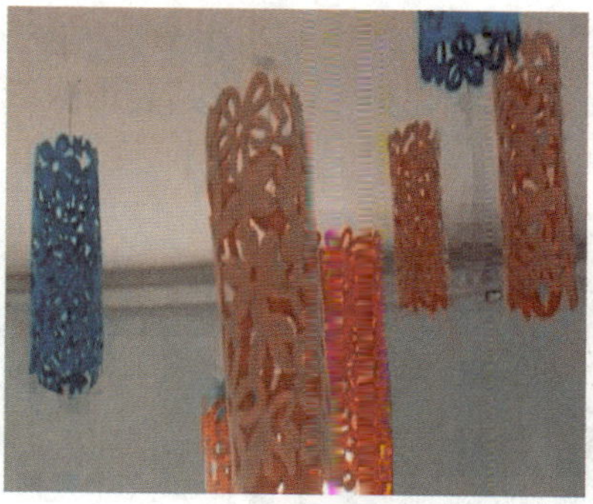

图 8-23

如图 8-24、图 8-25 所示，在平面卡纸上先用油画棒或彩笔绘制图案，然后将其围合粘贴成柱体。

图 8-24

图 8-25

如图 8-26、图 8-27 所示，先用彩纸剪出蝴蝶等装饰物，将卡纸围合成柱体，然后将装饰物粘贴上即可。

图 8-26

图 8-27

如图 8-28、图 8-29 所示，先用卡纸和彩纸剪贴制作卡通头像和装饰物，再将一张长方形卡纸围合成圆柱体，最后将其装饰成纸筒卡通动物。

图 8-28

图 8-29

（3）其他类纸材料挂饰

对纸进行多种造型，然后用线或纸圈连接悬挂。

如图 8-30、图 8-31 所示，先用黑白卡纸剪 2 个平行四边形，然后选多种颜色卡纸剪出多彩的五角星，再用半立体纸浮雕切折技法将五角星进行塑形，最后将五角星粘贴在平行四边形上，并将两个平行四边形连接在一起。还需要对其进行装饰，如折纸花、剪贴画云彩等。

图 8-30

图 8-31

如图 8-32、图 8-33 所示，用卡纸剪出小圆，再剪出 1 个空心圆，用油画棒进行涂画，2 个圆上打孔用线连起来，再剪出几片叶子，悬在下面做装饰。或者直接剪出一个空心圆，然后粘贴上叶子，用卡纸纸条进行悬挂。

图 8-32

图 8-33

如图 8-34、图 8-35 所示，制作幼儿卧室门上的吊饰，准备各色卡纸、胶、剪刀、棉花或纸屑等填充物等。将红色卡纸剪成两片云朵，用胶粘贴起来留一个口，中间填充棉花再用胶封口；用纸剪出“休息中”3 个字粘贴在云上；剪 2 个小朋友头像并贴上五官、头发，用线将小朋友头像挂在云朵下即可。

图 8-34

图 8-35

（二）废旧物品制作的吊饰

在生活中，有很多废旧的物品可以拿来制作吊饰。无论什么材质的废旧物品，在制作吊饰时，根据需要都可以采用以下基本制作方法。

1. 原型利用

原型利用是指保持生活中废弃物品原型，或在此基础上简单加工做成吊饰。如对药瓶、糖果盒、饮料瓶、一次性杯子等进行简单制作，即可作为吊饰悬挂。这类吊饰的制作最为简单，教师可与幼儿共同完成。下面介绍几个简单制作实例。

（1）直接利用

塑料果粒酸奶瓶制作的吊饰（图 8-36）：果粒酸奶塑料瓶颜色亮丽，制作吊饰悬挂于走廊或教室上空非常漂亮。具体方法是将两个瓶子底部对接，中间系上细线即可。

图 8-36

糖果盒吊饰（图 8-37）：将心形喜糖盒子直接用纸条或线悬挂，或者用卡纸反正折给它们做翅膀粘贴上再悬挂，也会带来喜庆的氛围。

图 8-37

（2）简单加工

玻璃药瓶制作的风铃（图 8-38）：将玻璃药瓶洗净，然后每个瓶中装上各色稀释的颜料水，用线有规律地将瓶口系上；再用铁丝做个圈圈，用卡纸包裹进行装饰；最后将已经系好瓶子的线绕在圈圈上并将所有线头在圈圈上方打个结。

塑料杯制作的吊饰（图 8-39）：将塑料杯子保持原型，在杯子里放进去一些带颜色的卡纸，用线从杯底和卡纸中穿过去，再倒置悬挂。

图 8-38

图 8-39

塑料果冻盒制作的风铃（图 8-40）：准备一些大果冻盒和小果冻盒、彩纸，所有果冻盒里均放入彩纸装饰，用胶将彩纸粘贴在盒子底部，将倒置的大果冻盒作为风铃顶部，小果冻盒倒过来用线悬挂于大果冻盒下，这样果冻盒风铃就做好了。

图 8-40

纸托盘制作的吊饰（图 8-41）：准备一些纸托盘和彩纸，将各色彩纸剪成纸条，用订书机装订在托盘的四周，注意装订位置要间等。在托盘中间写上祝贺语，如“六一快乐”“国庆快乐”等。

纸杯制作的鞭炮（图 8-42）：准备 20 多个一次性纸杯、油画棒、红绳子和中国结。

将纸杯外层用油画棒涂上不同的颜色，然后在纸杯底部扎一个小孔，将红绳子打结从底部穿过；将所有穿红绳子的纸杯全系在长绳子上；下面系上中国结即可。

图 8-41

图 8-42

2. 切拆重组

切拆重组是指将废旧物品原材料进行剪切、割裂、拆解、组合等，然后在此基础上进行简单加工，重构成新的结构和造型。下面举一些实例：

塑料矿泉水瓶切割制作的吊饰（图 8-43、图 8-44）：将一个或多个矿泉水瓶剪掉半截，对有瓶口的半截瓶身进行塑形或装饰，可以剪开半截瓶身卷一下，也可以剪成花朵，还可以用卡纸贴上五官做成可爱卡通造型等；然后再折或剪一些动植物造型用线穿起来悬挂。

图 8-43

图 8-44

瓶盖组合制作的灯笼挂饰（图 8-45～图 8-48）：准备十几个瓶盖和两个稍微大一点的瓶盖，将每个瓶盖中间都戳一个小孔，用铁丝或线将瓶盖穿起来围成一圈，再将两个大一点的瓶盖放在围好的圈上和圈下，用线穿起来即做好一个小灯笼。可以制作多个灯笼连成一串悬挂，也可以在单个灯笼下面悬挂上小穗子。

图 8-45

图 8-46

图 8-47

图 8-48

托盘纸条制作的灯笼（图 8-49）：准备两个托盘、一个纸杯、卡纸、皱纹纸。将两托盘相对分别粘在纸杯的底部和口部；将红色卡纸剪成纸条，围绕着中间纸杯，两头粘贴在两托盘上；用皱纹纸剪一些穗子粘在一个托盘下面；剪一些小花做装饰即可。

易拉罐制作灯笼（图 8-50）：准备一个易拉罐、美工刀、尺子、笔等。用美工刀将瓶口切割掉；在易拉罐瓶身上用尺子画好切割线，用美工刀沿着画线割开；把割开的易拉罐压成灯笼状，让瓶身鼓起来；再用刀将瓶颈处挖两个小孔穿线；下面再挂上穗子点缀就做好了。

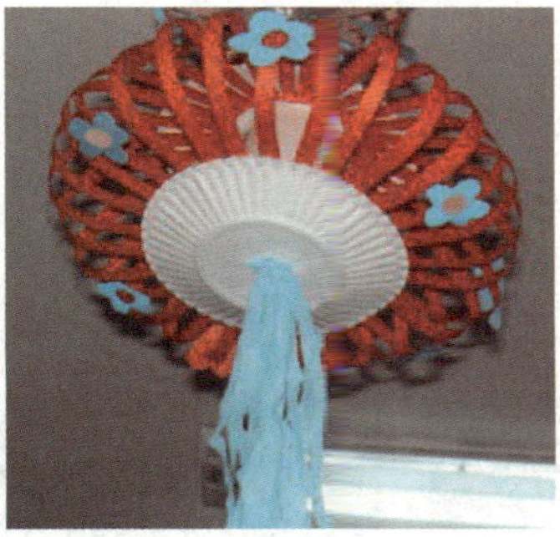
图 8-49

图 8-50

二、其他节日饰物制作

节日活动除了在教室、走廊或楼梯等上空悬挂上吊饰以外，有时教师还需要制作一些其他节日饰物摆放在教室、窗台或走廊以烘托节日气氛。若饰物制作简单，可带领幼儿一起制作，更有教育意义。

（一）圣诞树制作

提到圣诞节，大家肯定首先会想到圣诞树；圣诞树算是圣诞节最关键的主角了。下面介绍两种简单制作圣诞树的方法。

1. 正方形纸片制作圣诞树

准备一堆大大小小颜色各异的正方形纸片，也可以用废旧报纸裁剪，再用颜料染色；拿一根筷子或棍子将细的那头用刀削尖，再刷上绿色；将纸一张张交错开来戳到筷子上，或者拿打孔器将正方形纸片中心打一个圆孔再交错放到筷子上，从下到上纸片要由大到小；最后在树顶上放一个折纸星星或剪纸星星（图 8-51、图 8-52）。

图 8-51

图 8-52

2. 卡纸剪刻立体圣诞树

准备两张卡纸，分别对折，将两张卡纸对齐；在卡纸上设计剪刻图案，用刻刀将图案剪刻出来；得到两张平面的圣诞树；将其中一张靠顶部剪开一半，另外一张靠底部剪开一半；然后相互插结，圣诞树就立起来了（图 8-53～图 8-55）。

图 8-53

图 8-54

图 8-55

（二）瓦楞纸制作圣诞老人

用瓦楞纸制作圣诞老人的步骤详见图 8-56。

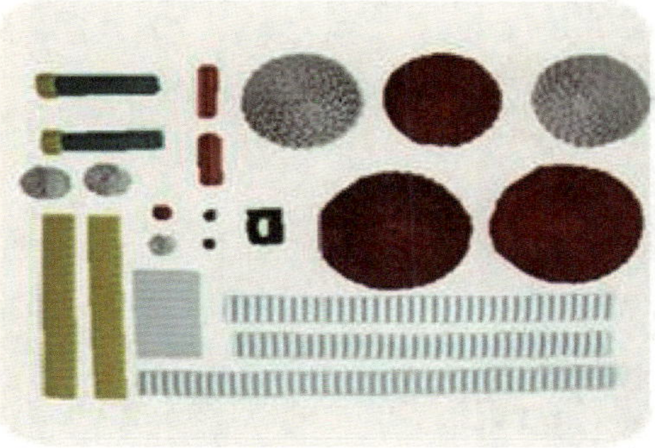

（1）用瓦楞纸先卷好两个白色圆和同样大小红色圆；再卷出两个大点的红色圆；按图示准备其他部分

（2）将大的红色圆用手挤出形成草莓形，另一个大红色圆粘贴在草莓形底部，用白色纸条粘起来，用手从中间挤压小红色圆形成帽子形；将两个小白色圆相对粘贴

（3）先将头部按图示粘贴好，再将身体和四肢粘贴好，然后将头和身体四肢粘牢

（4）完成

图 8-56

（三）雪人墙面饰物制作

节日活动中除了制作立体饰物以外，墙面饰物也必不可少。圣诞节来了，教师可以

带领幼儿一起手工制作小雪人，然后将其粘贴在墙面上，加一些雪花、圣诞树等修饰。关于雪人的制作，教师可以引导幼儿将两个托盘粘贴在一起，用笔添画上雪人的五官和纽扣；再剪一些三角形纸用彩笔涂上颜色粘在雪人头上即可；准备好圣诞树所需的涤纶长条纸、剪纸雪花，一起粘贴在墙面上（图 8-57）。

图 8-57

（四）长海绵纸卷装饰花

准备海绵纸、细棍子（废旧纸卷一个也可）、订书机、包装纸。装饰花的制作步骤详见图 8-58。

（1）准备 2. 5cm 宽的长条海绵纸

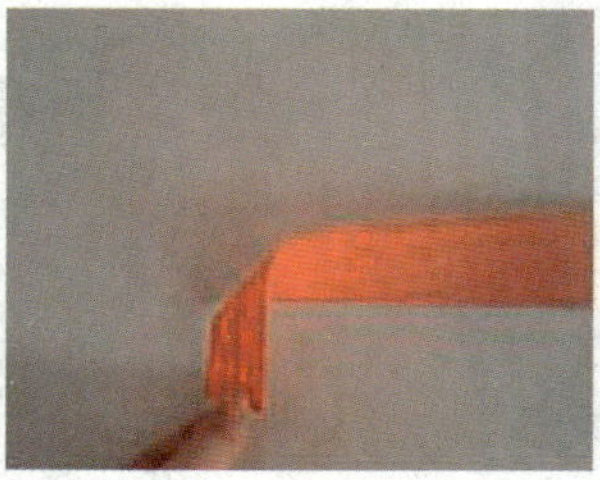

（2）从一头折下一个三角形

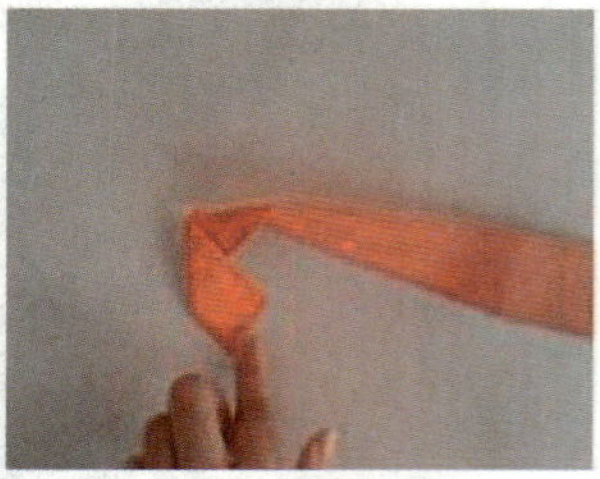

（3）长边往后折

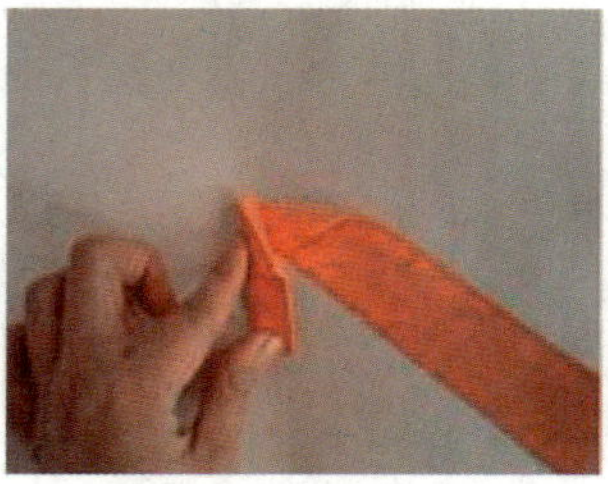

（4）短边往上折

（5）插一根棍子到三角形里

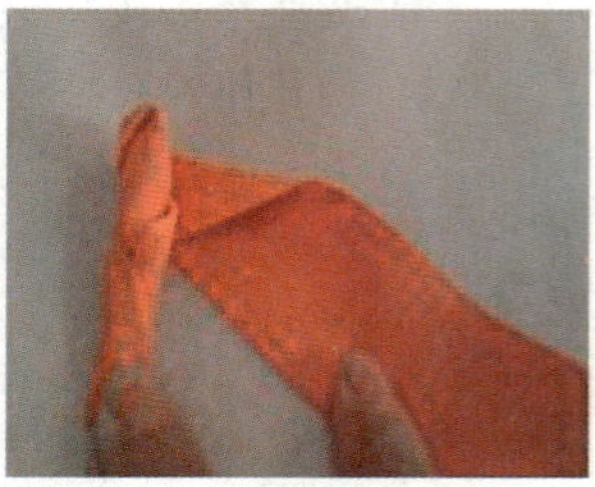

（6）用短边包裹住棍子

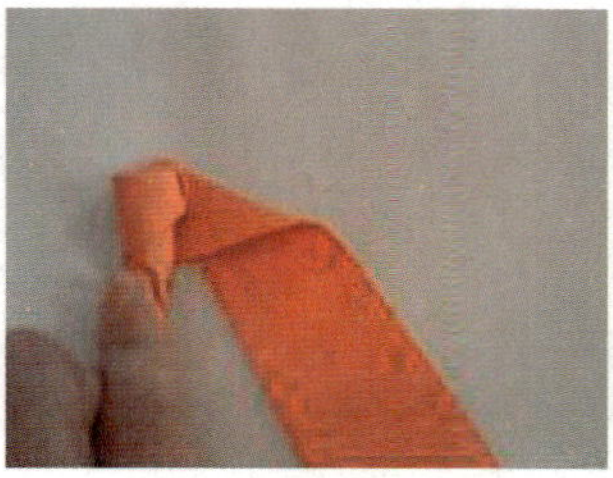

（7）长边往后折

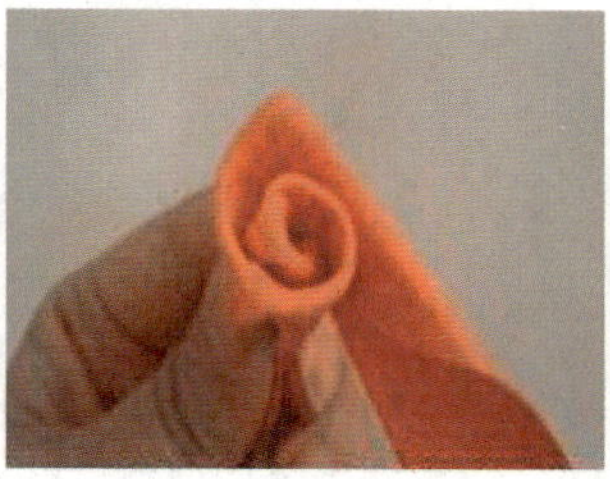

（8）再往后挤，注意调整花瓣的位置

（9）一直折到接近纸的末端

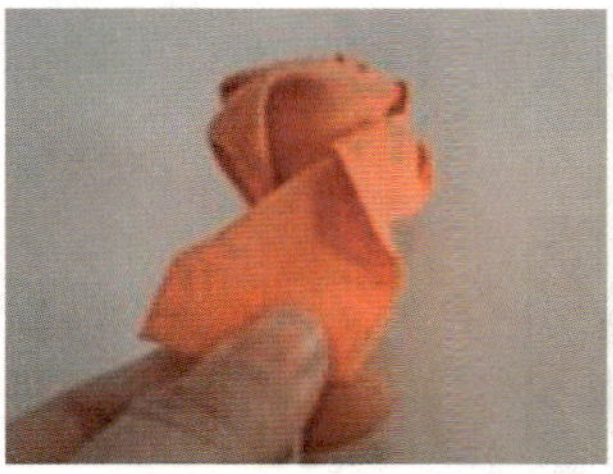

（10）把末端靠近棍子

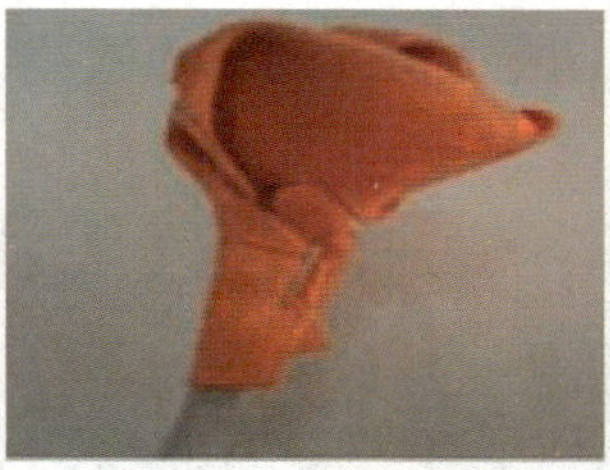

（11）包裹住棍子，再用订书机钉上

（12）找一个包装纸包一下

图 8-58

（五）卡纸制作粽子

准备卡纸、画笔，粽子的制作步骤详见图 8-59。

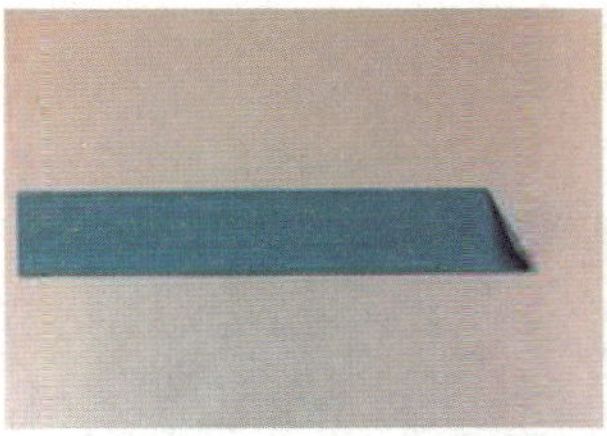

（1）在卡纸长条的一头折三角形

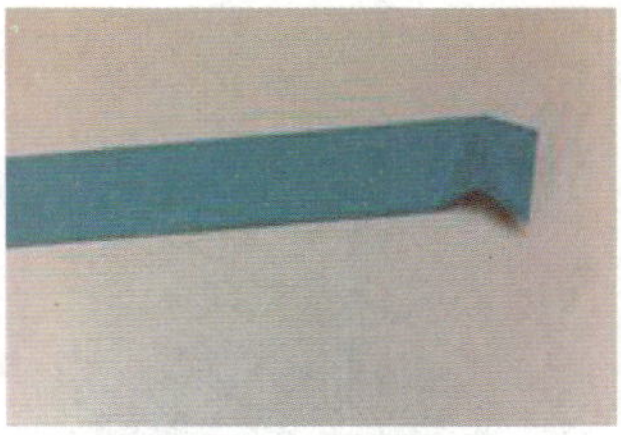

（2）翻过来再折三角形

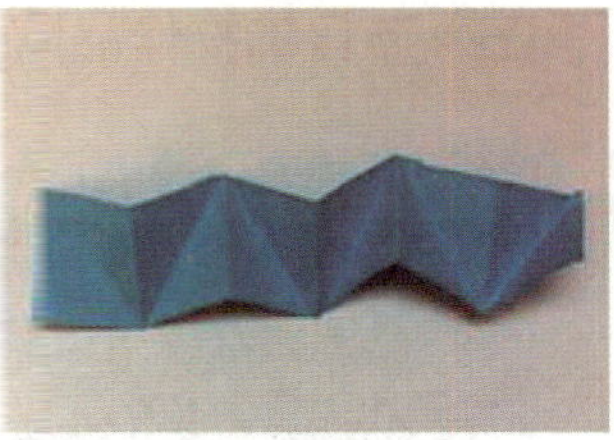

（3）就这样折完一长条

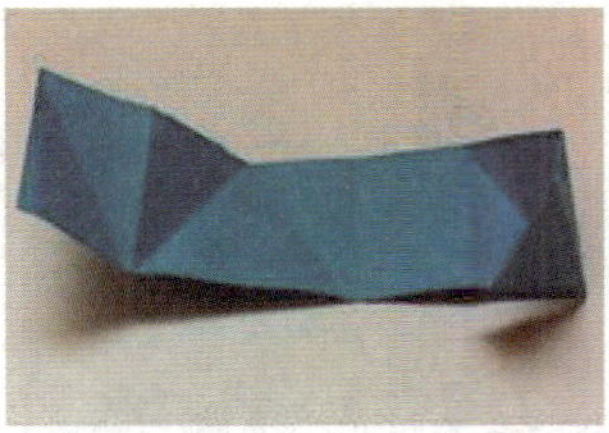

（4）将一头的三角形按压立起来

（5）围成六面体。每个面是三角形

（6）折到只剩三个三角形

（7）末端三角形翻过来折一下

（8）将末端尖角插到缝隙里

（9）粽子完成

图 8-59

粽子制作好后，可以组织幼儿在粽子上进行涂画，或者剪贴（图 8-60）。

图 8-60

三、节日饰物作品欣赏

思考与操作

1. 利用多种多样的材料（包括纸材料和废旧材料）设计并制作出有关“中秋节”的饰物，包括吊饰、墙饰和立体摆放饰物。

2. 综合利用所学手工制作技法制作出一组幼儿睡眠室的墙饰和吊饰。

3. 怎样引导幼儿与教师一起参与节日饰物的制作过程，让幼儿在实践中体会节日活动浓厚的氛围？

第二节　幼儿园节日表演道具制作

一、表演类头饰与面具制作

头饰和面具在幼儿园应用比较广泛。头饰是指戴在头上的饰物，面具是戴在面部的道具。表演类头饰与面具是指在节日活动、语言活动或区角活动表演时教师或幼儿戴在头上或面部的饰物，是一种表演道具。幼儿戴上头饰与面具可以极大地提高参与活动的兴趣。造型生动、活泼的经典故事卡通形象的头饰与面具，使幼儿能更形象、逼真、投入地表演（图 8-61）。

图 8-61

幼儿园所使用的头饰与面具可以购买也可以自己制作。自己动手制作既经济又方便，还能锻炼动手操作能力。建议常用的头饰与面具自己动手制作。在制作时一般使用易得的、便宜的、加工方便的材料，如各种纸材料、布材料等。下面介绍几种头饰与面具的简单制作方法。

（一）纸材料头饰与面具的制作

纸材料头饰与面具制作方法很多，比如围合、涂染、剪贴、折叠等，还可以综合制作。

1. 涂染

涂染法指的是用绘画、涂色的方法画出头饰或面具的主要造型形象。具体的制作步骤是先在卡纸上画出造型形象的轮廓、五官，形象要求可爱、生动，特征明显；再用颜料、油画棒等涂色，从卡纸上剪下整体造型，最后将其粘在长条纸或松紧绳上，并将纸或绳围合成幼儿头围大小即完成头饰（图 8-62、图 8-63）。如果要做成面具，就需要剪出两个眼睛。

图 8-62

图 8-63

2. 围合

围合法是指将纸材料围成帽子状，然后在上面进行装饰，这种方法做成的头饰是全包围的。如果用一张纸制作全包围头饰，做出来的是圆锥状的。具体做法是先将卡纸剪成圆形，然后剪掉一截小扇形，将剩下大扇形围合起来做成圆锥筒状（具体参看第一章纸雕塑技法），要与幼儿的头围相符。调整好大小后用胶粘贴边缘，然后在锥体上进行装饰即可（图 8-64、图 8-65）。

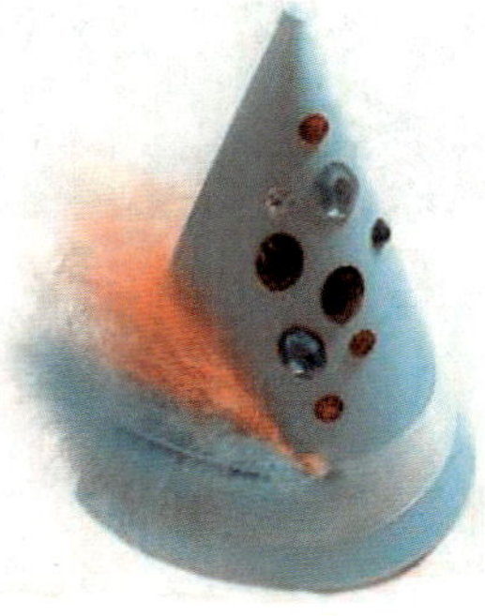

图 8-64

图 8-65

如果用两张纸制作全包围头饰，要在纸上先设计平面造型并剪下，再拿一张纸，与剪下来的平面造型一起围合起来，围成头围大小，将左右两边分别进行粘贴，然后对有造型的一面进行装饰。全包围头饰可以直接戴在头上，不需头箍（图 8-66）。

图 8-66

3. 剪贴

用剪贴的方法制作头饰或面具，需要多种颜色的纸。先选择一种颜色做好主体，然后再根据造型需要进行剪贴、组合出五官、发饰等。若要制作面具，面部合适的位置剪出眼睛。最后将图案粘在长条纸或松紧绳上，并将纸或绳围合成幼儿头围大小

（图 8-67、图 8-68）。

图 8-67

图 8-68

4. 折叠

折叠法是指在制作头饰与面具时运用折的技能塑造主体造型，此类方法做出来的头饰与面具是立体的。如图 8-69 所示，小老鼠的具体制作方法是将卡纸对折然后剪出小老鼠的头部轮廓，再粘贴上眼睛、鼻子和胡须等，最后将其粘在长条纸或松紧绳上；如图 8-70 所示，圣诞老人头饰是运用四角向集中折的方法折出大嘴巴，然后进行剪贴装饰。

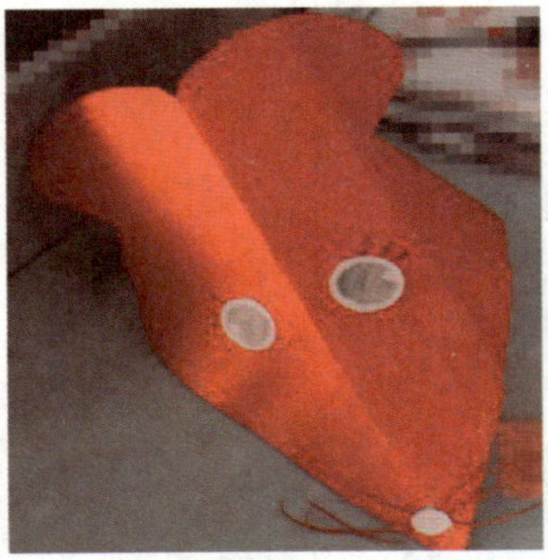

图 8-69

图 8-70

（二）布材料的头饰与面具制作

除了纸材料以外，布材料也是常用来做头饰与面具的材料。下面介绍几种制作方法：

1. 缝制

缝制是布材料制作的主要技巧。先设计好要做的头饰或面具的造型，根据造型需要裁剪不同大小、不同形状、不同颜色的布料，如不织布；再将重叠的布材料边缘用针线缝制起来拼合、锁边，最后缝上一个幼儿头围大小的松紧带即可（图 8-71）。

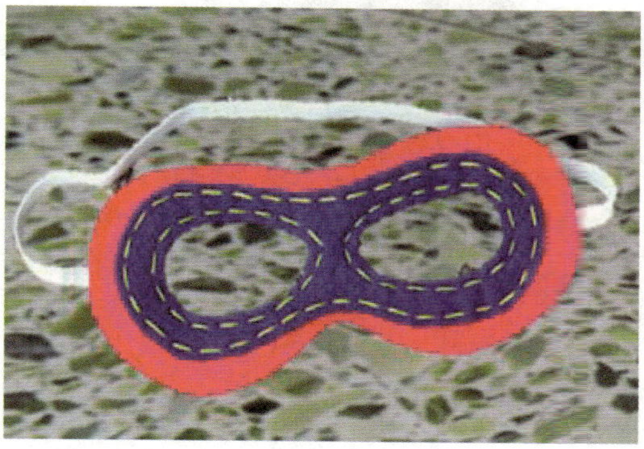

图 8-71

2. 围合缝制

参照第一章中介绍的纸雕塑技法——围合，将布材料造型的某个部分剪一个扇形缺口，然后将两边缝合起来就变成立体的造型了。如图 8-72 所示的老鼠头饰的耳朵与头围采用围合缝制，再缝上眼睛、鼻子，立体的老鼠头饰就做好了。

图 8-72

3. 填充

立体布材料头饰和面具的制作还有另外一种方法，那就是填充。两块布料放在一起缝制锁边留一个小口，为了美观，把所有的布料再从这个小口返回来，再往里面填充棉絮状（棉花、丝绵、碎布料等）的物体，最后将所有部分用针缝起来，布造型就会立起来，如图 8-73 中大公鸡的皇冠、大红嘴、鸡头等。具体缝制方法详见布材料手工制作章节。

图 8-73

二、幼儿园舞台道具的制作

幼儿园节日表演道具除了头饰和面具外，还有表演时所用的家具、器皿以及其他用具，这些都统称为舞台道具，它根据教师和幼儿舞台表演需要而设定。舞台道具是幼儿园节日表演活动的重要的工具，对舞台表演有支撑和环境衬托的作用。舞台道具在设计上要求与舞台表演环境整体和谐，在色彩搭配上与舞台背景和演员服装搭调，在材料上根据需要变换运用。

幼儿园舞台表演道具可以分成不同类别：按大小可以分为大道具与小道具，舞台上用的桌椅、城堡、大树等是大道具，而演员用的棍子、杯子、碗、电话、手花等则是小道具；按使用性质可分为装饰性道具（如地上的小草、后面的大树、天上的云朵等）、表演实用道具（如拐杖、篮子、桌、椅、被拔的萝卜等）。一般大型公开表演的道具都需要购买。

大型舞台公开表演及其道具如图 8-74、图 8-75 所示，小型舞台表演及其道具如图 8-76、图 8-77 所示，幼儿园班级内部表演及其道具如图 8-78、图 8-79 所示。

图 8-74

图 8-75

图 8-76

图 8-77

图 8-78

图 8-79

舞台道具可以购买，也可以手工制作。若手工制作，则需要满足以下几点要求：首先，道具制作在大小、颜色上都要符合幼儿身心发展规律；其次，道具符合舞台表演的要求，设计风格和布景、灯光、服装的风格相一致，若是童话剧，则要根据表演内容设定制作道具；再次，根据表演内容和形式适当选择简单、方便的材料进行制作；最后，若在表演时所用的道具是想象性的道具，则要有真实的生活基础或故事场景基础。

关于道具的具体制作方法，实际上在本书中第一章、第三章中都有涉及，请参看。

三、节日表演道具作品欣赏

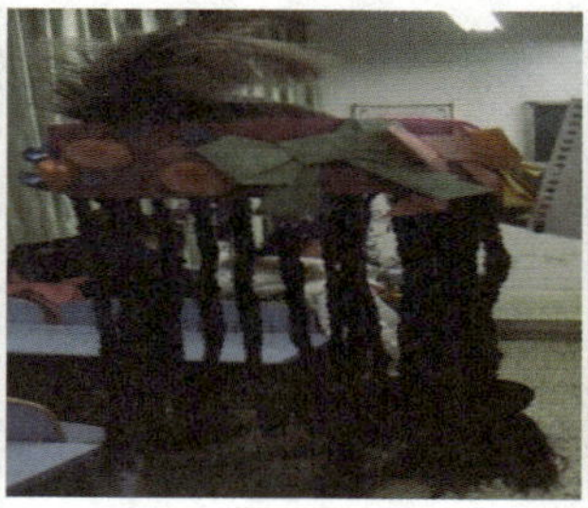

思考与操作

1. 为某个游戏角色制作头饰，并戴上头饰在班级进行表演。
2. 在班级开展一次童话剧表演，并制作相应的道具。

第三节　演出服饰制作

幼儿园的节日表演活动中演出服饰必不可少。演出服饰，也叫舞台服饰，是演员在舞台表演时穿戴的服装和配饰。演出服饰对演员的表演和活动、渲染演出气氛起着重要的作用。它是塑造角色外部形象、体现演出风格的重要手段之一。

一、演出服饰的类别

演出服饰可以分为不同类别。按照演出角色要求的不同，可分为人物服饰（如童话剧中的角色服装）、演员服饰（如音乐、舞蹈、杂技、魔术等表演时的服装）；按材料划分，演出服饰可以分为布材料服饰、纸材料服饰、塑料材料服饰、废旧材料服饰等。由于生活中废弃的塑料制品非常多，因此塑料材料服饰和废旧材料服饰统称为环保服饰。

根据需要，演出服饰可以购买，也可以手工制作。从环保的角度看，在幼儿园实践中，提倡老师们动手制作演出服饰。在制作演出服饰时，要选择价廉物美、加工简易的材料，如纸材料、布材料，甚至是生活中收集的废旧物品来进行制作。

二、演出服装的设计与制作步骤

制作手工服饰需要按照以下几个步骤进行：首先要进行构思和设计，要想好做什么样的服装，并设计好服装的每一个细节；然后思考每一部分细节造型需要用什么样的纸材料，并着手准备好材料和工具，注意纸材料颜色和质地的搭配；最后开始裁剪、粘贴，按设计有步骤地组合服装造型。

三、演出服饰手工制作实例

下面将介绍纸材料服饰和环保材料服饰的设计与制作。

（一）纸材料手工服饰的设计与制作

纸材料手工服饰是指用纸材料手工制作的表演服饰。纸材料经济实惠，取材方便，颜色多样，也便于幼儿教师和幼儿自己动手制作。一般用来制作演出服装的纸材料主要包含皱纹纸、卡纸、海绵纸、涤纶纸、玻璃纸甚至是卫生纸；所用到的工具是常规手工工具，有剪刀、美工刀、双面胶、白乳胶、各色胶带以及其他辅助材料和用品，如装饰边缘的丝带等。

1. 白紫套裙

（1）先将白色皱纹纸纵横向都对折一次。然后画出草图，包括领口、胸围、前片和袖口的边缘线（图 8-80、图 8-81）。

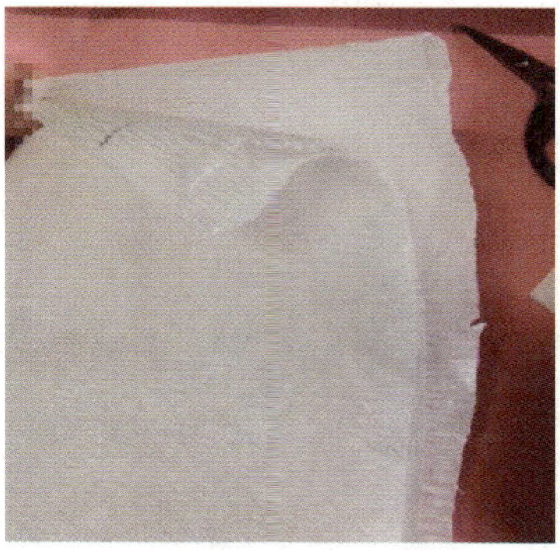

图 8-80

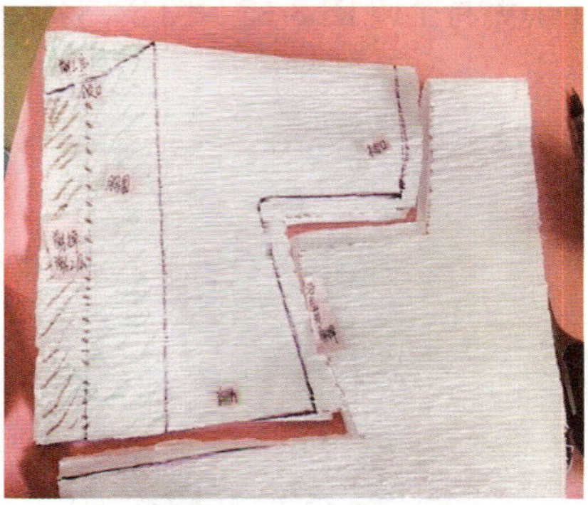

图 8-81

（2）沿边缘线剪掉，然后打开，在胸口处两边系上带子，上衣做好（图 8-82～图 8-84）。

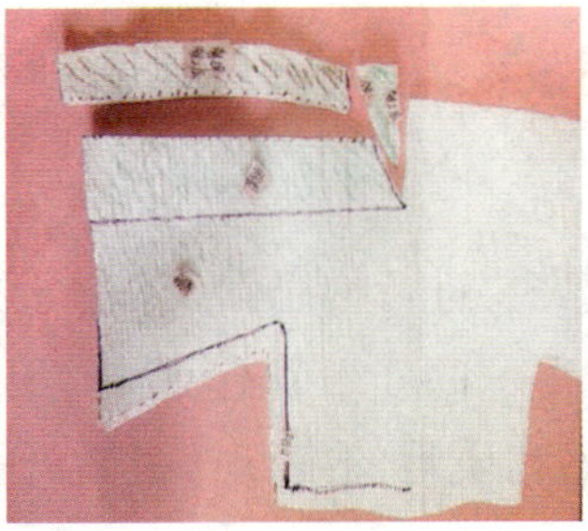

图 8-82

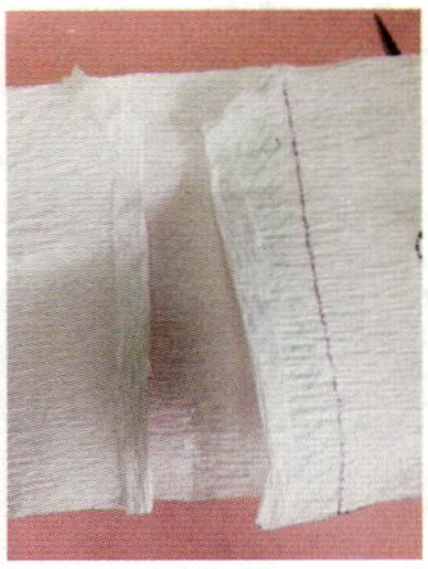

图 8-83

图 8-84

（3）将皱纹纸折出褶皱在一端穿上线，用一小段蓝色纸粘上做腰带，粘好后钻两个小孔系上蓝色丝带（图 8-85、图 8-86）

图 8-85

图 8-86

（4）在裙子上折一个蝴蝶结粘在中间，将上衣和裙子套在一起；还可以加一个吊饰。穿在小兔身上（图 8-87、图 8-88）。

图 8-87

图 8-88

2. 蓝色套装

（1）先画出套装的图纸，然后准备好所需要的材料如蓝色的大卡纸、浅蓝色的丝带（装饰边缘用）、天蓝色的彩纸（剪出小星星装饰），深蓝色的大皱纹纸、黑色的长条皱纹纸（腰带）等。

（2）将上衣和裤子进行分块绘图。上衣要分成三大部分，分别画出上衣三个部分和裤子的图示，在卡纸上按图示将其剪下。

（3）将上衣三个部分进行粘贴组合，在准备好的丝带上粘贴剪好的小星星，并在上衣的边缘上粘上浅蓝色的丝带。用黑色长条皱纹纸围成腰围大小，并粘在裁剪好的裤子的腰部。

（4）搭配一个帽子和一件裹胸，作品即可完成（图 8-89）。

图 8-89

（二）环保材料手工服饰的设计与制作

环保材料手工服装是指用塑料袋、塑料薄膜桌布等生活中常见的塑料用品以及其他废弃物品如光盘、报纸杂志、包装盒等制作而成的环保服装。塑料袋和塑料薄膜等塑料制品在日常生活中的运用相当广泛。塑料袋和塑料薄膜有轻盈、透亮、不易撕坏等特点，将其进行剪裁、组合做成手工服装，既环保又美观。

1. 塑料袋套装

（1）先用白色塑料袋从底部剪出一个背心领，领口处剪齐；将黄红圆点的塑料袋剪成长条整齐地粘到白色塑料袋上，再用黄色胶带粘一圈，肩带处可剪两个圆形粘上装饰（图 8-90、图 8-91）。

图 8-90

图 8-91

（2）裁剪一个塑料袋做裙子，剪一些塑料袋长条粘上；并在裙腰身上用黄色的无纺布袋子做成花边和花装饰（图 8-92、图 8-93）。

图 8-92

图 8-93

（3）成品如图 8-94 所示。

图 8-94

2. 粉色蛋糕裙

（1）先用粉色塑料材料做裙吊带和上身部分；用黄色塑料袋剪出一个小花贴在胸前，再剪一个黄色长条贴在腰围部分（图 8-95）。

图 8-95

（2）用粉色塑料材料一层层地粘贴出五层褶皱蛋糕层（图 8-96）。

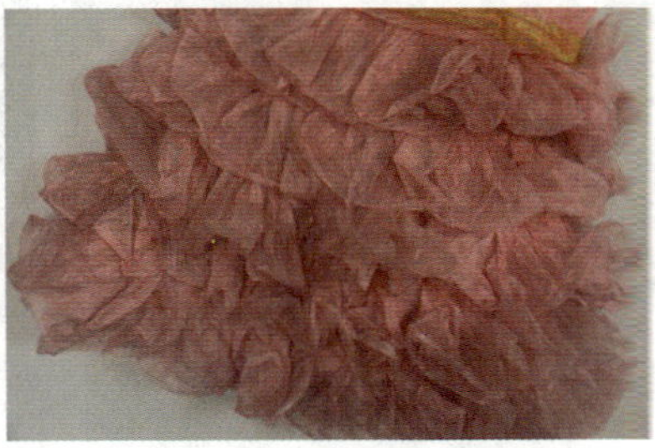

图 8-96

（3）做好的粉色蛋糕裙如图 8-97 所示。

图 8-97

四、演出服饰制作作品欣赏

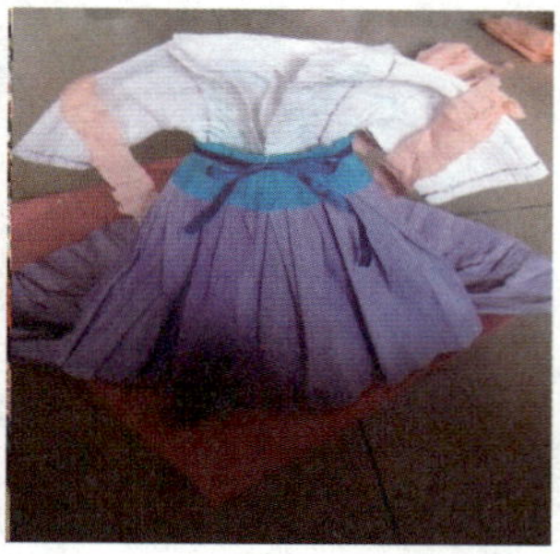

思考与操作

1. 利用纸材料和环保材料制作一组服装。
2. 在班级开展一次手工制作服装表演。

参考文献

1. 参考文献

中国社会科学院语言研究所词典编辑室. 现代汉语词典[M]. 北京：商务印书馆，1991：1182.

教育大辞典编纂委员会. 教育大辞典(2)[M]. 上海：上海教育出版社，1990：225.

戴自俺. 张雪门幼儿教育文集[M]. 北京：少年儿童出版社，1994.

程秀兰，李晓利. 幼儿教师自制玩教具的价值与问题探析[J]. 兰州教育学院学报，2012，04：159-160.

刘焱. 幼儿园自制玩教具活动的意义、指导思想和评价标准[J]. 学前教育研究，2007，09：24-30.

徐艳丽. 折纸(基础篇)[M]. 长春：北方妇女儿童出版社，2001.

[日]北条敏彰. 组合折纸新玩法100招[M]. 何凝一，译. 郑州：河南科学技术出版社，2012.

王或华. 折花贴画入门[M]. 北京：中国审计出版社，2002.

蔡卫东. 剪纸[M]. 南京：江苏美术出版社，2002.

吕胜中. 中国民间剪纸[M]. 长沙：湖南美术出版社，1994.

钟海宏. 幼儿园手工——纸雕[M]. 上海：华东师范大学出版社，2011.

邱秀君. 布艺巧制作[M]. 沈阳：辽宁美术出版社，2001.

沈建洲. 手工基础教程[M]. 上海：复旦大学出版社，2008.

孙华庚，邵筱凡. 手工实用教程[M]. 北京：北京师范大学出版社，2013.

邱秀君，吕袁媛. 手工制作教程[M]. 北京：高等教育出版社，2012.

李金娜，杨三军. 学前儿童玩教具制作[M]. 北京：科学出版社，2008.

人民教育出版社美术室. 手工[M]. 北京：人民教育出版社，2001.

林宁. 环保手工(挑战篇)[M]. 长春：吉林大学出版社，2009.

龚晓琴. 儿童趣味手工系列——环保手工[M]. 武汉：湖北美术出版社，2010.

于清峰. 创意手工大全[M]. 桂林：漓江出版社，2014.

2. 网络参考学习资源

爱折纸网 https://www.aizhezhi.com/
手艺活网 https://www.shouyihuo.com/
制作系网 https://www.zhizuoxi.com/
冰冰手工网 https://www.bin-bin.com/
聚巧网 https://www.diyju.com/
肉丁网 http://www.rouding.com/
幼儿教师网 http://www.yejs.com.cn/
创意网 http://www.fsdpp.cn/diy/
中国幼儿网 http://www.cn0-6.com/
巧巧手幼儿手工网 http://www.61diy.com/
63 手工网 http://www.63diy.com/